고려의 후삼국통합과정과 나주

호남사학회 편

景仁文化社

책머리에

　호남사학회는 1987년 3월 14일에 창립된 전남사학회에서 시작된다. 현재의 학회명은 2005년 9월 10일에 역사·지리적으로 동일 문화권에 속하는 호남 연구는 물론 이를 대표하는 학술단체로의 확대 필요성이 제기되어 개칭하게 되었다. 처음 『전남사학』으로 발간한 학술지 역시 『역사학연구』로 개칭하여 2012년 8월 현재 제47호를 발간하는 성과를 거두고 있다. 특히 본 학회는 전국적인 학회로서 호남의 지역성을 넘어 한국·동양·서양사를 전공한 회원들이 알찬 연구성과를 내놓는 가운데 서울을 비롯한 각 지역에 이사를 두고 국내외 역사학계와 활발하게 교류하고 있다. 또한 학술지 『역사학연구』도 전국의 관련 연구자들이 편집위원에 위촉되어 엄정하게 논문을 심사하여 연간 4회 발간하는 한국연구재단 등재지에 속한다. 올해 역시 전국에 걸친 연구 교류의 일환으로 10월 13일에 대구·부산경남·호서 사학회와 함께 "동아시아의 바다와 섬을 둘러싼 갈등과 투쟁의 역사 -독도를 중심으로-"를 주제로 4개 지역학회 역사학 공동학술대회를 대구한의대학교에서 개최할 예정에 있다.

　그런데 이 번에 정기적인 학술지와는 별개로 『고려의 후삼국통합과정과 나주』를 발간하게 되었다. 물론 이 책은 2010년 12월에 발행한 『나말려초 나주의 역사문화 전개와 공산지역』(공산면발전협의회)을 수정 보완해서 이루어졌는데 그 출판 배경에 대해 새삼 언급할 필요가 있을 것으로 판단된다.

나주 공산면 출신으로 중앙의 건설부와 전남도청에서 공직을 역임한 이진영선생이 정년퇴임 후 향토연구에 전념하던 중에 2009년 11월 당시 반남현포구인 지금의 삼포강유역 상방리지역의 역사전적지를 탐방하였다. 이를 토대로 『고려사』 등과 대조하여 왕건과 견훤의 전적지인 '상방리유적지'를 제보하게 되었다. 이에 관련 학자들이 현지를 답사하여 여러 문헌을 통해 분석 종합한 결과 이 지역이 후삼국통합 시기를 반영한 역사적 현장임을 확인하게 되었다. 당시 반남군에 속해 있었던 공산지역은 영산강의 여러 포구에 둘러싸인 전략적 요충지로서 후백제와 고려가 후삼국통합의 쟁패를 벌인 지역이었다. 이 지역을 처음 장악한 후백제 견훤의 정규군이 상방리 후동골에 주둔하고 있었으며, 대체로 910년경에 이 곳 복사초리 대격전을 전환점으로 고려 왕건이 장악한 사실이 확인된 것이다. 이러한 연구 성과를 토대로 2010년 9월 15일에 나주시청 대회의실에서 '후삼국 통합시기 복사초리 공방전과 나주의 역사적 위상'을 주제로 학술대회가 개최되었으며, 앞에서 언급한 것처럼 12월에는 발표 논고 등을 중심으로 연구서를 출판하는 성과를 거두게 되었다.

그럼에도 불구하고 당시 책자 출판은 학술대회의 토론과정에서 제기된 문제들을 반영하지 못한채 나주 공산면발전협의회가 발행하는 등 지역적 한계를 벗어날 수가 없었다. 더구나 당시 출판 부수도 500여 부를 넘지 못했으며, 그나마 대부분 지역민에게 배포될 수밖에 없었다. 따라서 이러한 연구성과가 나주라는 지역을 넘어 고려의 후삼국통합과 건국 과정을 이해하는데 학계에 기여하고, 이 분야 연구자들이 접해야 한다는 견해가 광범하게 제기되었다. 이에 당시 종합토론에서 제기된 문제들을 중심으로 수정 보완을 거치고, 여기에 경희대에서 정년 퇴임한 후 현재 경북대 석좌초빙교수이자 역사학계 원로이신 박성봉교수의 논고를 첨가하여 다시 출판을 보게 되었다.

고려의 건국과 후삼국통합 과정에서 차지하는 나주의 역할과 위상은 매우 컸다. 고려 왕건의 나주 진출은 대체로 901년부터 시작되어 903년에 금성과 10여군을 공취하여 현재의 나주라는 이름이 유래되었다. 이 때부터 공산지역은 접전지역이 되었으며, 대체로 910년 복사초리 공방전을 기점으로 고려가 삼한의 절반을 차지하게 되었다. 이러한 과정에서 나주는 왕건의 고려 건국과 후삼국통합의 기반이 되어 고려왕실의 어향이자 오늘날 '천년 목사골'의 유래가 되었다. 이는 오늘날 영원히 보존하고 더욱 발전시켜야할 나주의 오랜 역사적 전통과 맥이라고 할 수 있다.

그러나 다른 한편으로 이러한 '나주'의 위상이란 '나주'라는 지역성을 뛰어넘어 후삼국통합과정을 이해하는데 하나의 연구 사례를 제공하는 한국사 전체의 시각에서 이해되는 것임은 물론이겠다. 또한 남도인과 가문이 왕건의 훈요십조 제8조에 나오는 차현 이남 인물을 등용하지 말라는 조목은 당시의 시대적 배경에서 이해할 필요가 있다. 또한 그 내용과는 달리 남도인들이 역사적으로 왕건을 보좌하고, 이후에도 중앙 요직에서 정치적 역할을 담당하고 고려사회를 운영하는데 중심에 있었던 사실도 폭넓게 인식할 필요가 있다. 물론 왕건의 후삼국통합에 결정적 기여를 했던 나주를 중심으로 하는 서남부는 고려에서 특별하게 우대한 지역이었다. 따라서 본서에 실린 논고들은 고려초기를 이해하는데 도움되는 연구서이자 지역사를 뛰어넘은 중앙의 한국사 전체의 성격을 지닌 것으로 학계에의 일정한 기여가 기대된다.

끝으로 이들 논고를 재차 수정 보완한 호남사학회 회원들께 감사드리며, 이 출판을 기꺼이 맡아준 경인문화사 한정희사장과 편집에 정성을 쏟은 문영주선생께 깊은 고마움을 전해 드린다.

2012년 10월 1일
호남사학회장 김 당 택

_목차_

고려의 후삼국통합과 천년 목사골 나주

박성봉_경북대학교 석좌초빙교수

1. 전통시대 역사문화의 중심지, 나주

나주는 1895년 친일내각이 나주부를 혁파할 때까지 남도(광주·전남)의 거점 중심지였다. 또 나주향교는 한국의 대표적인 향교로서 여러 서원들과 함께 수많은 문인 士族을 배출하고, 민족의 위기 때에는 의병을 일으킨 한국정신의 산실이었다. 특히 나주는 남도가 전국적으로도 義鄕으로 통하는 맥과 전통이 깊다. 김천일은 1592년 임진왜란 당시 전국에서 가장 먼저 의병을 일으켰고, 나대용은 거북선을 제작하여 조선수군의 연이은 대첩에 기여하여 당대에 이순신과 나란히 칭송되었다. 또한 士禍로 얼룩진 세상을 만나 관직을 버리고 詩歌를 읊다가 젊어서 죽은 백호 임제처럼 단순한 풍류 아닌 志士 문인의 멋이 우러난 禮鄕이기도 하다. 나주가 고려시대에 三別抄 항쟁에 반대하고, 근대에 이르러 동학농민전쟁을 평정하려는 호남의 근거지가 된 사실도 고려의 御鄕이자 천년 목사골로서 義忠의 전통이 강인하게 뿌리내린데 그 배경을 찾을 수 있다. 물론 이는 한국사에 있어서 그 자체 보수적 한계가 크지만 이들의 衛正斥邪는 의병전쟁으로 계승되는 애국적 성격을 지녔던 것이며, 한국인들은 1919년 3·1운동을 계기로 전근대적 의식을 일신하면서 전민족적 차원의 국권회복과 독립투

쟁으로 전환하여 1945년에 광복을 되찾게 된 것이다.

현재의 나주는 청동기시대 이후 서남해지역의 중심지로 영산강유역에 산재해 있었던 마한(馬韓)의 소국들이 백제에 통합되어 발라군으로 칭해 졌으며, 통일신라기에는 금성군으로 개칭되었다. 이후 후삼국의 분열과 고려의 통일은 신라후기 지방 豪族勢力의 성장과 통합과정에서 이루어졌다. 당시 나주는 영산강을 사이에 낀 비옥한 평야지대로서 풍부한 농산물과 갖가지 자원이 풍부하고, 지정학적으로 해상을 통한 서해의 제해권도 장악할 수 있는 조건을 갖춘 곳이었다. 후백제의 견훤은 일찍이 이 지역을 거점으로 해상세력을 장악하고, 중국과 외교관계를 맺는 전략을 전개하고 있었다. 이러한 시기에 고려의 왕건이 서남해지역의 중심지로서 성장을 거듭하고 있었던 나주를 공략하고, 일련의 호족들과 제휴하여 자신의 세력을 확대하고 나섰다. 이와 같이 나주 중심의 서남해지역을 장악한 것은 그 자신이 왕위에 오르는데 그치지 않고 후삼국을 통합하는 결정적 기반을 마련한 것이 되었다.

이처럼 나주는 전통시대에 이 지역 역사문화의 발상지이자 중심지였다. 바로 나주는 남도 벼문화의 발상지로서의 선사문화와 옹관묘(독무덤)·반남고분, 그리고 고려의 후삼국통합 기반을 제공하였다. 이에 목사골 나주라는 명칭이 시작되었으니, 오늘날 천년 목사골이 유래된 고려의 전통이 부각되고, 조선시대에도 남도의 대읍으로 유지 발전되어 官衙 건축물 등이 현존하고 있다. 이는 고려시대의 전통에 연원하는 것이며. 전주와 합칭되어 '전라도'라는 명칭이 그 이후 관용되기에 이르렀다. 또 조선후기 이래 오·량·임·박·류·나·홍·정 등 대성씨의 班鄕으로서의 성세를 자랑하며, 흔히 광주와 나란히 '광나주'로 병칭되어 남도 제일의 대표 시군지역이 되고 있다. 따라서 여기에서는 본서에 수록된 논고들을 중심으로 나주의 전통상과 위상에 대해 개괄하고자 한다.

2. 삼국시대 옹관고분사회의 재편

고대 나주의 역사는 공산면의 용호 구석기유적 등 구석기시대에서부터 출발한다. 특히 다시면 가흥리의 습원지에서는 기원전 1,000년경으로 추정되는 벼 화분이 검출되어 이미 신석기 후기부터는 이 지역에서 벼농사가 시작된 것을 짐작해 볼 수 있다. 또한 현존하는 많은 고인돌(支石墓)을 비롯하여 무늬없는토기와 함께 다량의 청동기 유물이 출토되고 있는 것으로 보아 청동기시대에 일정한 조직세력이 존재했음을 추정하게 된다. 약 1,100여기에 달하는 금성산 주변과 덕옹산 줄기, 영산강 유역의 고인돌 유적들은 이 지역에 선사시대부터 유력한 세력이 존재했음을 짐작케 한다. 물론 문헌에서는 고인돌세력과 관련한 내용을 찾아 볼 수 없으나 이 일대의 지정학적인 관계와 영산강 일대에 자리했던 독자적인 세력과 결부시켜 이해할 수 있는 것이다.

그리하여 나주 일대에는 강과 드넓은 평야지대를 배경으로 독자적인 문화권을 형성한 것으로 짐작된다. 먼저 영산강은 영산포 인근에서부터 서쪽으로 흐르면서 남북으로 지역을 구분하는 형세를 이룬다. 이후 공산면과 동강면 지역에 이르러서는 강폭이 넓어지며, 강물의 방향도 남으로 바뀌어 동·서를 구분하게 된다. 이처럼 'ㄱ'자 모양을 이루며 흘러가는 영산강은 이후 동에서 서로 흐르는 덕진강을 만나 'ㄷ'자 모양을 이룬다. 영산강과 그 지류에 둘러싸인 지역이 오늘날 나주의 공산면과 동강면, 영암의 시종면 등이다. 그리고 이보다 좀 더 안쪽에는 고대 영산강 유역의 중심지 중의 하나였던 반남면이 자리하고 있다. 이 지역은 매우 특징적인 옹관고분문화를 꽃피웠던 장소이다.

그런데 나주 반남면 공산면과 마주한 영암시종면 사이를 가르며 흐르는 삼포강(반남현포구)은 영산강 중류역의 'ㄷ'자 지형 한 가운데를 흐르는 영산강의 지류이다. 그런데 삼포강의 강안에는 수많은 옹관고분들이 밀집하고 있다. 하류에서부터 영암군 시종면의 옥야리·내동리고분군, 나주시

동강면의 연화고분군, 나주시 공산면의 용호고분군, 나주시 반남면의 대안
리·신촌리·덕산리 고분군 등이 자리한다. 이렇게 영산강 유역의 옹관묘
분포는 바다를 통해 연결되는 서남해 일대를 포함하는 것으로 6세기 전반
까지 다른 지역과 구분되는 독자적인 문화권을 이루어 '옹관분사회'로 지
칭하기도 한다.[1] 특히 다른 지역에서 찾아보기 어려운 특이한 양식의 옹관
고분은 4세기 후반 이후에 대형화되는 것으로 보아 이 지역에 독자적이고
강력한 정치세력이 존재했음을 입증한다. 물론 이들 정치세력과 백제 편
입시기에 대해서는 고고학적 발굴성과에 힘입어 현재 다양한 견해가 제시
되어 있으나,[2] 대체로 백제 세력의 성장에 따라 영향을 받았던 것으로 짐
작할 수 있다. 이들은 바다를 건너 다른 세력과 교류하였기 때문에, 5세기
중엽 이후 6세기 전반에 걸쳐 前方後圓墳 등이 출현했던 것으로 이해되고
있다.[3]

　이러한 옹관분사회의 중심지는 대형 독무덤이 가장 밀집 분포된 영암군
시종면과 나주시 반남면, 그리고 최근 발굴 성과가 축적되고 있는 공산면
일대로 이해되고 있다. 그러나 이들 세력은 6세기 후반에서 7세기 중반에

1　강봉룡, 2000, 「영산강유역 고대사회의 성격론 -그간의 논의를 중심으로-」, 『지방
　사와 지방문화』 3-1.
2　이병도, 1959, 「백제의 흥기와 마한의 변천」, 『한국사(고대편)』, 진단학회.
　권오영, 1986, 「초기백제의 성장과정에 대한 일고찰」, 『한국사론』15, 서울대 국사
　학과.
　최몽룡, 1988, 「반남 고분군의 의의」, 『나주 반남면 고분군』, 국립광주박물관.
　최성락, 1990, 「전남지방의 마한문화」, 『마한·백제문화』,원광대 마한백제연구소.
　이도학, 1995, 「마한제국의 성장과 백제국의 복속과정 -해남지역을 중심으로-」, 『백
　제의 고대국가 연구』, 일지사.
　김영심, 1997, 「나주 마한문화의 발전」, 『나주 마한문화의 형성과 발전』, 전남대
　박물관; 이덕일(외). 1999 『우리 역사의 수수께끼』, 김영사.
　강봉룡, 위의 논문.
3　최성락, 2000, 「영산강 유역 고대사회의 형성배경」, 『영산강유역 고대사회의 새로
　운 조명』, 역사문화학회 제3회 국제학술대회.

이르러 백제 양식인 후기 橫穴式 石室墳(돌방무덤)이 그 중심부에 나타나는 것으로 보아 백제의 중앙통치력에 복속되었던 것으로 짐작된다.[4]

먼저 시종면 일대의 옹관고분군은 삼포강 하류의 연변을 따라 내동·와우·옥야·신연·금지리 일대에 분포하고 있는데, 이중 내동리 고분군이 규모와 밀집도에서 단연 압도적이다. 내동리 고분군과 인접해 있는 나지막한 산에 토성(일명 '성틀봉토성')의 흔적이 남아 있는데, 이는 산의 정산을 두른 테뫼식 산성이다. 또한 이 토성은 둘레를 수직으로 깎아내려 몇 개의 단층을 이루게 한 계단식 축조 양식을 보여주고 있는데, 이러한 계단식 양식은 정상부에 대한 접근을 차단하려는 장치로 여겨진다. 그리고 시종면 일대에는 내동리를 중심으로 완만한 구릉평야가 발달되어 있는데, 이는 이 일대 세력집단의 경제적 토대가 되었으리라는 점에서 매우 주목된다. 이렇듯 고분과 토성, 평야의 세 가지 요소가 고루 갖추어져 있다는 점은 곧 시종면 일대가 유력한 세력집단의 활동무대였음을 반영한다.[5]

다음 반남면 일대에는 반남평야의 중앙에 위치한 자미산을 중심으로 그 동쪽에 신촌리와 덕산리 고분군이, 그리고 그 서쪽에 대안리 고분군이 밀집되어 있는데, 이들은 시종면의 그것에 비해 규모가 월등히 크다. 그리고 자미산에는 정산을 중심으로 주위를 에워싸고 있는 토성(자미산성)의 흔적이 확인되고 있다. 이 토성은 정산부를 중심으로 그 주위를 수직으로 깎아내려 3단의 계단을 이루게 한 계단식의 테뫼식토성으로서, 마치 시종면 내동리에 있는 성틀봉토성의 확대판과 같은 인상을 준다. 자미산은 해발

---

4 임영진, 1996, 「영산강유역 횡혈식석실분의 수용과정」, 『전남문화재』3.
  조근우, 1996, 「전남지방의 석실분」, 『한국상고사학보』21.
  이정호, 1996, 「영산강유역 고분에 대한 시론적 고찰」, 『박물관연보』4, 목포대박물관.
  강봉룡, 1998, 「5~6세기 영산강유역 '옹광분사회'의 해제」, 『백제의 지방지배』학연문화사.
5 강봉룡, 1999, 「3~5세기 영산강유역 '옹관고분사회甕棺古墳社會'와 그 성격」, 『역사교육』69, 70쪽.

90여m의 나지막한 산이지만, 사방으로 트여 있어 산성의 입지처로 제격이다. 한편 자미산성의 주위에는 시종면 일대의 평야보다 훨씬 넓은 반남평야가 펼쳐져 있는데, 이를 삼포강이 감싸고 있다. 옹관고분과 토성, 그리고 평야의 세 가지 요소가 두루 갖추어져 있다는 점에서 반남면 일대 역시 유력한 세력집단의 근거지였을 것으로 보인다.[6]

이 지역의 옹관고분의 편년에 관해서는 다양한 견해가 제시되고 있다. 다만 대체적으로 시종면 일대의 옹관고분의 조영시기는 3~5세기 전반의 것이 중심을 이루고 있음에 반해, 반남면 일대의 옹관고분의 조영시기는 5세기 중반~6세기 전반의 것이 중심을 이루고 있다고 할 수 있다. 이러한 옹관고분 조영 시기의 차이를 둘 때, '옹관고분사회'의 중심 세력은 5세기 중반을 기점으로 그 중심지를 삼포강 하류 시종면 일대에서 상류의 반남면 일대로 옮겨 갔을 것으로 추정하고 있다.[7] 그런데 최근 발굴된 공산면 용호고분군은 시종면 일대에서의 중심세력이 반남면 지역으로 이동했다는 기존의 견해를 재고하게 한다.

공산지역에는 남창·백사·중포·가송·복룡리 등에 70여기의 고인돌이 산재하고 있다. 여기에 유실된 상방리 지석묘군의 10여기를 포함하면 대략 90여기의 고인돌이 존재하였던 것으로 판단된다. 또한 공산면과 왕곡면의 접경에 위치한 왕곡면 신포리에는 비교적 좁은 영역 내에 총 194기에 이르는 대규모 고인돌떼가 밀집해 있다. 이를 통해 청동기시대 공산면과 왕곡면의 접경 지역을 세력권으로 가진 유력한 집단의 존재를 가정할 수 있겠다. 특히 3세기 초반의 형세를 보여주는 용호고분군은 본래 3개의 분구가 조사되었다. 그러나 발굴 과정에서 지표 위에 조성된 분구 내에 매장 시설을 갖추고 주구를 두른 고분들이 다수 발견되었다. 이들 고분 중에는 고분 내 단독장으로 조성된 토광목관묘와 옹관묘, 단독장으로 형성된 고분의 연장, 혹은 추가장에 해당하는 고분 등이 조사되었다. 특히

---

6 강봉룡, 1999, 위의 논문, 71쪽.
7 강봉룡, 1999, 위의 논문, 73쪽.

옹관묘의 추가장에 의한 다장묘로의 변화는 영산강 유역 옹관고분들의 일반적인 특징이다. 그런데 용호고분군의 경우 부가되는 옹관의 숫자는 많지 않아 단장묘에서 다장묘로의 이행 과정 중 초기에 나타나는 것으로 짐작된다.

따라서 3세기 초중반에 해당하는 토광목관묘는 3세기 후반에 이르러 옹관의 단독장의 형태로 이행하며, 단독장 이후 4세기경에는 추가장이 이루어지는 형태로 발전한 것 같다. 그리고 이 시기는 반남고분군의 조성 시점에 선행한다. 따라서 공산면 금곡리에 소재하는 용호고분군은 영암군 시종면 지역의 옹관고분 사회의 형성과 동일한 시점에 형성되었다. 이에 용호고분군의 존재는 반남 지역에 바로 인접한 공산면 지역에서도 옹관고분의 초기단계 문화가 존재했음을 증명한다. 결국 반남 지역의 옹관고분문화는 공산 지역의 것이 이동한 것으로 생각된다.

이후 반남을 중심으로 하는 지역의 옹관고분사회가 급성장하는 과정에서 주변의 옹관고분사회는 이를 중심으로 재편되었을 것이다. 이는 옹관고분사회의 정점에 이른 반남세력에 의해 주변 지역의 세력들이 통합되고, 반남을 중심으로 일정한 소촌과 촌, 대촌 등 여러 곳을 통합한 영역을 가진 국읍(소국) 단계의 연맹체가 등장했음을 의미한다. 학계에서는 이렇게 영산강 지역에서 옹관고분문화를 꽃피운 세력을 마한으로 보고 있다. 이들은 북방계 이주민 집단으로 인식되는 백제와는 다른 계통을 지닌 집단으로 변한·진한 등과 함께 삼한을 이룬 구성체였다. 『삼국사기』 백제본기의 기록에 의하면 마한은 9년(온조왕 27년) 백제에 의해 멸망하였다. 반면 중국의 『晉書』에는 3세기 말경까지 중국과 활발한 외교관계를 지속하는 마한이 등장하기도 한다.

옹관고분을 중심으로 하는 나주 지역의 사회는 얼마간 백제와 경쟁 관계를 유지하였을 것으로 보인다. 하지만 4세기 후반, 혹은 6세기 전반 경에 이르러 이들의 독자성은 사라지고, 백제의 정연한 지방 통치체제 속에 편제된다. 백제는 5방제를 근간으로 지방을 통치하면서 이전과는 달리 반남면일대를 반나부리현으로, 나주를 발라군으로 편제하였다. 이는 백제가 영산강유역의 맹주세력인 반남세력을 억누르고, 새로이 나주 지역의 세력을 재편성한 것이다. 그런데 반백제 성향의 반남세력과 다시지역의 복암리세력은 나주 지역에서의 주도권을 장악하기 위해 백제에 협력적인 태도를 보였을 가능성이 있다. 왜냐하면 복암리 고분군에서 발굴된 위세품 중 백제 중앙에서의 하사품으로 생각되는 금동신발·金製花形冠飾·금제관식 등에서 양자간의 긴밀한 결합관계와 복암리세력의 위상을 읽을 수 있다.

결국 백제 지배 하의 나주 지역은 6세기 이래의 지방지배 재편 과정에서 백제에 협력하거나 저항하는 세력에 대한 안배와 배제 전략으로 인하여 나주 세력이 독자적으로 발전하던 단계와는 다른 형태로 진행된다. 종래와는 다르게 다시 지역의 복암리세력이 절대적인 우위를 차지하는 방향으로 전환되었던 것이다. 그러나 나주 지역의 백제 지방 통치체제로의 전환과 엇비슷한 상황이 백제가 멸망하고 신라가 이 지역을 점유하는 과정에서도 되풀이 되었을 것이다.

신라는 백제와 고구려가 멸망한 이후 지배 영역을 9주로 개편하면서 나주를 발라주로 승격시켰다가 곧바로 686년에 오늘의 광주인 무진주를 전남의 주치로 삼은데 이어 나주를 다시 군으로 하고, 반남을 군으로 승격시켰다. 이는 신라가 백제와는 달리 나주지역의 현실적 세력관계를 동등하게 인정하고 이를 바탕으로 이 지역을 편제한 배경에서 이해되며, 757년 이후에는 나주와 반남이 각각 금산·반남군 등 중국식으로 개칭을 보게 되었다.

3. 고려의 후삼국통합과 나주

신라후기에는 대외교역의 측면에서 나주의 회진 및 공산지역의 중요성

이 극대화되었다. 이러한 상황은 신라후기 이 지역 호족의 성장과도 연관
이 있으며, 중소 호족들을 결합하여 등장한 후삼국의 정립 시기에는 이 지
역을 둘러싼 후백제와 태봉 및 고려의 군사적 충돌이 격화되었다.

신라후기는 백제와 고구려 멸망 이후 지속적인 사회발전 속에서 친족공
동체의 편제가 점차 붕괴되고, 전제왕권의 강화로 방계의 진골귀족이 점
차 도태되어간 시기였다. 특히 선덕여왕 이후 각자의 경제력과 私兵에 의
거한 진골귀족의 왕위쟁탈전이 전개되자 신라 지배층은 혼란에 빠져 들었
다. 더구나 진성여왕 이후 증가하는 농민항쟁은 骨品體制의 구조적 모순
이 점차 표면화되기 시작했음을 시사한다. 그 결과 6두품과 禪僧들이 대
두하고, 이들이 豪族과 결합하여 새로운 유학적 정치이념과 혁신적인 선
종체계로 사회의 모순을 극복하고자 하는 움직임이 대두하기 시작하였다.
특히 중앙의 통제에서 벗어나 독자적인 세력을 형성한 호족들의 대두로
892년 후백제와 901년 후고구려가 세워져 후삼국으로 정립되고, 이들 사
이의 후삼국통합전쟁이 시작되기에 이르렀다.

그런데 영산강 일대는 내륙, 해양 수운의 발달과 대외교류의 증가와 발
전 등에 따라 항구 발달에 유리한 다시지역의 회진이 급성장하였다. 이로
인해 해상 물류 교통과 경제의 중심지인 회진지역의 방어라는 측면에서
반남지역의 군사적 중요성이 높아졌다. 이러한 상황은 후삼국 시기가 되
면 더 극적으로 변하게 되었다.

후백제를 건국한 견훤은 신라의 서남해에서 봉기하게 되는데 그 과정에
서 무주 서남쪽 군현들을 손에 넣었다. 이후 무진주를 중심으로 활동하다
가 900년 전주로 천도하고, 국호를 백제(후백제)라 칭하며 자신을 백제왕
이라고 하였다. 이어 901년 신라를 공략하기 위해 대규모의 군대를 이끌
고 대야성을 공격하는데 실패하고 만다. 그런데 전쟁에서 패배한 견훤은
돌아가지 않고, 그에게 반란을 일으킨 나주의 남변 부락들을 공략하고 돌
아갔다.[8] 견훤이 이 지역에 적대적인 군사 행동을 하게 된 이유는 나주지

---

8 『삼국사기』 권50, 열전 10, 견훤.

역이 궁예에게 귀부하여 그에게 返附하였기 때문이다.9 견훤의 군사가 금
성은 수복하지 못하고 그 남변 부락만 일부 공략한 것은 금성의 세력이
상당히 강력한 수준이었음을 의미한다.

결국 견훤이 무진주에서 전주로 중심지를 옮기고, 왕을 칭하는 상황에
서 나주지역은 그에게 반기를 들었던 것으로 보인다. 견훤이 왕을 칭하며
지역 호족들의 자율성을 침해하자, 금성일대의 호족들이 견훤에게 저항하
여 궁예에게 투항한 것이다. 본래 왕건은 견훤과는 달리 선대로부터 중국
무역에 종사하던 중부서해안 해상세력으로 이들 지역의 세력과 같은 목적
을 가지고 해상활동을 하던 전라도 남해안의 해상세력과의 긴밀한 유대관
계를 유지할 수 있었기 때문에 견훤의 지배를 벗어나 왕건에게 귀부했던
것으로 이해된다.10 나주 역시 해상세력가들이 웅거한 지역으로 서남해에
서 대중국 교류의 창구와 같은 역할을 수행했던 지역으로 왕건과 나주의
토착세력들은 모두 해상세력이었다는 점에서 서로 긴밀히 연결될 수 있었
던 것이다. 그 결과 금성을 비롯한 영산강 이북지역은 궁예와 왕건 등과
결부하여 견훤을 견제하는 세력이 되었다.

그런데 다른 한편으로 나주의 일부 지역은 견훤의 공세에 굴복하였던
것 같다. 금성세력이 견훤에 반항한 것이나 견훤의 공세가 금성의 남변 지
역에 이루어진 것 등을 통해 이들의 주된 군사력은 미다부리정이었던 것
으로 짐작된다. 이에 901년 견훤의 공세는 금성과 회진 세력을 분쇄하고
이를 유명무실하게 만드는데 있었으며, 이후 강력한 후백제군의 공세를
받은 이들 지역은 견훤의 지배 아래에 편입되었을 것이다. 따라서 금성세
력은 고립 상황을 타개하기 위하여 다른 외부 세력의 도움이 절실히 요구
되는 형편에 있었다고 할 수 있다. 이에 금성지역은 900년을 전후한 시점
에 견훤에 반기를 들었고, 901년에는 견훤군의 공세를 받았으나 이들에
대한 궁예의 지원은 2년 뒤인 903년에 이루어졌다. 궁예의 명령을 받은

---

9 『고려사』 권57, 지 11 지리 2, 나주목.
10 문수진, 1987 「고려건국기의 나주세력」, 『성대사림』 4, 16쪽.

왕건의 첫 나주 공략이 903년에 이루어지기 때문이다.

이는 후백제가 금성지역을 영산강 이북에 고착시키고, 외부세력과의 교통을 막기 위해 공산지역에 대규모 군대를 주둔시킨 과정을 시사한다. 다시지역과는 영산강의 좁은 물줄기만을 사이에 둔 공산지역에서의 견제를 통해 나주(금성)지역을 위협했던 것이다. 이에 견훤의 위협으로부터 보호하고, 봉쇄를 풀기 위해 시도된 왕건의 공세 역시 공산지역을 목표로 하였을 것이다. 그 결과 양군의 군사적 충돌은 이 지역에서 지금까지 복사초리 공방전에 대한 전승으로 전해지고 있으며, 당시 전투상황은 『고려사』 태조세가에서 엿볼 수 있다. 현재 공산면에서는 2008년에 7월에 '견훤과 왕건장군의 격전지였다'는 복사초리에 '희망의 碑'를 세워 기념하고 있으며, 이 지역 출신인 이진영선생의 노력과 관련 학자들의 현지조사와 연구로 복사초리공방전이 역사적 사실로서 자리매김하게 되기에 이르른 것이다.

현재 왕건과 견훤의 치열한 공방전이 전개된 시기는 자세하지 않다. 왕건이 처음 나주를 공략한 시기는 903년으로 당시 수군으로 서해를 거쳐 공취한 후 수비병을 주둔시켰으며,11 이후 복사초리 공방전이 전개되는데, 이를 다음의 기록에서 엿볼 수 있다.

"천복 3년(903) 계해 3월에 수군을 거느리고 서해로부터 광주계에 이르러 금

11 『고려사』 권1, 태조1.

성군을 쳐서 이를 빼앗고 10여군을 공취하여 이에 금성을 고쳐서 나주라고 하고 군사를 나누어 이를 지키게 하고 돌아왔다. 양 개평 3년(909) 기사에 태조는 … 수군을 거느리고 광주 염해현에 이르러 견훤이 오월에 보내는 배를 나포하여 돌아오니 궁예가 매우 기뻐하여 흐뭇하게 장려하고, 다시 … 광주 진도군을 쳐서 빼앗고 전진하여 고이도에 이르렀다. 성중 사람들이 군대의 위용이 엄정함을 바라보고 싸우지 않고 항복하였다. 나주의 포구에 이르자 견훤이 친히 군사를 인솔하고 전함을 배열하니 목포(木浦)로부터 德眞浦에 이르기까지 전후가 서로 잇대어서 수륙 양면에 종횡하여 병세가 자못 성한지라 諸將이 이를 근심하거늘 태조가 말하기를, '근심할 것 없다. 싸움에 이기는 것은 화합하는데 있는 것이요 수가 많은데 있는 것이 아니라'고 하였다. 이에 진군하여 급히 공격하니 적선이 얼마간 퇴각하거늘 바람을 타서 불을 지르니 불에 타고 물에 빠져 죽는 자가 태반이었다. 5백여급을 참획하니 견훤이 조그마한 배를 타고 도망쳐 가버렸다. 처음에 나주 관내의 여러 고을이 우리 편과 서로 막혀 있고 적병이 차단하였으므로 서로 응원할 수가 없어 자못 의구심을 품더니 이에 이르러 견훤의 정예한 군졸을 꺾으니 여러 사람의 마음이 다 안정되었다. 이에 三韓의 땅을 궁예가 태반이나 차지하게 되었다. 태조기 다시 … 나주에 머물러 지키고자 하니 … 드디어 광주 서남계 반남현 포구에 이르러 첩자를 賊境에 놓았더니 그 때에 염해현의 적수 능창이 해도의 출신으로 水戰을 잘하여 이름을 수달이라고 하였는데 … 태조가 이르기를 기다려 그를 맞아 해하고자 하였다. … 과연 조그마한 배 한 채를 잡아보니 바로 能昌인지라 궁예에게 잡아 보내었다.…"[12]

이와 같이 903년의 나주 공취는 이 지역에서의 왕건의 수군력이 매우 약했기 때문에 영산강으로 이동 상륙했다기 보다는 무안·함평 등지를 통한 육로공세였을 가능성이 크다. 물론 왕건은 수군에 능했으나 영산강을 거슬러 각 포구를 공략할 만큼 이 곳 지리에 익숙하지 못했으며, 상대적으로 견훤의 수군은 막강했던 것으로 추정된다. 따라서 왕건이 본격적으로 수군활동을 전개하기 시작한 것은 위의 기록처럼 909년 해제면 지역에서 오나라에 가는 파견선을 공격하고, 진도·고이도를 복속시킨 후 이듬해인

12 위와 같음.

910년에 견훤이 나주를 10여 일간 포위 공격하고, 목포로부터 덕진포에 이르기까지 전함을 배열하자 이를 구원하고자 나주 포구에 이르러 화공하여 후백제의 대함대를 격파한 것이다.[13] 곧이어 이 지역에서 견훤의 수중에 있었던 해상세력 능창을 포로로 잡아 궁예에게 보냈으며, 이를 통해 반남현포구 등 나주지역을 완전 장악하게 되었던 것이다.

이처럼 당시 견훤의 수군은 909년까지 목포에서 덕진포까지 포진하였다. 여기에서 현재 나주시 일대인 목포와 영암군 덕진면 일대인 덕진포까지 견훤의 정규군이 배치되었는데, 바로 그 중심지역은 영산강 지류인 삼포강을 중심으로 하는 오늘날의 공산지역을 포함하는 당시의 반남현포구이다. 이는 이들 지역이 영산강의 본류와 지류에 해당하는 해상의 요지로서 영산강을 통해 나주를 포위 공략하였음을 보여준다. 당시 왕건은 수군을 동원하여 먼저 해상방어의 요충지인 공산지역을 공취하여 견훤의 포위를 풀려고 했던 것으로 추정된다. 이러한 공방전은 덕진포와 회덕에서 싸운 912년까지 지속되었던 것이지만[14] 910년이 분기점을 이룬다고 할 수 있다.

이와 같은 내용의 설화는 사서를 통해서도 입증된다. 그러나 이와는 다르게 설화만으로 전해오고 있는 한토막의 이야기로 당시 왕건은 소나무 밑에서 잠깐 졸다가 꿈에 나타난 백발노인이 알려준 대로[15] 영산강의 썰물을 이용하여 무안 청용리 두대산으로 무사히 이동했다고 한다.[16] 이러한 유래 때문에 그 소나무를 夢松이라 하였고, 현몽에 의해 영산강을 건넜다고 하여 몽탄강이라 부르게 되었다.

이처럼 910년까지만 하더라도 왕건은 지리적으로 영산강의 해로에 익숙하지 못했으나 파군천에 이은 복사초리 공방전은 나주 및 이남지역을

---

13 『동사강목』 제5하, 신미년 효공왕 14년.
14 『삼국사기』 권50, 견훤전.
15 무안군, 1981, 『내고장전통가꾸기』, 245쪽.
16 전라남도, 1987, 『전남의 전설』, 350~352쪽.

확고하게 장악하는 계기기 되었던 것이다.[17] 따라서 왕건의 공산지역 해상
전투는 육상으로 진출하는 출구를 확보한 것이며, 목포 등지의 중요한 군
사·경제적 거점지를 확보한 것과 그 궤를 같이 한다. 또한 왕건은 이 공
방전을 전환점으로 영산강 이남지역의 40여군현을 장악하여 삼한의 절반
을 차지하게 되었다. 결국 왕건의 대승은 견훤 수군의 중심지였던 목포와
덕진포를 완전 장악하고, 이 지역의 해상세력인 능창세력을 궤멸시키게
되었다. 이후 왕건은 이를 기반으로 영산강 이남지역의 호족세력과 밀접
한 관계를 맺기 시작하는데, 목포의 오다련 가문과 결합하여 나주오씨 장
화왕후와 만났으며 그의 소생인 혜종이 제2대 왕위에 올랐다.[18] 또한 왕건
은 三韓功臣 대광에 오른 금성 羅聰禮 등을 비롯하여 이 지역의 여러 호
족들의 도움을 받아 후삼국통합전쟁을 수행했음은 물론이다.

따라서 나주 중심의 서남해지역 장악은 왕건의 고려 건국과 후삼국통합
에 결정적 기여를 하게 되었다. 특히 고려의 후삼국통합은 한국사회를 이
끌어갈 지도자로서 왕건을 선택하고, 자주적으로 이룩한 통일대업의 의미
가 매우 컸다. 또한 이 통합과정에서 『금성일기』에 언급된 것처럼 오다련
과 나총례 등을 비롯한 나주 호족세력의 활동은 왕건의 후삼국통합에 역
사적 초석으로서 크게 기여하였다. 여기에서 나주는 고려의 御鄕이자[19] 나
주라는 명칭을 가지면서 이후 천년 목사골로 거듭난 나주의 전통상이 확
립되었다고 할 수 있다.

4. 태조 왕건의 훈요십조와 고려초기 나주의 위상

왕건은 903년 나주를 공취하면서 이를 중심으로 서남해 해상세력을 장

---

17 육군본부, 1983 『고려군제사』, 205쪽.
18 『고려사』 권88, 후비1, 장화왕후 오씨.
19 『고려사』 권103, 김경손전.

악한데 크게 힘입어 918년 고려를 건국하고, 936년에 후삼국을 통합하였다. 이렇게 왕건이 왕위에 오르고 후삼국을 통합한 배경에는 궁예의 견제와 압박을 피해 바다에서 수군활동을 전개하고, 남으로 나주 및 서남해지역을 자기 세력화한데 있었다. 그리고 더 나아가 나주가 남해안과 김해 등지의 지역을 공략 장악하는 교역과 군사의 전략적 요충지였으며, 이를 통해 당시 대외교섭도 남중국에서 귀국한 유학 禪僧들이 간여하여 이들과 긴밀한 유대관계를 맺을 수 있었다.[20] 이들 선승들은 당시 지방호족들의 정신적인 지주로서 이들이 왕건에게 귀부하는데 중요한 역할을 담당했던 것으로 보인다. 이처럼 왕건은 나주를 장악하여 후백제의 배후지를 차단 압박하고 자신의 세력기반 형성의 전진기지로 삼았으며, 여기에 지도자적 덕망을 배경으로 홍유·배현경·신숭겸·복지겸·유금필 등 무장들에 의해 국왕으로 추대되고, 후삼국통합의 과업을 이룩하였다. 이러한 과정에서 나주는 고려건국과 후삼국통합의 기반이자 왕건의 妻鄉으로 그의 소생 혜종이 왕위에 올라 어향 성지로 거듭난 것이다.

이러한 관계에 비추어 이미 널리 알려진 것처럼 왕건이 후대 국왕들에게 남겼다고 전하는 '訓要十條'에는 왕건의 세력기반이었던 나주 등지의 긴밀한 관계에 비추어 매우 이해하기 힘든 다음과 같은 조항이 보인다.[21]

"그 8조에 車峴 이남과 公州江外는 山形과 地勢가 背逆으로 달리니 인심도 또한 그러한지라 저 아래 州郡 사람이 조정에 참여하여 王侯 國戚과 혼인하여 國政을 잡게 되면 혹은 국가를 變亂케 하거나 혹은 통합된 원한을 품고 거동하는 길을 범하여 난을 일으킬 것이다. … 비록 양민이라고 할지라도 벼슬자리에 두어 일을 보게 하지 말지어다."[22]

---

20 김사진, 1982 「왕건의 승려결합과 그 의도」, 『한국학논총』 4, 국민대역사학회, 132 ~134쪽.

21 『고려사』 권2, 태조 26년 4월 하4월.

22 위와 같음.

이 〈훈요십조〉는 943년(태조 26) 태조가 죽기 한 달 전에 內殿에 거동하여 대광 朴述希를 불러 친히 이를 주면서 後嗣 국왕들이 아침과 저녁으로 펴보아 길이 거울을 삼도록 당부한 遺訓에 속한다. 그런데 이 信書 훈요는 현종 당시 거란침입 때에 잃어버렸는데 '(최)제안이 崔沆의 집에서 얻어 간직하여 두었다가 [현종(1009~1031)에게] 바치니 이로 인하여 세상에 전하게 되었다'고 한다.23

그런데 이를 둘러싼 그동안의 학문적 논의와 평가는 이미 잘 정리되어 있으나24 위의 내용처럼 고려시기에 차령산맥과 금강 이남의 인물들이 차별받았을 가능성은 매우 적어 이에 대해 일찍부터 의문을 제시한 견해들이 있어 왔다. 이에 따르면, 〈훈요십조〉가 다시 전하게 된 것은 경주최씨인 최승로의 손자인 崔齊顔이 최언휘의 손자인 최항의 집에서 발견한데 따른다. 이들은 모두 후백제에 반감을 지녔을 가능성이 큰 경주최씨 신라의 후예로서 발견 당시 이들이 이 조목을 추가하여 날조했을 가능성이 있으며 그 내용과는 달리 영암의 최지몽과 순천의 박영규 등등 많은 전라도 출신들이 실제 등용되어 요직에 앉아 있었다는 여러 이유로 위작설이 제기되었다.25 그러나 광복 후 일제시대에 일본 학자가 제기한 위작설이 비판되는 가운데 〈훈요십조〉를 통해 태조 왕건의 사상을 연구하려는 분위기가 형성되었다.26 또한 이를 태조의 유훈으로 받아들인다고 하더라도 실제 정치운영에 있어서는 이와 다르다는 등 여러 의문점이 남아있기 때문에 이를 당시의 정치상황과 관련하여 이해하려는 경향도 대두되고 있다.27 이에 따르면, 고려시대에 남방의 3대 背流水에는 영산·섬진강과 함께 낙동

23 『고려사』 권93, 崔承老傳.
24 변동명, 앞의 논문.
25 금서룡, 1918「高麗太祖訓要十條に就きで」,『동양학보』8-3.
26 이병도, 1980「太祖 十訓要에 대한 新考察과 거기에 나타난 地理圖讖」,『高麗時代의 研究』아세아문화사 ; 김성준, 1985「十訓要와 高麗太祖의 政治思想」,『韓國中世政治法制史研究』일조각.
27 변동명,「앞의 논문」.

강도 포함되어 금강만이 背逆의 형세가 아니었으므로 고려가 후삼국을 통합하는데 후백제가 막강했고, 통합 이후 이들 후백제민들이 反高麗意識의 변란을 도모할 수 있다는 태조 왕건의 의식이 호남인 견제의 8조에 반영되어 있다는 것이다. 특히 그 내용과는 달리 나주 등지의 인물들이 대거 참여했던 것으로 보아 그 지역에서 왕건을 도운 나주와 서남해 등지가 제외된 옛 후백제지역을 지칭한다고 해석되기도 한다.[28] 현재 1번 국도를 따라 천안에서 공주로 향하면 차령고개가 나오고, 이 고개를 넘어 공주에 들어서서 보이는 강이 공주강(금강)으로 그 금강 바깥은 옛 백제땅이 시작되는 경계이다. 그러나 이 경우에도 광종 이후 전주 유방헌·영광 김심언·고창 장연우 등은 급제하여 재상에 오른 호남인들이며,[29] 문종에서 의종대에 이르는 기간에 걸쳐(1046~1170) 지역별 과거 합격자도 역시 경기 30.8%·경상도 16.6%·전라도 14.8%의 분포를 보여[30] 옛 후백제지역을 포함한 호남인이 차별 소외된 근거는 매우 희박한 것으로 보인다.

이처럼 태조 왕건의 〈훈요십조〉의 8조를 받아들인다고 하더라도 옛 후백제지역인 광주와 전주 등 전남의 동북부와 전북지역의 인물들도 광범하게 등용된 것으로 나타난다. 특히 역사란 현재적 의미를 지닌 것이지만 이를 현재적 관점에서 너무 무리하게 적용 해석하여 지역주의에 입각한 '호남차별'의 이념으로 인식하는 것은 경계되어 마땅할 것이다. 따라서 그 내용은 태조 왕건이 후삼국을 통합하면서 후백제를 제어 통합하기가 가장

---

28 민현구, 1989 「高麗中期 三國復興運動의 역사적 의미」, 『한국사 시민강좌』 5, 일조각.

29 이기백, 1970, 「新羅統一期 및 高麗初期의 儒教的 政治理念」, 『대동문화연구』 6·7합집.
김당택. 1981 「崔承老의 上書文에 보이는 光宗代의 後生과 景宗 元年 田柴科」, 『고려광종연구』 일조각.
오성, 1981 「高麗 光宗代의 科擧合格者」, 『고려광종연구』 일조각.

30 박용운, 1990 「高麗時代의 科擧 -製述科의 運營-」, 『고려시대 음서제와 과거제연구』 일지사.

어려운 맞수였다는 시대적 상황에서 비롯된 산물로 이해할 필요가 있다. 또한 차현 이남과 금강 바깥을 충청·호남이 포함된 어느 특정지역으로 비정하는 새로운 연구가 나온다고 하더라도 그것은 곧 태조 당시의 정치적 산물이자 후대에 철저하게 준수해야할 성격의 유훈이 될 수 없었으며, 현종이 거란침입을 피하여 나주로 향할 때 옛 백제 수도인 전주를 회피하려고 한 의식도 전란의 상황에서 초래된 경계심이었을 것임은 물론이겠다. 더구나 이와는 달리 고려초기에 호남인들이 중앙에 진출하여 재상에 오르고, 유력한 문벌가문을 형성한 사실에서 이를 평가한 다음의 내용에 유의할 필요가 있을 것이다.

> "십훈요는 그것이 세상에 알려지게 된 경위나 내용에서 신빙성을 의심받고 있는 자료이다. 그렇지만 설령 그것이 태조 왕건이 남긴 유훈이 맞는다고 할지라도, 그것을 근거로 고려시대에 호남지역민들이 정치적으로 차별받았다고 한다면, 그것은 역사적 진실을 무시한 거짓 주장이라고 할 수밖에 없을 것이다. 현대에 들어 정통성이 결여된 정권에 의해 조작되고 부풀려진 지역간의 갈등이, 마치 과거에서부터 그러했던 것처럼 그 역사적 근거로서 십훈요를 들먹이는 양태는 이제 사라져 마땅한 것이다."31

지금까지 거듭 언급한 것처럼 나주는 〈훈요십조〉 8조목의 내용과 아무런 관련 없이 태조 왕건의 건국과 후삼국통합의 기반이었다. 실제 장화왕후 오다련과 삼한공신 나총례를 비롯하여 최지몽·형미·윤다·경보 등 많은 인물들이 나주 출신이거나 이와 연고를 맺고 활동했으며, 장화왕후 소생인 혜종이 2대 국왕에 즉위하여 대대로 어향으로 지칭되었다. 『고려사』는 혜종이 비록 34살의 나이로 일찍 죽었으나 도량이 넓고, 智勇이 넘쳐 후백제를 통합하는데 큰 공을 세웠다고 기록하고 있다. 그는 역시 태조 왕건을 이어 왕위에 올랐으며 그 건국 초기의 어려운 시기에 그의 세력기반 역시 승주의 박영규와 같은 남도 출신들이었다. 이러한 배경에서 나주

---

31 변동명, 「앞의 논문」 183쪽.

는 태조 왕건 때부터 개칭된 이래 남도의 중심이 되었다. 그 후 995년(성종 14)에는 전국이 10道로 획정되는 전국적인 행정개편이 단행되면서 鎭海軍節度使로 개칭되어 海陽道에 소속되었으며, 당시 성종은 나주의 別號를 옛 이름과도 관련하여 통의·금성이라고 정하였다. 특히 현종은 1010년(현종 1)에 거란이 침구해 오자 공주를 거쳐 이 곳 나주로 피난했다. 이는 단순히 서울을 버리고 왕실을 보호하기 위해 나주로 내려온 것이 아니라 姜邯贊(948~1031)의 주장대로 끝까지 抗戰하기 위해 내린 결정이었다. 물론 현종은 나주로 향하면서 거란에 대한 親朝를 조건으로 교섭을 벌여 성사시켰다. 그러나 이후 국왕이 직접 거란에 친조한 사실이 없고, 이들이 퇴각하는 과정에서 거둔 金叔興·楊規의 눈부신 전과를 감안하면 친조가 하나의 전략이었음은 물론이겠다. 그러므로 거란은 1018년(현종 9)에 다시 침구하게 된다. 그러나 고려인들은 1019년 龜州大捷을 비롯하여 수차의 거란 침구를 격퇴함으로써 끝내 강동 6주를 지키고 종래와 같은 자주적 입장을 견지할 수 있었다.

이렇게 나주는 일찍 왕건과 인연을 맺으면서 고려 건국과 후삼국 통합의 기반이 되었으며, 현종이 10여일 동안 머무르면서 국가 興復의 '후일을 도모할 근거지'로서 거란과의 항쟁을 성공적으로 주도케 한 향토였다. 당시 현종이 네 마리의 말이 이끄는 수레를 타고, 다리를 건너 開京을 향해 떠나자 나주인들은 이 다리를 駟馬橋라고 불렀으며, 현종은 이에 보답하여 개경에 맞먹는 팔관회를 나주에서 개최케 한데 이어 1018년에 전국을 8목 4도호부로 개편할 때 나주목으로 승격시켜 태조 당시보다 높아진 邑格 위상 속에서 남도의 중심지 역할을 수행해 왔다. 여기에 '천년 목사골'이라는 나주의 전통상이 각인될 수 있었으며, 조선시대에 이르러서도 나주의 중요성은 변동이 없었다. 1457년(세조 3) 鎭管體制에 따라 나주에 巨鎭이 설치되어 牧使가 겸임하였다. 또한 1657년(효종 8)에는 나주 거진을 全羅右營으로 개편하고 2郡 8縣을 관장케 한 후 雄都로 칭할 정도였다.

5. 천년 목사골의 고려전통과 나주

21세기 지방화시대의 가장 값진 성과는 향토의 전통문화의 관심과 고조에서 찾을 수 있다. 그래서 그동안 지방 자치단체들은 향토의 문화유산을 보존 복원하고, 향토의 문화전통에 토대를 둔 온갖 대회와 축제를 개최하고 있다. 이는 일정한 성과를 거두어 온 것으로 평가되지만 새삼 지자체들의 축제와 관광 상품화가 방만하게 추진된 또 다른 실상 속의 공과를 되짚어볼 필요가 있다. 이제 21세기에는 질적 문화시대로, 단순한 관광 위주 문화에서 문화 위주의 관광으로 기본틀을 바꾸어야 한다는 견해가 광범하게 제기되고 있는 시점에 이르른 것도 사실이다. 따라서 전통을 올바르게 현실에서 變容 계승하는 창의적 자세와 함께 너무 성급한 관광 상품화보다 문화 전통 그 자체에 대한 깊은 이해와 애정이 더욱 요구된다고 할 수 있다. 이러한 인식 속에서 나주는 다른 지자체와는 달리 매우 사려 깊게 그동안 전통 관아와 성곽, 고분 등을 하나씩 보존 복원하는 등 장기적인 목표를 가지고 노력해 왔다. 이를 토대로 그 이상으로 나주의 강인한 뿌리를 되돌아보면서 한국에서 각인될 수 있는 현대적 의미의 전통상을 확고하게 수립하는 일은 향토의 매우 중요한 과제이자 미래상이라고 할 수 있다.

나주는 1896년 13도제가 실시되기 이전까지 남도의 거점 중심지로서의 도읍이었다. 이 때문에 선사시대부터 한말에 이르기까지 각 시대마다 거점문화를 형성하여 몇 천 년의 오랜 문화역사성을 간직하고 있다. 특히 나주는 조선시대에도 그 위상이 더욱 높아져 영산강유역에서 활짝 벼문화를 꽃피우면서 전라도의 거점 요충지로서 가장 규모가 큰 도읍으로 발전할 수 있었다. 일찍이 문인 서거정(1420~1488)은 나주객관 벽오헌 중신기에서 그 실상을 '나주는 전라도에서 가장 커서 땅이 넓고 민물이 번성하다. 땅이 또한 바닷가라 벼가 많이 나고, 물산이 풍부하여 전라도의 조세가 모이는 곳이며, 사방의 상인들이 몰려든다'고 노래하였다. 또한 조선시대에 나주 土族의 활동은 눈부셨으며, 임진왜란에서 독립항쟁기 일제시대에 이르기까지 민족의 위기를 극복하려는 의향으로서의 전통은 매우 강하였다. 근대사회에 들어서도 1896년 李鶴相 등을 비롯한 많은 의병장들이 활동하였고, 김준 등은 1907년 호남창의회맹소의 선봉장이 되어 싸우다가 이들 대부분이 순국하였다. 1919년 3·1운동 때에는 나주 출신의 金哲 등이 주도하여 남도 전지역으로 파급되었으며, 1929년 11월 3일의 광주학생독립운동의 진원지도 바로 나주였다. 이러한 의·예향의 성격은 나주만이 갖는 매우 독특하고 유일한 것이 아니라 남도 전체에서 이해되지만 그 전통은 매우 강인했음에 유의해야할 필요가 있다. 더구나 나주의 전통상이란 조선시대를 포함하여 선사시대 이래 뿌리내린 문화전통에서 가능했으며, 이를 토대로 나주는 문화적 성취를 배경으로 한국사의 전환기마다 새 의식의 틀을 짜면서 밝은 시대를 연데서 찾아지는 것이다. 이러한 관점에서 나주 전통상의 뿌리는 크게 세 가지 역사적 실상에서 확인할 수 있다.

첫째, 나주는 다시면 가흥리 유적 등과 같이 기름진 영산강유역을 배경으로 전개된 남부지방의 '벼문화 발상지'이자 농경문화를 활짝 꽃피운 향토로서 그 특색이 있으며, 일찍부터 3白(쌀·목화·누에고치)의 고장으로 알려져 왔다. 이는 나주지역이 선사시대 이래 농업을 가장 먼저 시작했다는 단순한 자랑거리가 아니라 그 자체에 내재한 현대적 의미가 매우 크다는 사실에 있다. 21세기는 인류 초유의 산업·정보화사회로의 대전환에서 찾아지지만 그 폐해 부작용도 매우 커서 이제 '인간다운 삶'이 풍요로워지고, 보다 쾌적한 인간·자연 환경을 구비해야할 세계인류 공통의 문제에 직면하고 있다. 이러한 의미에서 농경문화가 갖는 현대적 상징성은 매우 크며, 농업이 축소되는 현대사회에서 농업이란 장기적 안목으로 발전시켜야할 전략산업임에 틀림이 없을 것이다. 따라서 어느덧 한국사회는 농촌의 장점을 살린 생태·문화역사 마을의 조성단계로 나아가고 있으며, 2005년 이후 도시인들의 농어촌 체험이 활발하게 전개되고 있다. 이는 단순히 농어촌에서 맑은 공기를 마시고, 도시 아이들이 모르는 농산물을 알려주는데 있는 것이 아니라 이를 통해 인간다운 삶을 되찾고, 고도의 도시·산업화에서 초래된 현대사회의 병폐를 구원하는 복음처를 마련하는 그 이상의 의미를 지니고 있다고 할 수 있다. 이 점에 있어서 나주는 남부 벼문화 발상지로서 그 농경문화 전통은 매우 선구적이며 그 뿌리 깊은 전통위에서 이를 구현하는 거점지라는 성격을 지니고 있으며, 나주의 농업박람회 개최도 이를 계승한 측면에서 더욱 발전되리라 기대된다.

둘째, 영산강유역은 고인돌(지석묘)과 함께 초기삼국시대에 이르는 다양한 형태의 옹관묘(독무덤)가 집단적으로 분포되어 있다. 그 중에서도 금동관이 발굴된 반남고분군은 독무덤을 쓰면서 왕릉처럼 거대한 봉분을 축조한 것으로 옛 馬韓의 위엄을 느끼게 한다. 더구나 이들 고분은 원형과 피리미드 형태이지만 일본의 고대 고분시대에 유행된 前方後圓墳 長鼓墳도 있어 일본과의 교류에서도 주목받아 왔다. 따라서 반남고분은 문헌기록이 거의 없는 그 시대에 이제 2천년의 신비를 휘감으며 당시 마한 편제의 왕국과 토착문화의 실상을 알려준다. 또한 이들 고분은 근초고왕 이후 백제의 중앙통치력이 남도에 미치는 전환기의 역사를 복원시키는 중요한 문화유산이라고 할 수 있다. 그러므로 반남고분은 이렇다할 왕궁이 존재하지 않는 남도의 특성상 왕릉 규모와 함께 남도에 실재하고 있었던 고대 왕국, 그리고 삼국시대 초기의 역사적 사실을 복원하는 고고학 자료로서 그 가치가 매우 크다. 여기에 반남고분은 나주를 넘어 한국 전체에서 매우 중요한 가치를 지닌 문화유산으로 평가되어 지금 그 이상으로 더욱 부각시킬 필요가 있다.

셋째, 현재의 나주 전통상은 나주의 명칭이 유래된 고려의 후삼국통합과 고려건국 과정에서 확고하게 자리 잡게 되었다. 바로 나주는 고려 왕건을 도와 나주로 개칭되고, 장화왕후 오씨 소생인 혜종이 2대 국왕에 올라 외·어향으로서 남도에서 가장 규모가 큰 大邑이 되었으며, 후일 현종도 거란침입에 피난한 후 전국의 행정개편을 단행해서 나주 목사의 위상을 높여 천년 목사골이 되었다. 이렇게 나주가 고려시대에 대읍으로 발전한 것은 선사시대부터 줄곧 남도 중심지로서의 성장을 거듭한데 그 배경이 있으나 역시 왕건을 도와 후삼국을 통합한데 있었다. 『고려사』는 왕건의 나주 및 서남해 장악을 '이제 삼한의 땅을 궁예가 태반이나 차지하게 되었다'고 特記하여 후삼국통합에 기여한 나주의 위상을 언급하였다. 특히 『고려사절요』는 903년 이후 '태조는 궁예의 교만하고 暴虐함을 보고 다시 外方에 장수로 나갈 뜻을 가지게 되었는데, 마침 궁예가 나주의 일을 근심하여 드디어 태조로 하여금 가서 진압케 하였다'고 기록하고 있다. 또한 910년경에도 '지금 주상이 죄 없는 사람을 많이 죽이니 … 밖에서 정벌에 종사'하기를 도모하여 반남현포구에서 능창세력을 진압했으며, 이후에도 '태조가 자기에게 화가 미칠까 두려워하여 다시 외직에 나가기를 청하여' 나주에 주둔하게 되었다. 이처럼 나주는 왕건 자신이 신변을 보호하는 妻鄕이자 거대한 세력기반으로 궁예 축출 후 왕위즉위와 고려건국, 더 나아가 후삼국통합을 이룩하는데 결정적으로 기여하게 되었던 것이다. 그럼에도 불구하고 태조는 차현 이남의 인물을 등용하지 말라는 조목이 포함된 〈훈요십조〉를 남겼다. 그러나 이 조목은 우선 왕건을 도운 나주 및 서남해지역이 제외되었을 것이지만 이를 현재적 관점에서 과도하게 적용하여 해석하는 것은 바람직하지 않을 것이다. 물론 역사는 지나간 과거가 아니라 오늘에 살아있는 역사이지만 당시의 시대적 상황에서 나온 것이며 그 조목이 사실이라고 하여도 그와는 달리 호남인이 중앙에서 크게 활약했음에 더욱 주목할 필요가 있다. 특히 한국역사는 분열이 아니라 통합의 과정이었으며, 이제 한국사회는 오랜 일제시대의 암울을 뚫고 광복 후 민주주의 진전을 이루면서 '소통과 화합, 통합'의 시대를 추구하고 있다. 이를 위해 나주에 기반을 두고 '온화와 포용'의 지도자로서 후삼국을 통합한 왕건의 큰 뜻과 품격처럼 나주를 넘어 남도로, 남도를 넘어 호남으로, 호남을 넘어 한국의 미래상을 구현해야 한다는 시대정신을 환기시키면서 이에 부합한 나주의 전통상을 깊이 인식 정립할 필요가 있을 것이다.

이처럼 오늘날 나주에는 왕건과의 인연에서 시작된 고려의 전통상이 살아있다. 사실 나주는 남도의 거점문화를 형성하여 각 시대마다의 풍부한 문화역사성이 복합되어 있으며, 현대에 이르러서도 도시개발을 피하여 비교적 그 원형이 보존된 지역도 많고, 도농 복합의 성격을 띠고 있다. 나주는 조선시대에도 튼邑이었고, 오늘날에도 옛 전통 그대로 '천년 목사골'로 애칭 되면서 이제 지방화시대의 혁신도시로서 한 차례 더 발전을 기약하고 있다. 따라서 나주는 '고려 전통의 이미지' 속에서 남도의 역사문화 중심지인 '都邑'의 성격이 강하며 그 내용은 전통과 현대, 농촌과 도시의 병존 조화, 역사문화성과 영산강 들녘의 천혜 자연환경과의 '어우러짐'에서 찾아진다. 따라서 도시·산업화의 병폐를 구원할 수 있는 영산강유역의 자연과 농경문화, 고려로부터 유래하는 '천년 목사골'의 전통상을 토대로 천년 신비를 담은 고분 떼와 전남을 점잖게 호령했던 조선시대의 관아와 성곽 등의 역사전통이 현대도시로서의 성격과 병존 조화된다면 오랜 전통과 품격을 갖춘 나주 이미지는 깊이 각인될 수 있을 것이다. 이와 함께 의·예향으로서의 정신과 예술이 나주의 기저를 이룬다면 장기적으로 다른 마을들의 부러움을 사는 향토로 거듭날 것이 기대된다.

※ 본고는 처음 황병성 교수가 발의하여 얼개를 잡은 것임을 밝혀 고려사 공부의 옛 정을 새삼 느끼면서 사의를 표한다.

공산 지역 고대 정치체의 성장과 발전

-반남과 다시 두 지역의 競爭과 頡頏-

배재훈_전남대학교 사학과 박사과정

1. 머리말

　나주시 공산면은 영산강 중류에 자리한 지역이다. 영산강은 영산포 인근에서부터 서쪽으로 흐르면서 남북으로 지역을 구분하는 형세를 이룬다. 그리고 공산면과 동강면 지역에 이르러서는 강폭이 넓어지며, 강물의 방향도 남으로 바뀌어 동·서를 구분하게 된다. 이처럼 '역ㄱ'자 모양을 이루며 흘러가는 영산강은, 하류 지역에서 동에서 서로 흐르는 덕진강을 만나 'ㄷ'자 모양을 이룬다. 영산강과 그 지류에 둘러싸인 이 영역 내에 위치하는 지역이 나주의 공산면과 동강면, 영암의 시종면 등이다. 그리고 이들 지역보다 안쪽에는 고대 사회 영산강 유역의 중심지 중 하나였던 반남면이 있다.

　이 지역은 한국 고대 사회에서 매우 특징적인 문화인 甕棺古墳文化가 발달했던 지역이다.[1] 대체로 3세기 후반에서 4세기 초반에 이르는 시기에

---

[1] 영산강 유역의 옹관 문화를 다룬 주요 논저는 아래와 같다.
　　金元龍, 「靈巖郡內洞里甕棺墓」, 『鬱陵島 -國立博物館古蹟調査報告4』, 1963.
　　金貞培, 「韓國의 甕棺解釋에 對한 一小考」, 『古文化』5·6, 1969.

목관묘를 대체하는 초기(조기) 옹관묘가 공산과 시종 등지에 등장한다. 이후 옹관고분문화의 자체 발전 속에 반남 지역에 대형 옹관고분이 등장하면서 이 독특한 문화는 꽃을 피우게 된다.

반남면과 공산면 사이를 가르며 흐르는 삼포강은 영산강 중류의 'ㄷ'자 지형 한가운데를 흐르는 영산강의 지류이다. 그런데 이러한 삼포강의 강안에는 수많은 옹관고분들이 밀집해 있다. 하류에서부터 영암군 시종면의 옥야리·내동리고분군, 나주시 동강면의 연화고분군, 나주시 공산면의 용호고분군, 나주시 반남면의 대안리·신촌리·덕산리고분군 등이 있어 삼포강 중심의 문화권 설정을 가능하게 한다.

본 연구에서 살펴보게 될 나주 공산 지역은 이 지역 고대 문화의 중심지로 알려진 반남과는 삼포강을 두고 마주하고 있다. 그리고 이 지역 내에서 발견되는 초기 옹관고분문화는 자체 내에서 더는 발전하지 못하고 이웃 반남 지역에서 이보다 뒤늦은 형식들이 발견된다. 이 지역 옹관고분 조영 집단의 이동이 감지되는 것이다.

공산은 영산강 하구를 통해 반남으로 이동할 때 반드시 거쳐야 하는 곳이다. 따라서 통상과 교통을 위한 관문으로서의 의미와 함께 군사적 중요성 역시 컸을 것으로 보인다. 그리고 고대 사회 이 지역의 또 다른 중심지

成洛俊, 「榮山江流域의 甕棺墓研究」, 『百濟文化』15, 1983.

鄭桂玉, 「韓國의 甕棺墓 -百濟地域을 中心으로-」, 『百濟文化』16, 1985.

崔夢龍, 「考古學的 側面에서 본 馬韓」, 『馬韓·百濟文化』9, 1986.

姜鳳龍, 「3~5세기 영산강유역 '甕棺古墳社會'와 그 성격」, 『歷史敎育』69, 1999.

성낙준, 「영산강유역 甕棺古墳의 성격」, 『지방사와 지방문화』3-1, 2000.

鄭基鎭, 「榮山江流域 甕棺墓의 變遷과 葬制」, 『지방사와 지방문화』4-2, 2001.

李正鎬, 「5~6世紀 榮山江流域 古墳의 성격」, 『古文化』59, 2002.

吳東墠, 「湖南地域 甕棺墓의 變遷」, 『湖南考古學報』30, 2008.

국립나주문화재연구소 편, 『한국 고대 옹관』, 학연문화사, 2009.

국립나주문화재연구소, 『옹관』, 2010.

한옥민, 「분구 축조에 동원된 노동력의 산출과 그 의미 -영산강유역 옹관고분을 중심으로-」, 『湖南考古學報』34, 2010.

인 다시면을 중심으로 하는 지역은 공산과는 영산강을 사이에 두고 북쪽에 위치하고 있다. 이처럼 영산강 중류의 두 정치 세력을 구분하는 위치에 공산 지역이 자리 잡고 있는 것이다.

공산 지역의 이러한 입지는 영산강 내륙으로 항해하는 선박을 살피고 감독하는 측면에서도 매우 중요한 것이다. 오늘날 공산 지역은 이렇게 영산강 본류에서 다시면 지역을, 지류인 삼포강에서 반남 지역을 배후에 두고 있기 때문이다. 그러므로 영산강 유역에서 발생한 옹관고분 사회가 나주의 다시와 반남 등지에서 발달하는 동안 이 세력들의 유지·존속을 위한 군사적 목적에서 공산 지역의 중요성이 주목된다.

이 지역의 군사적 중요성은 영산강 유역을 통합한 백제와 신라에도 그대로 인지되었을 것이다. 그리고 후삼국 시기 이 지역을 중심으로 성장한 견훤과, 나주 지역을 공략하여 이를 자신의 중요한 세력 기반으로 삼은 왕건 역시 이의 군사적 중요성을 간과하지 않았으므로, 이곳을 둘러싼 전투가 상당 기간 되풀이 되었다. 901년 견훤에 의한 공략과, 903년, 909년, 912년 왕건에 의한 공략이 계속되었던 것이다.[2]

하지만, 공산 지역의 한국 고대 사회에서의 위상이나 중요성을 다룬 연구는 그간 거의 이루어지지 않았다. 나주에 대해서는 마한 문제 및 백제의 지방 지배와 관련한 연구[3], 후삼국·고려 초의 후백제, 왕건의 나주 경략,

---

2 양자의 대립은 후삼국 말기에 해당하는 930년대에도 계속되었던 것으로 보인다. 나주 지역에 대한 공략 기사는 없지만 고려 수군의 중심지를 타격한 932년 후백제군의 공략(『삼국사기』50 열전10 견훤)에는 후백제 영역 인근의 고려의 군사거점에 대한 공격이 선행하였을 가능성이 높다. 한편, 태봉의 나주 공략 주체에 대해서는 궁예의 친정설이 최근 대두되었다(최연식, 「康津 無爲寺 先覺大師碑를 통해 본 弓裔 행적의 재검토」, 『목간과 문자』7, 2011).

3 백제의 지방 통치와 영산강 및 나주 지역 정치 세력에 대한 주요 논저는 아래와 같다.

盧重國, 『百濟政治史硏究』, 일조각, 1988.

趙法鐘, 「百濟 別稱 鷹準考」, 『韓國史硏究』66, 1989.

한국상고사학회 편, 『百濟의 地方統治』, 학연문화사, 1998.

나주 지역 호족 등과 관련된 문제[4] 등이 연구자들의 주목을 받은 바 있다. 사료의 절대적인 부족이라는 현실적인 여건상 공산 지역에 주목한 연구는

박현숙, 『백제의 중앙과 지방』, 주류성, 2005.

임영진, 『백제의 영역 변천』, 주류성, 2006.

박현숙, 「방-군-성체제로의 정비」, 『百濟文化大系 硏究叢書 8』, 충청남도역사문화연구원, 2007.

김영심, 「백제의 지방통치에 관한 몇 가지 재검토」, 『한국고대사연구』48, 2007.

이한상, 『장신구 사여체제로 본 백제의 지방지배』, 서경문화사, 2009.

金聖範, 「羅州 伏岩里 遺跡 出土 木簡의 判讀과 意味」, 『震檀學報』109, 2010.

노중국, 『백제사회사상사』, 지식산업사, 2010.

배재훈, 「마한사회의 印綬依幘 전통과 金銅冠帽 사여」, 『역사학연구』38, 2010a.

이강래, 「경험주체의 설명 방식에 대한 탐색 -『三國史記』백제 관련 사료의 층위를 단서로-」, 『감성연구』1, 2010.

임영진, 「묘제를 통해 본 마한의 지역성과 변천 과정 -백제와의 관계를 중심으로-」, 『百濟學報』3, 2010.

裵宰勳, 「6~7세기 나주 지역 정치 세력에 대한 시론적 검토」, 『韓國古代史探究』9, 2011.

4 나말여초 이 지역을 중심으로 하는 호족 세력 및 정치·군사적 동향에 대한 주요 논저는 아래와 같다.

金哲埈, 「弓裔와 甄萱」, 『史學會誌』3, 1963.

金庠基, 「甄萱의 家鄕에 對하여」, 『가람李秉岐博士頌壽論文集』, 三和出版社, 1966.

洪承基, 「後三國의 분열과 王建에 의한 통일」, 『韓國史市民講座』5, 一潮閣, 1989.

申虎澈, 『後百濟甄萱政權硏究』, 一潮閣, 1993.

鄭淸柱, 『新羅末高麗初 豪族硏究』, 一潮閣, 1996.

邊東明, 「甄萱의 出身地 再論」, 『震檀學報』90, 2000.

姜鳳龍, 「後百濟 甄萱과 海洋勢力」, 『歷史敎育』83, 2002.

申虎澈, 『後三國時代 豪族 硏究』, 개신, 2002.

李道學, 「新羅末 甄萱의 勢力 形成과 交易 -張保皐 以後 50年」, 『新羅文化』28, 2006.

문안식, 『후백제 전쟁사 연구』, 혜안, 2008.

배재훈, 「견훤의 군사적 基盤」, 『新羅文化』36, 2010b.

이루어지기 어려웠지만, 2000년 호남문화재연구원에 의해 공산면 금곡리
의 용호고분군이 조사되고, 그 보고서가 2003년 간행됨으로써[5] 이 지역
고대 문화가 주목받기 시작하였다. 그렇다고 하여도 이 역시 3세기에서 4
세기에 걸치는 짧은 시기에 대한 이해의 폭을 넓히는 데에 일부 기여하였
을 뿐이었다.

한국 고대 사회와 공산 지역에 대한 연구는 기반 자료의 부족으로 그
한계가 분명하였고, 학계의 주목을 끌지도 못하였다. 그리고 이러한 상황
은 본 연구를 진행하는 과정에서 계속하여 마주친 한계이기도 하였다. 이
런 한계를 극복하기 위해 공산 지역만의 극히 미미한 자료를 적극 활용하
는 한편, 공간적 범위를 좀 더 넓혀 반남과 나주에 해당하는 자료들을 취
합하여 연구를 진행할 수밖에 없었다. 따라서 연구 범위를 공산으로 한정
하려는 목적에도 불구하고 상당히 많은 부분에서 광범위한 나주 지역을
언급할 수밖에 없다.

연구는, 용호고분군으로 대표되는 시대에 해당하는 문화 양상들을 검토
한 뒤 백제와 신라의 지방으로 편입되었을 시점의 이 지역 사회에 대해
검토하겠다. 이어서 이 지역에 전하는 왕건과 견훤의 전쟁에 관한 복사초
리 공방전의 배경이 되는 후삼국 시기의 향배에 대하여 검토하겠다. 이를
통해 한국 고대 사회의 큰 흐름 속에서 공산 지역의 모습과 위상을 어렴
풋이나마 조망할 수 있기를 기대한다.

2. 용호고분군과 옹관고분문화

본 장에서는 공산 지역의 선사 시대에서부터 옹관고분문화가 꽃 피는 4
세기경까지를 검토 대상으로 하겠다. 이 시기는 문헌 기록이 소략한 시점
으로 공산 지역 뿐 아니라 나주 지역에 대해서도 이를 언급한 직접적인

---

5 湖南文化財研究院, 『羅州 龍虎古墳群』, 2003. 이 논문의 용호고분군에 대한 일반
   적인 설명들은 모두 이 보고서를 참고한 것이다.

문헌은 존재하지 않는다고 할 수 있다. 따라서 문헌이 아닌 고고 유물의 발굴 성과를 중심으로 하여 이 시기의 사회와 문화를 복원해야 하는 한계가 있다. 그러나 공산 지역에서 이루어진 본격적인 고고학적 조사는 2000년에 이루어진 용호고분군의 발굴이 최초의 것이다. 더군다나 조사된 영역 역시 금곡리의 일부 지역에 한정되기 때문에 이를 통한 이 시기의 복원은 불완전할 수밖에 없다.

공산면 지역에서 본격적인 인류의 역사가 시작된 것은 구석기 시대로 판단된다. 1998년에 이루어진 지표조사 결과 금곡리, 화성리, 상방리, 복룡리의 8개 지점에서 구석기 시대로 판단되는 유물산포지가 조사되었다.[6] 또한 나주와 공산간 우회도로 공사 구간에 대한 문화유적 조사 과정에서 구석기 문화 유물인 몸돌, 찍개, 여러면석기, 격지 등이 출토되었다.[7] 석영암 계통의 암석을 사용한 용호동의 구석기 유물들은 공산면 지역 내에서 구석기인들이 석기를 직접 제작하고 사용하였음을 보여준다.

이보다 늦은 신석기 시대 유물은 발견했다는 보고가 없는데, 이는 영산강 본류 지역의 일반적인 현상이다. 다만, 공산면과는 영산강을 사이로 둔 다시면 가흥리 일대에서 신석기 시대 벼의 화분이 조사된 바 있다. 이로 보아 비슷한 시기 인접한 공산면 지역에도 초기 도작 농경을 비롯한 신석기 문화가 있었을 가능성이 있다.[8]

한편, 구제 발굴로 시작된 용호고분군의 조사 과정에서 원형 주거지와 수혈이 발견되었다.[9] 원형 주거는 송국리형 주거의 특징으로 이 지역 청동

---

6 全羅南道·羅州市·木浦大學校博物館, 『文化遺蹟分布地圖 -全南 羅州市-』, 1998, 149쪽 ; 152~154쪽.

7 호남문화재연구원, 「나주 공산 우회도로 축조 및 포장공사구간내 문화유적 시굴 및 발굴조사 약보고서」, 2001. 이 유물들의 편년은 약 45,000년 전으로 추정된다 (Lee, Heon-Jong, 「Study of the Chronology on the Paleolithic in Youngsan River Region」, 『先史와 古代』25, 2006, 236쪽).

8 全南大學校博物館·羅州市, 『伏岩里古墳群』, 1999, 7쪽.

9 호남문화재연구원, 「나주 공산우회도로구간내 문화유적 시굴 및 발굴조사 현장설

기 문화상이 일부 드러난 것이라 할 수 있다. 공산 지역에는 남창리, 백사리, 중포리, 가송리, 복룡리 등에 70여 기의 지석묘가 산재하고 있다. 여기에 현재는 유실된 상방리 지석묘군의 10여 기를 포함하면 대략 90여 기의 지석묘가 존재하였던 것으로 판단된다.[10]

용호고분군의 조사 과정에서도 지표에서 무문토기의 저부·석촉·석검·갈돌 등 청동기 시대의 유물들이 조사된 바 있다.[11] 그리고 토광목관묘의 발굴조사 과정에서, 파괴된 석곽의 바닥석이 조사되었다.[12] 이로 보아 청동기 시대의 고분 유구(지석묘의 하부 혹은 석곽묘)가 용호고분군 이전 단계에 이미 존재하였고, 그 위에 현재의 고분군이 조성되었던 것으로 판단된다.

더군다나 공산면과 왕곡면의 접경에 위치한 왕곡면 신포리에는 비교적 좁은 영역 내에 총 194기에 이르는 대규모 지석묘군이 밀집해 있다.[13] 이를 통해 청동기 시대 공산면과 왕곡면의 접경 지역을 중심으로 성장한 유력한 세력 집단의 존재를 가정할 수 있다. 이러한 사실은 선사 시대 이래로 공산면 지역이 계속하여 인류의 생활공간이었다는 것을 의미한다. 이 지역에 본격적인 고대 문화가 꽃 피는 시기는 3세기 초반이다. 그리고 이에 해당하는 것이 바로 용호고분군이다.

본래 지표조사 과정에서 확인된 분구는 3개소 정도였다.[14] 그러나 발굴 과정에서 지표 위에 조성된 분구 내에 매장 시설을 갖추고 주구를 두른 고분들이 다수 발견되었다. 전체 고분군 중 용호고분군B로 명명된 조사

명회자료」, 2000.

10 全羅南道·羅州市·木浦大學校博物館, 앞의 책, 1998, 149~153쪽.

11 湖南文化財研究院, 앞의 책, 2003, 142~144쪽.

12 湖南文化財研究院, 위의 책, 2003, 61~62쪽. 조사된 2기의 석곽은 소형 석곽으로 추정되며, 바닥석만 남아 있다. 또한, 2기 중 2호의 경우 7호분의 주구를 굴착하는 과정에서 파괴되었다. 이로 보아 이들 석곽은 토광목관묘 이전 시기에 형성된 석곽으로 판단된다.

13 李榮文, 「榮山江流域 支石墓 文化의 性格」, 『文化史學』21, 2004, 75쪽.

14 羅州市·木浦大學校博物館, 『羅州市의 文化遺蹟』, 1999, 133쪽.

사진 1. 용호고분군 조사 지역 항공사진[15]

범위 내의 고분 분구만도 20기에 달하며, 총 34기의 매장 시설이 확인되었다.

조사 지역은 도로가 통과하게 될 지역의 일부로 현 복사초리 삼거리와 금곡 교차로 사이의 길이 350m 폭 20m 정도의 공간이다. 공산면 용호동 마을에 자리한 고분군의 면적이 총 66,000㎡ 정도에 달하므로 조사된 면적은 전체의 10%를 조금 넘는 정도에 불과하다. 좁은 조사 영역 내의 다대한 고분 노출은 이 지역의 고대 사회에서의 위상을 가늠할 수 있는 예라 할 수 있다.

20기의 고분 중에는 고분 내 단독장으로 조성된 토광목관묘와 옹관묘, 단독장인 고분을 연장하고 그에 추가장을 한 고분 등이 조사되었다. 이는 주구를 갖추고 분구를 조성하여 안치한 토광목관묘의 묘제가 이를 대체하는 전용옹관묘로 이행하는 과정을 보여준다. 그리고 기존에 만들어진 토

---

15 湖南文化財硏究院, 앞의 책, 2003, 3쪽.

그림 1. 용호고분군 유구 배치도[16]

광목관묘나 옹관묘를 파괴하지 않고 이루어지는 옹관묘의 추가장은 동일한 조성 집단에 의한 지속적인 고분 조영을 의미하는 것이다.

옹관묘의 추가장에 의한 多葬墓로의 변화는 영산강 유역 옹관고분들의 주목되는 특징이다. 그렇지만 용호고분군의 경우 부가되는 옹관의 숫자는 많지 않고, 매장주체부가 수평적으로 확장·매장되는 방식이 아니라 고분 분구의 연장된 부분이나 주구에 매장하고 있다. 이러한 상황은 타 지역 초기 옹관묘의 등장 시점에서도 나타나는데 단장묘에서 다장묘로의 이행 과정 중 초기에 나타나는 현상으로 판단된다.

3세기 초중반에 해당하는 토광목관묘는 3세기 후반에 이르러 옹관 단독장의 형태로 이행하며, 이후 4세기경에는 분구와 주구 등에 옹관의 추가장이 이루어진다. 이러한 변화는 3세기에서 4세기에 걸쳐 동일한 세력이 같은 장소에 고분을 조성하였음을 드러내는 것이다. 이는 4세기에 조성되기 시작하는 반남고분군보다 그 조성 시기가 이르다.

이 시기 영산강 지역에서 옹관고분문화를 꽃피운 세력을 학계에서는 馬韓으로 보고 있다.[17] 이들은 북방계 이주민 집단으로 인식되는 백제와는

---

16 湖南文化財研究院, 앞의 책, 2003, 35쪽.

17 김원룡이 이를 발표(『韓國考古學槪說』 제3판, 一志社, 1986)한 뒤 영산강 유역의 옹관묘 조성 집단을 마한과 연관시키는 시도들이 이루어졌다. 최몽룡은 이를 마한의 주도 세력인 目支國으로 설정한 바 있으며(崔夢龍, 「潘南古墳群의 意味」, 『羅州潘南古墳群』, 國立光州博物館, 1988), 임영진 역시 영산강 유역 세력을 마한으로 이들에 의해 6세기 전반까지 마한 사회가 지속되었음을 주장하였다(임영진,

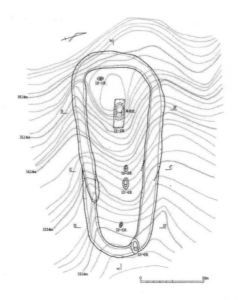

그림 2. 용호고분군 12호분 평면도 및 등고도[19]

다른 계통을 지닌 집단으로 변한, 진한 등과 함께 三韓을 이룬 구성체였다. 다만, 이들을 백제 지배하의 지방 세력으로 보아야 할지 백제와 공존한 독자의 정치 세력으로 인정해야 할지에 대해서는 아직 합의가 도출되지 않고 있다.

『삼국사기』 백제본기의 기록에 의하면 마한은 9년(온조왕 27년) 백제에 의해 멸망하였다고 한다.[18] 반면 중국 측 기록인 『晉書』에는 3세기 말경까지 중국과 활발한 외교 관계를 지속하는 마한이 등장한다.[20] 그런데 서진 말기와 동진 시기에는 비단 마한 뿐 아니라 동이를 비롯한 주변의 四夷에 대한 기록이 대단히 소략해진다. 이러한 추세는 중국이 대내외적인 혼란에 빠지는 서진 말기 이후 동진 멸망기까지

앞의 논문, 2010). 이외에 이를 중국 측 문헌 속에 보이는 新彌諸國이나 慕韓으로 보는 견해가 있으며, 한반도의 倭로 이를 비정한 연구자도 있다. 한편, 구체적인 명명은 없이 이를 영산강 유역의 '토착지배세력'으로 건조하게 표현하는 연구자도 있다.

18 『삼국사기』23 백제본기1 온조왕 27년.
19 湖南文化財研究院, 앞의 책, 2003, 74쪽.
20 배재훈, 앞의 논문, 2010a, 12쪽 각주 31. 배재훈의 연구에 의하면 양자의 교빙 기사는 261년에서 291년 사이에 집중된다. 이 시기 양자의 직접적인 교빙 기사는 帝紀와 列傳에서 총 8회에 달한다. 그 외에 동이 혹은 동이 지역의 소국으로 언급된 기사까지 포함하면 20회가 넘는 교빙 기사를 확인할 수 있다.

지속된다. 그러므로 3세기 말엽 이후에도 晉은 스스로 마한이라 일컫는 세력과 교류했을 가능성이 있다.

마한과 중국 세력과의 지속적인 관계가 유지되었다면 4세기 후반인 東晉 孝武帝 太元 7년(382)에 사신을 보낸 동이 5국[21] 역시 마한 세력을 의미하는 것으로 볼 수 있다. 이 경우 마한은 4세기 후반까지 독자적인 대중국 외교 활동을 지속했다고 할 수 있다. 마한이 적어도 4세기 후반까지는 백제와 무관하게 자체적인 발전을 지속하였음을 알 수 있는 것이다.[22]

3세기 중후반 영산강 일대에서 가장 강력한 영향력을 발휘한 세력의 하나로 공산면 일대의 정치 세력을 언급할 수 있다. 4세기 중후반에 들어서면 이들 세력은 인근 반남 지역으로 이동하게 된다. 이후 옹관고분문화는 반남 지역에서 화려하게 만개하였다. 그렇다면 상기한 태원 7년의 교빙 주체는 그 중심지를 반남으로 이동하여 세를 떨치기 시작한, 과거 공산 지역을 배경으로 성장하던 세력일 것이다.

반남고분군은 삼포강을 사이에 두고 공산면과 마주하는 반남면 신촌

---

21 『晉書』9 帝紀9 孝武帝 太元 7年.

22 반면, 5세기 후반인 478년에 해당하는 『宋書』97 列傳57 蠻夷 東夷 倭國 기사에서 '馬韓'은 '慕韓'이라는 명칭으로 여전히 등장하고 있다. 이에 대해서는 멸망한 국가의 이름을 빌어 왜왕이 책봉받고자 했다는 견해가 주류를 이룬다. 하지만 5~6세기까지 마한 지역에 대한 백제의 통치가 직접 지배보다는 간접 지배의 형태를 띤다는 주장이 있다. 이를 통해 보면 간접 지배하는 백제의 영역에 대해 왜왕이 이의 종주권을 주장했을 가능성이 있을 듯하다. 또한 475년 고구려의 한성 공략 이후 백제의 지방에 대한 통치력이 매우 약화되는 상황에서 이 지역에 대한 백제의 간접 지배 역시 일시 불가능한 형태가 되었을 가능성이 있다. 다만, 왜의 '모한'에 대한 책봉 요구는 5세기 초반부터 이루어지고 있다. '모한'을 '마한'으로 봤을 때 이러한 상황은 백제와 왜를 '마한' 문제를 통해 상호 견제케 하려는 의도일 수도 있다. 동 사서의 왜 5왕 기사에서 주목되는 백제와 왜의 관계는 '송'의 인정을 둘러싸고 상호간의 위상 대립을 격화시키는 모습으로 그려지고 있기 때문이다. 이에 대해서는 梁起錫, 「5세기 百濟와 倭의 關係」, 『왜 5왕 문제와 한일관계』, 경인문화사, 2005를 참조.

사진 2. 용호고분군 출토 옹관(국립광주박물관 소장)

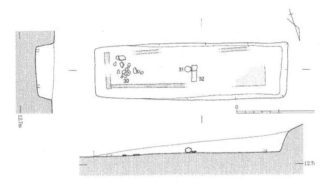

그림 3. 용호고분군 12호분 목관의 평단면[23]

리·덕산리·대안리 일대에 있다. 강을 사이에 두었다고 하여도 용호고분군에서 반남고분군까지의 거리는 대체로 4~5km를 넘지 않는다. 게다가 반남고분군의 경우 현재까지 조사된 묘제의 시작 연대가 대체로 4세기경에 해당하고 이에 선행하는 토광목관묘나 초기형옹관을 사용하는 묘제가 공존하지 않는다. 이는 반남고분군의 조성 세력이 초기의 옹관을 대단히 발전시킨 상태에서 옹관고분을 조성하기 시작하였음을 의미한다. 이외에도 원형 혹은 방대형으로 분구가 정형화되고, 규모가 커지며, 부장품이 화려해지는 것 등이 이전 시기 옹관묘와의 구분점이다.[24]

23 湖南文化財研究院, 앞의 책, 2003, 80쪽.
24 姜鳳龍, 앞의 논문, 1999, 71~73쪽. 강봉룡이 이 논문에서 비교 대상으로 삼은 것

삼포강 일대의 초기 옹관고분 사회가 존재했던 영암 시종면 지역의 옹
관고분들은 토광목관묘와의 병존, 원형·방대형·긴 타원형·긴 사다리형
등의 이형분구의 존재, 규모가 10~20m 사이로 비교적 소형이 중심인 점,
출토 유물이 빈약하다는 점 등이 특징이다.[25] 그런데 용호고분군은 2-1·2
호분의 초소형(각각 3.3m, 3.4m) 분구 2기를 제외하면 20m 이내의 대형
이 주류를 이루고 있다.

또한, 단독장이면서도 분구의 규모가 25.5m에 달하는 토광목관묘 단계
의 12호분, 21m인 14호분 등이 존재한다. 이는 대형화된 고분의 조영과
이를 뒷받침하는 강력한 정치·군사력을 지닌 세력이 존재하였음을 보여
준다. 그리고 위의 고분들은 초기 옹관묘 단계에서 추가장에 의해 연장되
어 각각 33.1m, 29m로 확대되었다. 하지만, 주구에 추가장이 이루어지는
경우를 제외하면 분구 내에 추가되는 옹관의 숫자는 많지 않아 12호분의
5개가 가장 많은 것이다. 추가장이 이루어지는 양상 역시, 후대의 수평적
추가장보다는 종래에 만들어졌거나 특정 단계에서 확장한 분구에 산발적
으로 이루어졌다.

용호동 12호분은, 반남고분군 중 덕산리 2호분(32m)·3호분(48m)·5호
분(42m), 신촌리 6호분(31.5m)·9호분(34.9m), 대안리 9호분(47m)에는
미치지 못하지만, 이를 제외한 다른 고분들보다는 대형이다. 단독장인 상
태에서 분구가 이미 25.5m에 달했고, 매장 시설로 사용된 목관은 길이
3.8m, 너비 0.98m의 대형이었다. 이런 점에서 12호분은, 반남고분군보다
1세기 남짓 앞선 묘제로서 조영 집단의 세력이 상당한 것이었음을 알 수
있다.

12호분은 이후 옹관묘의 추가장 과정에서 고분의 분구가 33.1m로 확장
되었다.[26] 이외에도 공산 지역에서 40m대에 달하는 4기의 고분이 조사된

은 용호고분군이 아니라 삼포강 하류 영암 시종면 일대의 고분군이다. 논문 발표
시점에는 용호고분군이 조사되지 않았다.

25 姜鳳龍, 위의 논문, 1999, 71~72쪽.

사진3. 14-2호 옹관 출토 새모양
토기[31]

바 있다.[27] 이들 고분은 대부분 주변에서 옹관편 등이 수습되어 용호고분군과 비슷한 시기에 조영된 고분이었을 것으로 판단된다. 이는 용호고분군을 조성한 세력이 삼포강을 중심으로 성장한 지역 정치체 가운데 강력한 집단 중의 하나였음을 의미한다.

용호고분군에서 출토된 부장품은 영암 시종 지역이나 나주 동강 지역의 동 시기 고분들과 마찬가지로 박장이 대부분이다.[28] 주요한 출토품에는 2미터 내외의 초기형 전용옹관, 원저단경호, 광구평저호, 이중구연호, 양이부호, 파수부호 등 호형토기들이 주류를 이룬다. 특이한 예로서는 14-2호 옹관에서 발견된 새모양토기[鳥形土器]가 있다. 이외에 鐵斧·鐵鎌 등 생활용구, 鐵矛와 같은 무기류, 철제품의 원재료가 되는 鐵鋌 등 철기 제품이 조사되었다. 이 중 철정은 가장 대형인 12호분의 목관에서 출토되었다.[29] 이 고분은 3세기 전반으로 비정되는데[30] 전반적으로 박장인 가운데

---

26 김낙중은 이의 조성 시점을 3세기 중후반으로 보았다(김낙중, 『영산강유역 고분연구』, 학연문화사, 2009, 132~133쪽).

27 全羅南道·羅州市·木浦大學校博物館, 위의 책, 1998, 149~154쪽.

28 영산강 유역에서 발견되는 지석묘의 조사 결과 역시 박장의 풍습을 보여주고 있다 (李榮文, 앞의 논문, 82~83쪽). 박장의 풍습 또한 청동기 이래의 이 지역 고분 문화의 한 특징이다.

29 이 철정은 영산강 유역에서 지금까지 발견되는 것 중 가장 이른 시기의 것이다. 따라서 이 지역 내에의 생산품이라기보다는 流入品일 가능성이 높다(김낙중, 「영산강 유역 옹관분에 부장된 금속제품의 성격」, 『옹관』, 2010, 364~365쪽.

30 湖南文化財研究院, 앞의 책, 2003, 150쪽.

대형 고분의 중심 묘제에서 1점만 발견되었다는 점이 흥미롭다.

용호고분군은 발견된 철제품의 양이 많지 않고, 종류도 다양하지 않다. 반면 이를 대체할 만한 다른 금속기 역시 존재하지 않는다. 이와 같은 사실은 3세기에서 4세기에 이 지역 철기 문화 수준이 높지 않았으며 철기 자체가 상당히 희소했음을 의미한다고 볼 수 있다. 또한, 특정한 소수 집단에 의한 정치적, 군사적 지배를 나타내기에는 짧은 시간에 조영된 고분의 숫자가 상당히 많은 편이며, 군사적 우월성을 담보하는 무기류의 부장 역시 일반적이지는 않다. 따라서 아직 이 시점까지는 사회적 계층 분화가 고도화되지 않았을 가능성이 있다.

나주시 공산면 금곡리에 소재하는 용호고분군은 그 형성 시점이 영암군 시종면 지역의 옹관고분 사회의 형성과 대체로 같다. 그리고 이 고분군은 초기 옹관고분의 등장 즉, 주구를 갖춘 분구와 그 내부에 마련된 부장 시설이 목관에서 옹관으로 이행하는 과정을 보여준다. 그리고 초기 단계 추가장 장법의 발생 과정을 보여주는 예이기도 하다. 목관의 크기는 대부분 3미터를 넘는 대형이나 부장품은 많지 않다. 박장의 풍습은 옹관묘 단계에서도 이어지며, 이러한 현상 역시 시종 지역의 그것과 동일하다.

용호고분군은 반남 지역보다 이른 시기 인근에 조성된 고분군이다. 따라서 옹관고분문화 중심지의 이동이라는 점에서 이를 주목할 필요가 있다. 이에 대해 종래에는 영암 시종면 일대에 그 중심 세력이 자리하고 있던 옹관고분 사회의 핵심 집단이 상류인 반남면 지역으로 이동했다는 견해가[32] 주류를 이루었다. 그러나 용호고분군의 존재로 인해 영암 시종면 일대의 옹관고분문화와 동일한 시기 인접한 공산 지역에서도 옹관고분의 초기 단계 문화가 존재했음이 증명되었다. 따라서 이러한 종래의 견해들은 수정이 불가피할 듯하다.

---

31 湖南文化財研究院, 위의 책, 2003, 241쪽.

32 姜鳳龍, 「5~6세기 영산강유역 '甕棺古墳社會'의 해체」, 『百濟의 地方統治』, 학연문화사, 1998, 225~236쪽 ; 姜鳳龍, 앞의 논문, 1999, 69~73쪽.

영암 시종면 내에서는 보다 발전된 양상의 옹관고분이 내동리 등지에서
등장하는 반면 공산 지역의 경우는 이러한 추이가 발견되지 않으며, 옹관
의 크기 역시 비교적 소형이다.[33] 따라서 이러한 발전 단계를 거치지 않고
등장하는 반남 지역의 옹관고분문화는 공산 지역의 그것이 직접 이동한
것으로 생각할 수 있는 측면이 있다. 그렇다면 이러한 이동이 가능했던 요
인은 무엇이었을까?

공산 지역 옹관고분 조영 집단이 반남으로 이동한 것은 공산에 인근한
다시 지역과의 연관성을 통해 파악하는 것이 옳을 듯하다.[34] 복암리고분군
은 옹관고분의 초기 단계에서부터 이것이 횡혈식석실분으로 변화한 것,
그리고 백제의 직접적인 영향이 분명한 사비기 후반의 석실분에 이르기까
지 3세기에서 7세기에 이르는 고분 유형이 지속적으로 조성되었다. 이는
이 지역 세력의 중단 없는 지속을 의미하는 것으로 보인다.[35]

다시 지역에는 복암리 고분군 이외에도 문평천을 중심으로 인근의 문동
리, 동국리, 영동리 등에 옹관고분들이 집중되어 있다.[36] 이는 반남 세력

---

33 이의 변화상을 검토하기 위해서는 용호고분군 전체에 대한 종합적인 발굴·조사
가 이루어질 필요가 있다. 향후의 조사 결과에 따라 이의 문화상을 달라질 수
있다.

34 姜鳳龍은 삼포강 인근의 시종면 반남면 지역의 옹관고분사회를 그 중심부의 맹주
세력으로, 그 이외의 함평이나 영암, 해남, 나주 다시면 지역의 세력들을 주변세
력으로 보았다(姜鳳龍, 앞의 논문, 1999, 68~78쪽).

35 반면, 백제나 왜의 영향으로 보이는 횡혈식석실이 등장하는 5세기 이전까지 복암
리 지역의 세력들은 반남 지역 세력의 수준에는 미치지 못하였던 것으로 보인다
(趙由典, 「羅州 伏岩里古墳 發掘調査와 그 意義」, 『나주 복암리 3호분과 영산강유
역 고대문화』, 11~12쪽).

36 이처럼 옹관고분은 영산강과 그 지류가 되는 하천 인근을 중심으로 심한 편재성을
보인다. 내륙과 산지에 조성되는 백제계의 석실분과는 명백한 차이점이 있는 것
이다. 또한, 마구류를 부장하지 않고 있는 것으로 보아 이의 조성 집단은 말을 이
용하는 육상 이동을 중심으로 하는 집단이 아닌 해상 교통을 통해 성장한 집단으
로 본다. 이 논의에 대해서는 成洛俊, 「榮山江流域 甕棺古墳의 文化的 性格」, 『百
濟研究』26, 1996을 참고.

만큼이나 강력한 세력이 문평천을 중심으로 하여 오랜 기간 성장하여 왔음을 보여준다. 따라서 인접한 지역에 이러한 경쟁 세력을 두고 공산 지역의 옹관고분사회가 지속적으로 발전하기는 어려웠을 것으로 생각된다.

공산을 중심으로 하는 영역으로는 다시 지역의 정치 세력과 군사적·정치적 경쟁이 불가피하다. 그리고 이는 정치적 중심지를 구심점으로 하여 주변 세력을 통합하는 소국 단계의 정치적 성장에도 불리할 수 있다. 이에 종래 공산 지역에서 성장하여 발전한 용호고분군 조성 세력들은 중심 지역을 반남으로 옮겼을 것으로 판단된다. 이들은 공산, 왕곡 등을 북부에 두고 동강 지역을 동부에, 시종을 비롯한 덕진강 이북의 영암 지역을 남부로 두는 방향으로 하여 새로운 성장을 모색하였던 것으로 보인다. 그리고 이렇게 하여 형성된 지역을 고대 사회 반남 세력의 영역이라 할 수 있다.[37]

이후 반남을 중심으로 하는 옹관고분 사회가 급성장하는 과정에서 주변 지역은 이를 중심으로 재편되었을 것이다. 그리고 이는 옹관고분사회의 정점에 이른 반남 세력에 의해 주변 지역의 세력들이 통합되었음을 의미한다.[38] 이러한 변화는 반남을 중심으로 하는 지역이 일정한 小村과 村, 大村 등으로 구성된 읍락 여러 곳을 통합한 영역을 가진 國邑(소국) 단계

---

37 마한 소국 단계의 반남 지역 정치 세력을 速盧不斯國(정인보), 半拘國(이병도) 등으로 추정하는 견해가 있다(李榮文, 앞의 논문, 2004, 75~76쪽). 반면, 이영문은 광주광역시의 광산 지역과 나주시 전체를 臨素半國 혹은 臣雲新國으로 추정하였다(李榮文, 위의 논문, 2004, 75~76쪽). 그는 지석묘 단계에서 소국이 출현하는 것으로 보았으며, 이러한 중심지의 설정은 지석묘의 밀집도를 중심으로 한다. 반면, 마한의 소국이 처음 언급되는 것은 3세기 후반의 중국 정사인 『三國志』 단계에서이다. 따라서 마한의 소국은 3세기 즈음의 마한 사회를 묘사하는 것으로 보아야 할 것이다.

38 최근 발견된 목간자료에 의하면 백제 역시 지방의 행정의 최소 단위로서 '村'이 설치되고 '村主'가 이의 행정을 담당한 것으로 보인다(金聖範, 앞의 논문, 2010, 54쪽). 공산 지역 역시 반남을 중심으로 하는 세력의 일개 '村'으로 귀속되었을 것으로 보인다.

에 들어섰음을 의미하는 것이다.[39]

따라서 핵심 세력의 이동 및 중심지 변화, 상호간 우열의 발생 등으로 공산 지역의 독자적인 발전은 중지된 듯하다. 이후 4세기 중후반부터 공산 지역은 반남에 통합된 지역공동체가 되었을 것이다. 대형의 고분군, 부장품의 화려함, 고분문화를 통해 나타나는 4세기에서 6세기까지 지속되는 지배 집단의 명확한 추이, 자미산성 등 군사 시설의 등장[40] 등 반남 지역은 한동안 이 지역의 강력한 정치 세력으로 활동하였다.

3. 마한의 멸망과 백제 편입

옹관고분을 중심으로 하는 나주 지역 사회는, 한강 유역을 중심으로 성장하여 점차 그 영역을 넓힌 백제와는 별개의 정치체로서 얼마 동안 서로 경쟁 관계를 유지하였던 것으로 보인다. 하지만 4세기 후반, 혹은 6세기 전반 경에 이르러 이의 독자성은 사라지며, 백제의 정연한 지방 통치 체제 속에 편제된다.[41] 본 장에서는 이 시기 백제의 지방 통치와 그에 속한 반남 지역의 모습을 검토하도록 하겠다.

다음 사료는 반남군에 대한 『삼국사기』의 기록이다.

39 이희준, 「삼한 소국 형성 과정에 대한 고고학적 접근의 틀」, 『한국고고학보』43, 2000을 참고.

40 목포대학교박물관・나주시, 『자미산성』, 2000.

41 노중국은 영산강 주변 마한 잔존 세력들이 백제에 최종적으로 복속하게 된 시기를 근초고왕대인 4세기 후반이라 주장하였다(盧重國, 앞의 책, 1988, 264~268쪽). 이후 근초고왕대 마한의 복속은 연구자들의 폭넓은 지지를 받아왔다. 하지만 근래에 이루어진 마한계 고분의 발굴 결과는 이들의 독자성이 최소 6세기 초반까지는 지속되었음을 증명하고 있다(임영진, 앞의 논문, 2010, 38~40쪽). 그러나 6세기 중반 이후 백제의 지방 제도가 방군성의 정연한 체제를 갖추는 시점에서는 이들 역시 백제의 중앙집권적 지방 체제 속에 편입되었을 것으로 보인다.

A-1. 潘南郡은 본래 백제의 半奈夫里縣인데, 景德王이 이름을 바꾸어 지금도 그대로 하고 있다. 領縣이 둘이다. 野老縣은 본시 백제의 阿老谷縣으로, 경덕왕이 이름을 바꾼 것이다. 지금의 安老縣[42]이다. 昆湄縣[43]은 본래 백제의 古彌縣으로, 경덕왕이 이름을 바꾸어 지금도 그대로 한다. (『삼국사기』37 잡지5 지리3 신라)

이에 의하면 반남군은 백제의 반나부리현이었다고 한다. 하지만 6세기 전반부터 시행되는 백제의 방군성제 지방통치 조직에서 '현'은 등장하지 않는다. 반면, 7세기 중반 백제의 멸망 이후 조직된 웅진도독부의 지방 조직에서는 半那縣이 언급되고 있다.[44] 그렇다면 반나부리현은 방군성제가 실시되던 백제 시대의 명칭이 아닐 수도 있다. 이 경우 반나부리현이라는 명칭은 당에 의해 이 지역이 반나현으로 개편된 이후의 상황을 소급하여 적용한 것으로 보인다. 따라서 백제 당시 반남 지역의 명칭은 반나성이나 반나부리성 정도에 해당하였을 것으로 판단된다. 그런데 다시면 지역은 이와는 차별되는 위상을 가지고 있었다.

B-1. 錦山郡[45]은 본래 백제의 發羅郡으로, 경덕왕이 이름을 바꾸었다. 지금 羅州牧이니, 영현이 셋이다.[46] 會津縣[47]은 본시 백제의 豆肹縣으로, 경

---

42 이를 나주의 노안면 지역으로 비정하는 견해가 있다. 그러나 노안면 지역은 현 나주시의 북동쪽에 자리하고 있다. 반면, 안로를 중심으로 세거하였고, 이를 본관으로 삼고 있는 安老 金氏의 세거지는 현재의 영산포이다. 이 성씨 집단은 고려 때에 호장을 지낸 인물을 그 비조로 삼고 있으며, 그 수가 1,000명 이하로 대부분이 영산포에 세거하는 것으로 보아 안로현은 영산포 및 그 인근 지역일 가능성이 높다.

43 이 지역은 조선 전기까지는 영암에 속한 현이었던 것으로 보인다(『燃藜室記述別集』16 地理典故 州郡). 이를 영암군 미암면 일대로 보는 견해가 있는데 반남과 영암 지역 사이에서 소속의 변동이 있는 지역이라면 반남 지역에 인접한 시종~덕진 지역으로 보는 것이 합리적일 듯하다.

44 『삼국사기』37 잡지6 지리4 백제.

45 나주시 시내 지역.

덕왕이 이름을 바꾸어 지금도 그대로 하고 있다. 鐵冶縣[48]은 본래 백제의 實於山縣으로, 경덕왕이 이름을 바꾸어 지금도 그대로 하고 있다. 餘艎縣[49]은 본시 백제의 水川縣으로, 경덕왕이 이름을 바꾸어 지금도 그대로 하고 있다. (『삼국사기』37 잡지5 지리3 신라)

B-2. 靈巖郡은 본래 백제의 月奈郡으로, 경덕왕이 이름을 바꾸어 지금도 그대로이다. (『삼국사기』37 잡지5 지리3 신라)

B-3. 安老는 본래 백제의 阿老谷縣이었는데, 신라에서 野老로 고쳐서 靈巖의 領縣으로 삼았고, 고려에서 다시 安老라 하여 이에 내속시켰으며 (중략) 潘南은 본래 백제의 半奈夫里縣이었는데, 신라에서 반남으로 고쳐서 영암의 領縣으로 삼았고, 고려 초에 내속시켰다. (『세종실록지리지』 책5 전라도 나주목)

사료 B-1은 백제 시기 지금의 나주시에 해당하는 지역인 발라군에 현재의 다시 지역인 두힐 지역이 현으로 편재되어 있었음을 보여준다. 그런데 이러한 상황은 당시의 정치적 관계를 물질적 증거로 보여주는 고고자료와는 차이가 크다. 발라군에 해당하는 현 나주시 지역에는 군의 치소로서의 위상을 보여주는 고고자료나 특정 범위의 영역을 차지한 지배 집단으로서의 재지 세력의 존재를 증명할만한 고대한 고분 등의 유적이 존재하지 않는다.

반면, 복암리에는 독보적인 수준의 위세품을 부장한 고분들이 7세기까지 지속적으로 조영되고 있는데, 이러한 양상은 백제 영역 내에서는 왕도였던 웅진과 사비를 제외하고는 나타나지 않는다. 따라서 발라군과 두힐

---

46 19세기 초반까지의 역사를 기록한 李肯翊의 『燃藜室記述』에는 나주에 속했던 폐현으로 榮山, 壓海, 여황, 회진, 安老, 伏龍, 반남, 長山 등이 언급된다(『燃藜室記述別集』16 地理典故 州郡). 이중 압해와 장산은 섬이므로 금성, 영산, 여황, 회진, 안로, 복룡, 반남 등의 현들이 현 나주의 영역 내에 존재했던 것으로 보인다. 물론, 여기에는 남평 등 현재의 나주에 속하는 일부 지역들은 제외되어 있다.

47 나주시 다시면을 포함하는 지역.

48 나주시 봉황면 지역.

49 현 나주 지역 내로 추정됨.

현이라는 읍격의 차이는 백제 당시의 상황을 의미하는 것은 아닐 가능성이 있다. 두 지역이 서로 인접한 지역이라는 점에 주목하자면 이 서술은 양 지역의 인위적 분리, 혹은 전도된 읍격 부여 등을 의미할 수 있다.

다시 지역에는 통일신라 혹은 고려 초기까지 사용된 대형의 판축토성인 회진토성이 자리하고 있으며, 그에 인접하여 복암리 고분군이 조성되어 있다. 그리고 2008년 복암리

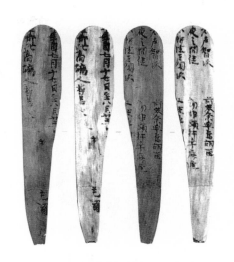

사진4. 복암리출토 목간. 半那, 毛羅 등의 지역명을 확인할 수 있다.[50]

고분군 주변 지역에 대한 조사 과정에서 주거지, 제철유구, 공방시설, 수혈유구 등이 조사되었다.[51] 특히, 공방에서 사용하기 위한 공업용수를 대단위로 저장했던 것으로 보이는 1호 수혈 조사 과정에서 다수의 목간이 발견되어 백제 시기 이 지역을 중심으로 하는 광역의 지방 행정과 관련된 문서 자료들이 확보되었다.[52] 이는 종래 나주 지역의 중심지로서 강력한 영향력을 발휘하던 반남 지역 대신 그와 경쟁하던 다시면의 복암리 지역이 백제 서남부의 지방 통치와 관련하여 크게 대두하였음을 의미한다.

복암리 출토 목간에는 半那·毛羅·軍那 등의 지명이 보인다. 이 지명 중 모라는 오늘날의 제주 지역으로 생각되며[53], 군나는 함평읍 지역에 비

---

50 국립나주문화재연구소, 앞의 책, 2010a, 405쪽 사진 258.
51 국립나주문화재연구소, 『나주 복암리 유적Ⅰ -1~3차 발굴조사보고서-』, 2010a.
52 金聖範, 앞의 논문, 2010, 40~58쪽.
53 金聖範, 위의 논문, 2010, 47쪽.

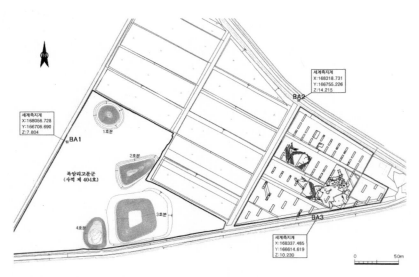

그림4. 복암리고분군 및 복암리유적 1~3차 조사 지역[57]

정된다.[54] 그리고 '牛那'는 반남의 옛 명칭인 半奈夫里의 半奈가 음차되어 기록된 것으로 판단되며, 이는 당이 백제 지역에 설치한 6주 중의 대방주에 속하는 현의 이름으로도 언급된다.[55] 따라서 이 시기 복암리에는 인근 나주 지역 뿐 아니라 함평, 제주 지역까지를 아우르는 광역의 지방통치체가 설치되었을 것으로 판단된다. 이러한 상황은 복암리유적에서 '豆肹舍' 및 '官內用'이라는 명문이 기록된 토기가 발견된 것으로도 짐작할 수 있다.[56] 아마도 이는 백제의 멸망 이후 당이 설치한 대방주의 시원 형태였을 것이다.

그렇다면 사료 B-1의 서술은 복암리 지역이 그러한 정치적 영향력을 상실한 이후의 기록을 전대의 역사상을 복원하는 데에 부회한 것으로 보아야 할 듯하다.[58] 고고 자료상으로 나타나는 7세기까지의 중심지가 복암리

---

54 金聖範, 위의 논문, 2010, 67~68쪽.

55 『삼국사기』37 잡지6 지리4 백제.

56 국립나주문화재연구소, 앞의 책, 2010a, 270쪽 및 312쪽.

인 반면에 그것이 후대 기록에서 다른 지역으로 바뀌는 현상은 이러한 맥락 내에서 고려되어야 할 것으로 보인다. 따라서 백제 영역하의 발라군과 두힐현의 등장은 광역의 지방 통치 기구가 있었던, 혹은 넓은 직할지를 지닌 지방 통치 단위의 분리, 혹은 중앙 정권에 의한 의도적인 통치 중심지의 이동과 그에 수반한 읍격의 도치 이후 상황을 언급한 것으로 보아야 할 것으로 보인다.

이 경우 위의 사료에 등장하는 '발라군'에 대한 설명은 오히려 '두힐'에 대한 것으로 해석함이 옳을 수도 있다. 종래 반남 세력과 경쟁하던 다시 지역의 정치 세력은 백제의 통치 아래에서 적어도 7세기 초반까지는 보다 우월한 정치체로서의 위상을 갖게 되었다. 그리고 이러한 양 지역의 위상 차이는 6세기 이후 양 지역에서 조영되는 백제 양식의 석실들을 갖춘 고분에서도 확인된다.[59] 반남 지역에 조영되는 고분들의 경우, 복암리고분군에 비해 석실의 규모와 부장품의 수준에서 차이가 커지며, 조영되는 고분의 수도 급격하게 감소하고 그 밀집도 역시 낮아진다.

하지만 반남 지역에서 후속하는 고분들은 이전의 고분군이 자리한 곳을 벗어나 단독분으로 조영된다. 따라서 고분의 수평적 확장이나 높고 큰 분구의 수직적 확장 등이 복합적으로 이루어지던 이전 단계와는 뚜렷이 구

---

57 국립나주문화재연구소, 앞의 책, 2010a, 62쪽 도면 4.

58 『삼국사기』6 신라본기6 문무왕 2년의 기록에는 백제의 문주왕 2년(476) 이래로 백제에 예속된 탐라가 '당의 武德 연간에 백제의 속국이 되었다'는 내용이 있다. 무덕 연간은 618년에서 626년까지인데 이 시기는 무왕의 통치가 절정에 이른 시점이다. 따라서 이 시점을 백제의 지방 통치에 있어서의 뚜렷이 구분되는 시기로 볼 수도 있을 것 같다. 다만, 이에 대해서는 보다 면밀한 검토가 필요하다. 한편, 이는 백제의 멸망과 이 지역에 대한 당군의 점령, 신라의 재점령과 뒤이은 지방제도 개편 등 7세기 정치적 격변 과정에서의 사건일 가능성도 있다. 이러한 지방 제도와 지방 통치 조직의 변화는 신문왕대까지도 이어지고 있다.

59 단면 사각형의 사비계 석실(김낙중은 이를 IIIa형으로 분류)의 경우 복암리1호분에서 먼저 등장한 뒤 반남 지역의 대안리4호분에서 후속하는 형식이 등장하고 있다 (김낙중, 앞의 책, 2009, 278~282쪽).

분된다. 이러한 점은 사비기 백제의 수도였던 부여 지역의 왕릉급에 준하는 석실들이 고래의 옹관묘와 함께 동일한 분구를 사용하여 대거 조영된 다시 지역의 복암리고분군과는 명백한 차이가 있다. 이로 보아 '성'과 '군' 등의 인위적 차등 읍격 부여는 해당 지역 고래의 지배층에게도 이전과는 다른 사회적 지위의 차이를 강요하였을 가능성이 있다.

660년 멸망 시점의 백제는 5개의 部, 37개의 군, 200개의 성으로 지방 통치 조직이 구성되어 있었다고 한다.[60] 반남 지역이 200여 개로 편성되는 '성' 단위 지방 조직이었던 반면, 두힐을 포함하는 발라 지역은 당시 37개 밖에 없었던 '군' 단위의 지방 조직이었던 것이다. 그러나 인근한 지역임에도 불구하고 다시 지역은 반남 지역을 직하의 현으로 거느린다거나 하지는 않았던 것으로 보인다.

오히려 반남 지역은 백제 당시에 오늘날의 영암군에 해당하는 월나군의 영현이었던 것으로 보인다. 사료 B-2에 의하면 영암군은 백제의 월나군이었다고 한다. 그러나 그 영현에 대한 정보가 없다. 한편, 사료 A-1에서 반남의 영현으로 나타나는 곤미현은 『세종실록지리지』에 신라 때에 영암의 영현이었던 것으로 나오며, 사료 B-3으로 보아 안로현과 반남현 역시 영암에 속했던 것을 알 수 있다.

이를 통해 보면 통일신라시대 영산강의 이남 지역은 대부분 영암에 속해 있었음을 알 수 있다. 사실 반나부리성과 월나군 지역은 영산강의 지류 중의 하나인 덕진강을 사이에 두고 있다. 게다가 백제 당시에 인근의 군 단위 정치 체제로 주목되는 것은 영암군 정도 밖에는 없다. 이러한 양상이 백제가 이 지역을 점유했던 시점에도 적용될 수 있다면 반나부리성은 오히려 월나군(영암)의 영현이었을 가능성이 높아 보인다.[61]

---

60 『삼국사기』37 잡지6 지리4 백제.

61 반면, 신라시대에 이미 군 단위의 정치체로 하부에 영현을 거느렸던 반남 지역이 동일한 군 단위의 정치체였던 영암의 영현이었다는 점은 특정 시점 영암 지역에 보다 높은 읍격의 지방 통치 기구가 설치되었을 가능성을 의미하는 것일 수 있다.

사진5. 복암리3호분 조사 광경[62]

　백제에 의해 반남 지역이 정치적으로 소외되었던 것은 유력한 정치 세력에 대한 견제라는 측면에서 이루어진 통치행위였을 가능성이 높다. 그리하여 6~7세기 나주평야 일대의 중심지는 다시 지역으로 이동하게 된 것으로 보인다. 서로 경쟁하던 반남과 다시의 두 세력은 백제에 의해 지방 세력에 대한 인위적 위상 차이가 부여되었으므로 복암리를 중심으로 하는 지역의 우위가 고착화된 상태를 맞이하게 되는 것이다. 그러나 한편으로 종래 반남을 중심으로 하는 세력 역시 여전히 그 지역에 잔존하며 반나부리성의 중심 세력으로 자리 잡고 있었을 것으로 보인다. 그렇다면 이 시기 공산은 반남 세력의 일부로 백제 반나부리성의 직할 지역이었을 것이다.

　이러한 차이는 이 지역의 고분문화의 진행 과정에서도 드러난다. 나주시 다시면 복암리에는 복암리고분군이라는 독특한 유형의 고분군이 존재

───────

　이에 대해서는 배재훈, 앞의 논문, 2010b를 참고.

62 국립문화재연구소, 『羅州 伏岩里 3號墳(사진)』, 2001, 13쪽. 발굴조사 결과 무려 41개의 매장주체부가 중첩되어 있음이 확인되었다.

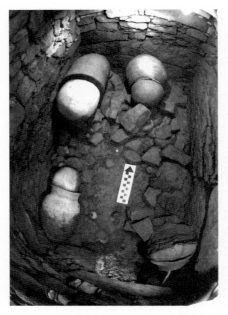

사진6. 복암리3호분 96호석실 내부[63]

하고 있다. 1996년 고분군 정리를 위해 조사를 진행하던 중 복암리3호분 96호석실에서 횡혈식석실에 옹관이 안치된 양식의 매우 독특한 매장 시설이 조사되었다. 이러한 상황은 새로운 묘제인 횡혈식석실의 도입과 재래의 옹관고분 문화의 결합에 의하여 이루어진 것이다.

옹관고분은 본래 토광묘(토광목관묘가 주류) 계통의 분묘 전통을 가지는 집단이 목관(목곽) 대신 대형의 전용 옹관을 선택하는 과정에서 발생하였다. 따라서 토광묘라는 매장 관습의 지속 속에 이는 발달하여 왔던 것이다. 그리고 외부 세력의 자극에 의해 새로운 매장 문화로 등장한 횡혈식석실묘로 말미암아 토광묘는 석실묘를 조영하는 것으로 대체되었다. 이것이 복암리3호분 96호석실이라는 특이한 양식으로 나타났던 듯하다. 이 석실의 존재는 그만큼 재래의 토착 세력이 가진 고유 문화의 관성력이 강력하였음을 의미하는 것이다.

이러한 복암리 세력의 우월적 지위는 고래의 옹관고분 단계에 조성된 복합제형의 분구에 7세기 전반까지의 횡혈식석실이 부가되는 상황으로 나타났다. 이는 반남 지역의 대형옹관 고분 문화가 단독장에 의한 횡혈식석실의 형태로 이행했다가 점차 주변 지역으로 흩어져 결국에는 거의 종적

---

63 국립문화재연구소, 위의 책, 2001, 18쪽. 대형의 초기형 석실 내에 소멸기 및 대용 옹관을 사용한 추가장이 진행되었음을 확인할 수 있다.

을 감추게 되는 시점 이후에도 지속된다. 적어도 6세기 후반 이래로 반남
과 복암리 양자간에는 복암리 세력이 우위를 보이게 되는 것이다.

이러한 상황은 곧 반남 지역이 일개 '성'으로 편제된 반면 복암리를 중
심으로 하는 다시 지역이 백제의 '군' 혹은 광역의 지방통치 기구로 편제
된 사실과 무관하지 않을 것으로 보인다. 이는 나주 지역의 백제 지방 통
치 체제로의 편입 과정과 관련된 것이다. 종래 이 지역의 주도권을 잡고
있었던 반남 세력의 경우 백제 중앙 통치 조직의 나주 지역으로의 확대에
부정적이었을 것이며, 이에 반발하였을 것으로 판단된다.

반면, 반남 지역과 더불어 나주 지역의 주도권을 두고 경쟁하던 다시
지역의 복암리 세력은 나주 지역에서의 주도권을 장악하기 위해 백제에
협력적인 태도를 보였을 가능성이 있다. 복암리 고분군에서 발굴된 위세
품 중 백제 중앙에서의 하사품으로 생각되는 금동신발, 銀製花形冠飾, 金
製冠飾, 綠釉托盞 등은 양자간의 긴밀한 결합 관계와 복암리 세력의 높아
진 위상을 읽을 수 있는 유물이다. 7세기까지 지속된 복암리 3호분의 석
실 조영, 610년으로 편년되는 목간11의 편년[64] 등으로 보아 이의 지배 추
이는 최소한 7세기 전반까지는 지속되었을 것이다.

백제 지배 하의 나주 지역은 6세기 이래의 지방 지배 재편 과정에서 그
에 협력하거나 저항하는 세력에 대한 안배와 배제 전략으로 말미암아 나
주 세력이 독자적으로 발전하던 단계와는 다른 형태로 진행된다. 종래와
는 다르게 다시 지역의 복암리 세력이 절대적인 우위를 차지하는 방향으
로 전환되었던 것이다. 그러나 나주 지역의 백제 지방 통치 체제로의 전환
과 엇비슷한 상황이 백제가 멸망하고 신라가 이 지역을 점유하는 과정에
서도 되풀이되었을 가능성이 있다. 다음 장에서는 백제를 대신한 신라 통
치하 반남 지역의 추이에 대해서 검토하겠다.

---

64 金聖範, 위의 논문, 2010, 66쪽.

4. 백제의 멸망과 신라 편입

660년 나당연합군에 백제가 패망한 이후 당은 5部, 37郡, 200城의 백제의 지방 조직을 웅진도독부 휘하의 7州 52縣으로 개편한다. 이 가운데 반남 지역은 半那縣라는 이름으로 잔존하였고, 671년 당군을 축출한 이후 신라는 이를 무진주 휘하의 潘南郡으로 개칭하였다. 본 장에서는 이처럼 신라에 편입된 이후 공산을 포함하는 반남 지역이 겪게 되는 위상 변화와 그 의미 등을 검토하고자 한다.

> C-1. 반남군은 본래 백제의 半奈夫里縣인데, 景德王이 이름을 바꾸어 지금도 그대로 하고 있다. 領縣이 둘이다. 野老縣은 본시 백제의 阿老谷縣으로, 경덕왕이 이름을 바꾼 것이다. 지금의 安老縣이다. 昆湄縣은 본래 백제의 古彌縣으로, 경덕왕이 이름을 바꾸어 지금도 그대로 한다. (『삼국사기』37 잡지5 지리3 신라)
>
> C-2. 錦山郡은 본래 백제의 發羅郡으로, 경덕왕이 이름을 바꾸었다. 지금 羅州牧이니, 영현이 셋이다. 會津縣은 본시 백제의 豆肹縣으로, 경덕왕이 이름을 바꾸어 지금도 그대로 하고 있다. 鐵冶縣은 본래 백제의 實於山縣으로, 경덕왕이 이름을 바꾸어 지금도 그대로 하고 있다. 艅䑋縣은 본시 백제의 水川縣으로, 경덕왕이 이름을 바꾸어 지금도 그대로 하고 있다. (『삼국사기』37 잡지5 지리3 신라)

C-1, C-2의 사료는 앞 장에서 이미 검토한 바 있다. 하지만 위의 사료들이 언급하고 있는 반남과 금산의 변화는 신라 하대까지의 추이이다. 위 사료에서 가장 흥미로운 점은 백제 통치 하에 반나부리성, 혹은 반나성 정도였던 이 지역이 반남군으로 승격했다는 사실이다. 그리고 휘하에 야로현과 곤미현 등이 영현으로 편제되었다. 이는 반남면을 중심으로 하여 위(영산포 인근), 아래(영암의 시종~덕진)에 각각 위치하는 지역으로, 신라 지배하 반남 지역의 위상이 격상되었음을 의미한다. 그러한 가운데 기존의

영암군은 그 영현으로 생각되는 곤미현이 반남군에 편제됨으로써 영현이 없이 군만 존재하는 상태로 그 이름만 月奈郡에서 靈巖郡으로 바뀌고 있다.[65]

앞서 검토한 사료 B-3에 의하면 반남과 그 영현으로 언급되는 지역은 모두 영암에 속해 있었음을 확인할 수 있다. 이러한 문제점은 어디에서 기인하는 것일까? 사료 B-3의 진술은 경덕왕에 의한 漢式 지명으로의 변경 이후에 이어진다. 그렇다면 이러한 영현의 이동은 경덕왕 이후의 상황을 의미하고 있을 가능성이 있다. 한편으로 이는 영암 지역의 정치적 성장과 결부되었을 가능성이 있을 것 같다.

반면, 다시를 중심으로 하였던 發羅郡이 설치되었던 지역은 종래의 다시면 회진리, 복암리, 영동리 등의 중심지에서 벗어나 고려 현종 9년(1018) 나주목이 설치되었던 오늘날의 나주 시내로 중심지가 이동한 것으로 보인다. 앞서 검토한 바에 따르면 복암리를 중심으로 하는 지역에는 7세기를 전후한 시기, 나주 뿐 아니라 오늘날의 전라도 일부와 제주도까지를 아우르는 백제의 광역 지방 통치 기구가 설치되었다.

신라 역시 이 지역을 통합한 초기에는 이를 인정하였던 것으로 보인다. 『삼국사기』 지리지 기록에는 빠진 發羅州에 대한 기록이 같은 사서의 신라본기 기록에 등장하기 때문이다.

D-1. 6년 정월에 이찬 大莊으로 中侍를 삼았다. 例作府卿 2명을 두었다. 2월에 石山(석성)·馬山(한산)·孤山(예산)·沙平(홍성북)의 4현을 두고, 泗沘州를 郡으로, 熊川郡을 州로 삼고, 發羅州를 郡으로, 武珍郡을 州로 삼았다. 사신을 唐에 보내어 禮記와 文章에 관한 서적을 청했더니 唐主 則天이 所司로 하여금 吉凶要禮에 관한 書를 謄寫하고 또 文館詞林 중에서 規箴에 관한 글을 선택하여 50권을 만들어 주게 하였다. (『삼국사기』8 신라본기8 신문왕 6년)

---

65 『삼국사기』37 잡지5 지리3 신라.

위의 기사는 신문왕대에 이루어진 지방 제도의 개편에 대한 것이다. 신문왕은 신라 중대 무열왕계의 전제정치를 강화한 대표적인 인물이다. 그는 사비주와 발라주를 군으로 강등하고 웅진군과 무진군을 주로 승격시키는 조치를 취하고 있다. 또한 이러한 지방 제도 개편에 앞서 왕권 강화를 위한 몇 가지 조치들이 중시 및 예작부경의 임명 등으로 나타나며, 지방 제도를 개편한 뒤에는 당에 사신을 파견하고 예기와 문장에 대한 서적을 요구하였다.

중시는 왕의 최측근에 해당하는 인물로서 중앙 정치 조직의 수장으로 판단되는 지위이다. 그리고 예작부경은 토목건축과 관련된 중앙조직의 관직이다. 신문왕의 신라 중앙 행정 조직에 대한 재편과 완성은 예작부의 설치를 통해 일단락된다. 중시와 예작부경의 임명은 그러한 조처의 마무리를 의미하며, 예기와 문장을 요구한 것은 국왕 중심의 예법과 질서를 국가 차원에서 수용하고 이를 통해 왕권을 강화하고자 하는 조처였을 것이다. 즉, 전제적 왕권의 강화라는 측면에서 벌어지는 일련의 사건들 속에서 신문왕 6년 발라주의 군으로의 강등이 이루어지는 것이다.

신라는 이듬해인 신문왕 7년(687) 9주 5소경의 지방 조직을 완성하게 된다. 그런데 9주 5소경의 설치는 종래 백제가 설치한 지방 행정 기구들의 위상과는 다른 방향으로 진행되었다. 그에 해당하는 상징적인 조치가 종래 백제의 수도였던 사비주의 군으로의 강등이다. 그리고 발라주의 군으로의 강등 역시 종래 백제 서남 지역의 중심지였던 발라 지역의 정치 세력들을 견제하기 위한 의도로 생각된다.

신라는 발라주를 발라군으로 강등하였을 뿐만 아니라 발라군 내의 중심 지역도 이동시킨 것으로 보인다. 백제의 통치를 받던 시절 서남부의 최고 통치 기구가 설치되었던 것으로 보이는 복암리 지역의 두힐(혹은 회진)이 아닌 금성으로 중심지가 변경되는 것이다. 사료 C-2에는 종래의 중심지인 복암리 지역이 금산군의 한 영현으로 전락한 모습을 확인할 수 있다. 이로 보아 이 지역을 점유한 이후 신라는 백제 통치의 중심이었던 다시면 지역의 정치 세력을 약화시키고자 발라군의 치소를 변경하였던 것으로 보인다.

금산군 휘하의 영현인 회진현은 그 명칭으로 보아 오늘날의 다시면 회진리 지역으로 판단된다. 회진리는 대형의 판축토성이 그 배후에 있는 곳으로 회진토성은 그간 복암리 세력의 배후 군사 시설로 언급되어 왔다.[66] 그렇다면 발라군의 중심지는 회진토성과 인접한 복암리 일대에서 무주의 치소와 가까운 오늘날의 나주읍성 인근으로 이동한 듯하다. 이 지역은 복암리를 중심으로 하는 소국 단계의 범위를 고려할 때에도 직할의 촌 등이 위치했을 가능성이 높은 곳이다.

휘하의 영현 역시 철야현과 여황현 등 武州와 인접한 지역으로 설정되며 과거 중심지였던 회진 지역은 그 서단으로 언급되고 있다. 과거 함평[軍那], 반남[半那], 제주[毛羅] 등을 그 세력권 내에 두었던 복암리 지역[豆肹]이 금산군의 한 영현으로 전락하게 된 것이다. 이는 신라에 의한 백제의 지방 체제 개편 과정에서 이루어진 조치로 보인다. 과거 백제의 지방 통치에 적극적으로 협력하였던 이 지역의 정치 세력들을 배제하려는 의도로 신라 중앙정부가 행정 중심지의 이동을 강요한 것이라 할 수 있기 때문이다.

한편, 다시 지역의 정치적 소외는 반남 지역 정치 세력들의 위상 강화와 결부되어 있다. 반남 지역은 반남군으로 재편되어 나주 지역의 재지 세력 사이의 위상 역전이 다시 한 번 이루어진 것이다. 그러나 이 지역의 중심지는 신문왕대에 설치된 武珍州(경덕왕대에 武州로 개칭함)로 이동하였다.[67] 당이 설치한 대방주의 전신이었던 것으로 생각되는 다시면 지역의

---

66 그러나 현재까지의 발굴조사 결과로는 삼국시대 백제로 비정되는 뚜렷한 삼국시대의 유구나 유물이 발견되지 않고 있다(全南大學校博物館, 『會津土城Ⅰ』, 1995 ; 국립나주문화재연구소, 『나주 회진성』, 2010b). 현재로서는 일부 백제계로 추정되는 토기편만이 조사되었을 뿐이다.

67 『삼국사기』37 잡지5 지리3 신라.

광역 행정 기구의 기능은 무진주를 중심으로 하는 체제로 전환되었던 것이다.

발라군의 치소가 무진주에 가까운 금산 지역으로 이동한 것 역시 그러한 맥락에서 이루어진 것으로 판단된다. 결국, 신라의 이 지역에 대한 통치는 다시 지역 세력과 반남 지역 세력의 상호 견제의 유지, 백제 지방 통치의 중심지인 다시면 지역의 배제, 양 지역의 토착 세력을 모두 견제하는 기구로서 9주의 하나인 무주와 주치인 무진주(무주)의 설치로써 일단락된 것으로 보인다. 신라 하대에 들어서면서 중앙 정부의 약화와 지방에 대한 통제력이 이완되는 가운데 이 지역에 대한 신라의 통제 역시 점차 약화되었을 것으로 보인다.

> E-1. 8월에 앞서 入唐宿衛學生이었던 梁悅에게 豆肹 小守를 임명하였다. (『삼국사기』10 신라본기10 애장왕 1년)
> E-2. 9월에 子玉으로 陽根縣의 小守를 삼으니, 執事史 毛肖가 반박하여 말하기를, "자옥은 文藝로 出身치 아니하였으니 分憂의 職을 맡길 수 없다"라고 하였다. 이에 侍中이 말하기를, "그가 문예로 출신치는 아니하였으나 일찍이 唐에 가서 學生이 된 일이 있었으니 어찌 쓰지 못하랴" 하였다. 왕이 여기에 좇았다. (『삼국사기』10 신라본기10 원성왕 5년)

E-1의 사료는 백제의 두힐현에서 경덕왕대에 회진현으로 변경된 회진 지역이 애장왕 1년에 다시 두힐현으로 나타나고 있음을 보여준다. 한화된 지명의 옛 지명으로의 복귀는 지역 내 재지 세력의 반발에 의한 것으로 볼 수 있을 것이다. 다음으로 소수는 현 단위에 파견되는 지방관이다. 그러나 사료 E-2에서 원성왕이 자옥을 양근현의 소수에 임명하는 과정에서 발생하는 논란처럼 왕의 측근들을 정상적인 절차를 거치지 않고 소수로 파견하는 경우도 있었던 것으로 보인다. 이 경우 두힐현은 애장왕이 주목하던 지역이었을 가능성이 있다.

신라는 중대 이후 115명의 郡大守, 133명의 外司正, 85명의 소수, 201

명의 현령을 두었다.[68] 그런데 군의 장관인 太守가 군대수로 나타나고 있는 것으로 보아 소수는 이에 대비되는 명칭으로 설정되어 있는 것으로 보인다. 따라서 대수와 소수, 현령의 지위는 소수가 현령에 앞서는 것으로 판단된다. 그렇다면 금산군 휘하의 영현들 중 두힐현(회진현)의 지위는 신라 하대에 이르러 격상된 것이다. 더군다나 소수로 임명되는 인물은 입당숙위학생 출신인 양열이다.

사료 E-2의 예처럼 입당숙위학생들에 대한 국왕의 신임은 종래의 관료 임명 절차를 무시하는 경우가 있을 정도로 상당하였던 것으로 보인다. 그렇다면 양열의 소수직 임명과 그가 두힐현에 부임하는 것 역시 애장왕대 신라 정치사의 흐름 속에서 의미 있는 사건 중의 하나였을 것이다. 이 때문에 다른 85명의 소수 임명 기사와는 달리 그의 소수직 임명 사실이 신라본기에 기록되었을 것이다.

이와 관련하여 신라 하대 회진 지역의 대당교역로로서의 위치가 주목된다. 신라 하대의 고승비문을 비롯한 기록에는 대당숙위학생과 대당유학승, 견당사 등의 출발과 도착 항구로서 회진이 자주 언급되기 시작한다. 따라서 대당숙위학생임을 명시한 양열의 소수직 임명은 대당교역로 상의 중요 지점에 대한 효과적인 운영이 목적이었던 것 같다. 이 시점을 전후한 시기에 회진을 중심으로 하는 지역의 대외 교역에서의 비중이 높아진 것이다. 그리고 이는 활발한 해상 세력의 발호와 연관된 것으로 보인다.

한편, 현 단위 지방의 수령이었던 소수는 군사적 임무도 수행했던 것으로 보인다. 다음 사료는 그러한 소수의 존재를 엿볼 수 있는 부분이다.

F-1. 당나라 병사가 거란·말갈의 군사와 함께 七重城을 포위하였으나 이기지 못하고 아군 小守 儒冬이 전사하였다. (『삼국사기』7 신라본기7 문무왕 15년)

[68] 『삼국사기』40 잡지9 직관 하 外官.

칠중성은 임진강변에 위치한 군사적 요충지였다. 따라서 유동은 칠중성의 군사적 중요성 때문에 소수로서 파견된 인물일 것으로 판단된다. 회진현에 소수가 파견된 것 역시 대당 교역의 효과적인 지원과 함께 교역로의 보호를 위한 군사적 배려가 고려된 것으로 판단된다. 이는 후대의 청해진 설치에 선행하는 해상 세력의 통제와 해상교역로의 방어, 즉 해상 군진의 설치와 관련된 것으로 보인다.

이 시기 신라는 중앙정부의 통제를 벗어나려고 하는 신진 해상 세력들을 통제하고, 중앙정부 주도의 대외 교역로 확보를 위해 입당숙위학생 출신인 양열을 회진의 소수로 파견한 것이라 할 수 있다. 그런데 이러한 상황은 해양으로의 진출이 회진 지역 못지않게 편리한 공산 지역이나 반남 지역도 마찬가지였을 것으로 보인다. 특히, 반남 지역에는 백제 이래로 그 세력이 약화되긴 하였지만 고래의 재지적 기반을 가진 세력이 존재하고 있었다. 이들 세력은 훗날 호족으로 재지적 기반을 통해 독립적인 행보에 나서게 된다.

영산강 하구언이 조성되는 1970년대 이전까지 공산과 반남 지역은 간조를 제외한 시기에는 제법 큰 선박의 통행이 가능하였다. 이는 강폭이 현재의 5~6배에 달하였다고 하는 신라 하대에도 마찬가지였을 것이다. 영산강을 이용한 내륙 수운의 모습은 지난 2004년 나주 영강동에서 대형 목선편이 발견되어 대형 선박의 항행까지 가능했음이 확인되었다.[69]

영강동 선박은 남아 있는 부재의 길이를 통하여 유추한 총길이가 대략 32미터에서 42미터 사이로 추정되는 대형 선박이다. 이는 기록으로 남은 고려 초기의 대선[70] 혹은 10세기 중반 이후 세곡선으로 활동한 肖馬船 정도에 해당한다. 이러한 대형 선박의 항행은 단순히 간조를 피한 시기의 제한적인 해상 활동 뿐 아니라 하천 본류를 이용한 선박의 상시 운행이 가

---

69 남도문화재연구원, 「지도위원회 회의자료 -나주 영산강 고선박(나주선) 긴급정밀장비(지표)탐사」, 2004.

70 『고려사』1 세가1 태조 즉위 전기.

능하였음을 의미하는 것으로 보인다.

신라 하대 회진과 금산의 대외 교역상의 중요성은 곧 이들 지역의 방어라는 측면에서 공산지역의 군사적 가치를 높이는 일이 되었을 것이다. 영산강은 나주시 동강면과 공산면 지역에서 낮은 구릉성 산지 사이를 만곡하여 흐른다. 그런데 공산면 지역의 산지는 이 시기 대외 교역항으로 크게 성장한 회진 지역을 외부에 노출되지 않게 하는 역할을 한다. 더구나 비교적 낮은 높이에도 불구하고 선박의 이동을 살피고 감독하며, 적을 방어하는 데에도 유리한 자연 조건을 이루고 있다.

따라서 신라의 대당 교역항으로서 회진(두힐)의 중요성이 강조되면서 자연 공산 지역의 군사적 중요성도 높아졌을 것이라는 추측이 가능하다. 공산 지역의 군사적 중요성은 후삼국이 분립하는 과정에서 다시 한 번 그 위상 확대의 기회를 맞았을 것이다. 이에 대해서는 장을 바꾸어 검토하고자 한다.

5. 후삼국의 정립과 공산 지역

신라 하대에는 대외교역의 측면에서 나주의 회진 및 공산 지역의 중요성이 극대화되었다. 그리고 이러한 상황은 신라 하대 이 지역 호족의 성장과도 연관이 있었을 것으로 판단된다. 그리고 중소 호족들을 결합하여 성립한 후삼국의 정립 시기에는 이 지역을 둘러싼 후백제와 태봉 및 고려의 군사적 충돌이 격화되었다. 본 장에서는 이 시기 공산 지역의 모습에 대하여 검토하고자 한다.

신라 하대 공산 지역의 군사적 중요성은 적이 해로를 통해 금산(금성) 및 무진주로 침투하는 것을 견제하고 막아내는 데에 있었을 것이다. 이는 공산 지역의 지리적 특성과도 결부되는데, 다시면 동당리와 공산면 신곡리 사이를 흐르는 영산강은 이 지점에서 공산면의 배후 산지를 끊고 흐르

사진7. 공산과 다시 지역을 가르며 흐르는 영산강[72]

고 있다. 따라서 강폭은 제한적일 수밖에 없다. 영산강의 강폭은 조선 후
기와 일제강점기를 거치면서 강폭이 대폭 축소되고, 영산강하구언의 건설
이후 오늘의 모습을 하게 되었다. 하지만 이 지점은 산지의 자연 암반을
하천이 뚫고 흐르는 것으로 예나 지금이나 강폭의 변화는 거의 없으며 오
히려 과거에는 더욱 강폭이 좁았을 가능성이 높다.[71]

이 지점의 현존 강폭은 100미터 내외이며, 산허리가 끊긴 부분까지 연
장해야 겨우 200미터 정도의 강폭을 보인다. 이러한 강폭은 고래의 주력
무기인 활의 최대 사거리에 해당하며, 노의 경우는 전 구역 내에서 강력한
위력을 발휘할 수 있었을 것이다. 따라서 영산강을 따라 올라오는 적을 방
어하는 데에 있어서 이 좁은 수로의 방어는 매우 중요한 것이었을 가능성

---

71 물론, 이 지점이 일종의 섬처럼 기능했을 가능성도 무시할 수는 없다. 다만, 고분
군을 비롯한 유적들이 존재하는 현재의 지형으로 보아 이 지역은 과거에도 자연
제방에 의해 어느 정도는 하천으로부터 격리된 배후습지 정도의 지형이었을 가능
성이 높아 보인다.

이 높다. 그리고 이 시기의 반남군 지역에는 영산강 중류 지역의 방어를 위한 군사 거점이 설치되었던 것으로 보인다.

물론, 반남 지역에 설치된 군사 거점이 사서에 직접적으로 언급된 바는 없다. 하지만 후삼국 시기 나주를 둘러싼 견훤과 왕건의 전투에 대한 다음의 기사에는 견훤군이 주둔한 중심 지역을 반남 일대로 추측하게 하는 내용이 있다.

> G-1. 궁예는 또 태조에게 명령하여 貞州(경기도 풍덕)에서 전함들을 수리한 후 알찬 宗希 金言 등을 副將으로 하여 군사 2천 5백을 거느리고 광주 珍島郡을 가서 치게 하여 이를 함락시켰다. 다시 진격하여 皐夷島에 머무르니 성안 사람들이 이쪽 진용이 대단히 엄숙하고 씩씩한 것을 보고 싸우기도 전에 항복하였다. 다시 나주 포구에 이르렀을 때에는 견훤이 직접 군사를 거느리고 전함들을 늘여 놓아 木浦에서 德眞浦에 이르기까지 머리와 꼬리를 서로 물고 수륙 종횡으로 군사 형세가 심히 성하였다. 그것을 보고 우리 여러 장수들은 근심하는 빛이 있었다. (『고려사』 1 세가1 태조 즉위 전기)

왕건이 주둔한 나주 지역을 봉쇄하기 위해 견훤은 목포(현 나주시 일대)에서 덕진포(영암군 덕진면 일대)에 이르기까지 수륙 종횡으로 군대를 배치하였다. 이는 견훤의 군세가 상당함을 묘사하는 동시에 견훤군의 배치가 오늘날의 영암에서 나주에 이르는 덕진포에서부터 목포까지 펼쳐져 있었음을 의미한다. 목포와 덕진포를 견훤군이 배치된 지역의 시작과 끝이라고 하면, 그 중심지가 되는 지역이 바로 삼포강을 중심으로 오늘날의 공산 지역을 포함하는 당시의 반남군이다. 반남 일대를 당시 견훤군의 중심 세력이 위치한 지역으로 볼 수 있다는 것이다.

시기상의 차이는 있지만 고려 중기 이후의 기록에서 반남 지역은 고려의 수군 기지의 역할을 수행하였던 듯하다. 다음의 기록은 이를 유추할 수

72 다음지도(http://map.daum.net)

있는 예이다.

> H-1. 흔도·다구 등이 潘南縣에 주둔하였다가 장차 출발하려 했는데 여러 도의 전함이 모두 떠내려가고 침몰되었다. 김방경이 흔도 등과 더불어 군사 1만 명과 전함 1백 60척으로 楸子島에서 멈추었다가 바람을 기다려 탐라로 들어갔다. (『고려사절요』19 원종 순효대왕2 원종 14년)
>
> H-2. 방경이 練卒과 수군 1만여 인을 거느리고 흔도·홍다구와 함께 반남현에 주둔하여 여러 도의 전함을 모아, 西海島 전함 20척을 거느리고 伽郞召島에 이르러 큰 바람을 만나 패몰하여, 南京判官 任恂, 仁州副使 李頙 등 1백 15인이 물에 빠져 죽고, 경상도의 전함 27척도 패몰하였으므로, 전라도의 전함 1백 60척만으로 楸子島에 머물러 바람을 살피며 기다렸으나, 한밤에 바람이 급히 부니 갈 바를 몰랐다. (『東史綱目』11 하 원종 14년)

위의 기사들은 원종 14년(1273) 김방경 등이 제주의 삼별초를 토벌하는 과정을 기술한 것이다. 이 기록에서 중요한 것은 제주도 공략에 동원된 여러 도의 전함들이 반남현에 주둔했다는 사실이다. 그리고 고려의 전체 선박 가운데 전라도의 전함 숫자가 가장 많고, 주둔지 역시 반남현으로 판단된다는 점이다. 다른 지역의 전함들이 큰바람에 패몰한 반면 전라도의 전함들은 건재했다. 이로 보아 당시 전라도 지역의 수군들은 정예 중의 정예로 선박들 역시 풍랑에 잘 견디도록 견고하게 건조되었음을 알 수 있다.

더군다나 그 숫자는 160척에 달하며, 배치된 군대 역시 1만여에 달하고 있다. 이는 반남 지역이 고려의 중요 수군 기지로서 항시 주둔하는 다수의 전함과 수군 병력이 존재했음을 의미한다. 또한, 이러한 사실을 통해 고려 초기, 혹은 신라 하대 그리고 후삼국 시기에도 이 지역의 해상 전략상의 중요성이 컸음을 유추할 수 있다.

앞 장에서 검토한 양열의 두힐현 소수 임명 기사처럼 신라 하대에는 해상교역에 있어 회진 지역의 중요성이 커지게 되었다. 그리고 이를 보조하는 해상 방어의 거점이 설치되었을 가능성이 있다. 이 경우 병력이 항시 주둔하며 방어에 임하기 좋은 위치는 공산을 비롯한 반남 지역이었을 것이다. 즉, 해상 교역을 통한 민간 활동이 이루어지는 중심지로서 회진이 중요시됨과 동시에 해상 방어의 군사 중심지로서의 반남이 강조되었던 것이다. 이러한 상황은 후삼국 시기 이 지역을 중심으로 견훤과 궁예·왕건 등이 대립하게 되면서 다시 새롭게 부각된다.

후백제를 건국한 견훤은 신라의 서남해에서 봉기하게 되는데, 그 과정에서 무주 서남쪽 군현들을 손에 넣었던 것이다. 이후 무진주를 중심으로 활동하던 그는 900년 전주로 천도하고 국호를 百濟(후백제)라 칭하며 자신을 백제왕이라 하였다. 본격적인 후삼국이 시작되는 시점인 것이다. 이어 901년 그는 신라를 공략하기 위해 직접 대규모의 군대를 이끌고 대야성을 치는데, 이 공략은 실패로 돌아간다. 그럼에도 불구하고 전쟁에서 패배한 견훤은 군대를 그냥 돌리지 않고, 그에게 반란을 일으킨 나주의 남변 부락들을 약탈하고 돌아갔다.[73]

I-1. 5년(901) 궁예가 왕이라 칭하였다. 가을 8월에 후백제 왕 견훤이 대야성을 공격하였으나 이기지 못하자 군사를 錦城의 남쪽으로 옮겨 沿邊의 마을을 약탈하고 돌아갔다. (『삼국사기』12 신라본기12 효공왕 5년)

I-2. 羅州牧은 원래 백제의 발라군인데 신라 경덕왕은 錦山郡으로 고쳤다. 신라 말에 견훤이 후백제 왕이라고 자칭하고 이 지역을 모두 점령하고 있었으나 얼마 있지 않아 이 군 사람이 후 고구려 왕 弓裔에게 의탁하여 왔으므로 궁예는 태조(왕건)를 精騎大監으로 임명하여 해군을 거느리고 가서 이 지역을 빼앗아서 나주로 만들었다. (『고려사』57 지11 지리2 나주목)

I-3. 天復 3년 계해(903) 3월에 태조는 수군을 거느리고 서해로부터 光州 지경에 이르러 錦城郡을 공격하여 이를 함락시키고, 10여 개의 군, 현을 공격하여 이를 쟁취하였다. 이어 금성을 羅州로 고치고 군사를 나누어 수비하게 한 후 개선하였다. (『고려사』1 세가1 태조1 태조 즉위 전기)

---

73 이상의 진술은 『삼국사기』50 열전10 견훤에 의거한 것이다.

견훤이 약탈이라는 적대적인 군사 행동을 하게 된 이유는 I-2의 기록처럼 금성이 궁예에 귀부하여 그에게 반부하였기 때문이다. 비록 패했다고는 하나 대야성 공략을 위해 출전한 그의 대군이 금성을 수복하지 못하고 그 남변 부락만 일부 약탈한 것으로 보아 금성의 세력 역시 상당히 강력하였음을 알 수 있다.

이들이 궁예에게 공식적으로 귀부하게 된 시점은 사료 I-3에서 밝혔다시피 903년 이후이다. 그리고 I-1의 사료에는 약탈의 이유도 나와 있지 않다. 이를 밝히고 있는 I-2는 『고려사』의 기록으로 견훤이 금성과 그 인근 지역을 봉기 초반 확보하고 있었다는 사실을 알려준다. 그리고 이 지역의 반부가 견훤이 왕을 자칭한 것과 연관된 듯한 언급이 나타나고 있다. 그가 본격적으로 왕을 칭한 시점은 전주로 천도한 900년 이후임을 앞서 검토한 바 있다. 그렇다면 견훤이 그 중심지를 무진주에서 전주로 이동하고, 왕을 칭하는 상황에서 나주 지역이 그에게 반기를 들었다는 해석이 가능할 것이다.

견훤이 왕을 일컬은 것은 중앙집권적인 전제정치의 추구와 연관된 것으로 보인다. 그렇다면 이러한 정책은 견훤 정권에 참가하고 있었던 여러 세력, 즉 호족들의 자율성을 얼마간 침해하는 형태로 이루어졌을 가능성이 있다. 이들은 견훤에 저항하여 궁예에게 투항하였을 것이다. 궁예는 901년 국가 체제를 정비하고 왕을 칭하게 되는데,[74] 적어도 나주(금성) 세력의 귀부 시점까지는 이를 대외적으로 공표하지 않았던 것으로 보인다. 이에 나주 세력들은 신라에 대한 반부를 본격적으로 내세우며, 독자적인 세력으로 중앙집권화를 추구하는 견훤에게 반기를 들고, 궁예에게 귀부하였던 것으로 보인다.

익히 알려진 바와 같이 이후 금성을 비롯한 영산강 이북 지역은 궁예 및 왕건과 결부하여 견훤을 견제하는 세력이 되었다. 견훤 정권의 심장부에 쐐기를 박아 넣은 형국을 이루었던 것이다. 그런데 다른 한편으로 나주

---

74 『삼국사기』12 신라본기12 효공왕 5년.

의 일부 지역, 그중에서도 남변 지역은 견훤의 공세에 굴복하였던 것으로 보인다. 당시 나주 남변 지역의 중심지는 반남 지역이겠지만, 통일신라 시기 양 지역은 별개의 군에 속하였으므로 반남이 견훤에게 약탈된 나주의 남변 부락일 가능성은 높지 않다.

『삼국사기』 지리지에는 금산군에 속하는 3개의 영현이 등장한다. 이는 각각 회진, 철야, 여황 등인데 여황은 이후 폐현이 된 듯하며[75] 구체적인 위치도 알 수 없다. 그런데 이 중 철야현은 오늘날의 봉황면 지역으로 영산강의 이남 지역에 위치하며 금성의 남변이라는 설명에 부합한다. 철야현과 금성 사이에는 오늘날 금천면과 삼포면, 세지면 등이 있는데, 이로 보아 여황현도 이 두 지역이 위치한 곳에 자리하고 있었을 가능성이 높아 보인다. 그렇다면 901년 견훤에 의해 약탈을 당한 금성의 남변 부락은 반남보다는 이들 영산강 이남 지역에 위치한 금산군(금성)의 영현이었을 가능성이 높다.

철야현은 무주의 영현인 현웅현[76]과 인접하여 있으며 이 지역에는 신라의 지방군 조직인 未多夫里停이 설치되었다.[77] 금성 세력이 견훤에 반항한 것이나 견훤의 공세가 금성의 남변 지역에 이루어진 것 등을 통해 볼 때 이들의 주된 군사력은 이들 미다부리정의 군사로 판단된다.

미다부리정은 무주 지역의 방어를 위해 설치된 군단이며 영산강의 남부 지역에 위치한다. 그리고 이들은 閔哀王 1년(838)에 벌어진 왕위계승 전쟁에서 육지에 상륙한 장보고 세력을 요격한 군사력인 것으로 판단된다. 당시 大監 金敏周는 철야현에서 장고보의 군세를 공격하였으나 장보고 측의 우세한 기마군에 패퇴하였다.[78] 나주 일대의 육상에는 미다부리정이 위치하고 있었으며, 이들과 금성 세력과의 연계성이 강한 것으로 보아 이들

---

75 『연려실기술』16 地理典故 州郡 나주.
76 현재의 남평읍 지역으로 비정된다.
77 『삼국사기』40 잡지9 직관 하 武官.
78 『삼국사기』10 신라본기 10 민애왕 즉위년.

은 회진 지역의 군사적 중요성이 강화되는 과정에서 상호 긴박하게 결합되었던 것으로 판단된다.

　그렇다면 이러한 군사력의 일단이 회진 지역의 방어를 위해 공산 등지에도 중소의 군진 형태로 배치되어 있었을 가능성이 있다. 그리고 901년 견훤의 공세는 이러한 군사력을 분쇄하고 이를 유명무실하게 만드는 데 있었을 것이다. 따라서 이는 금성 세력에 대한 무차별한 공세라기보다는 그 군사적 기반을 약화시켜 투항을 유도한 것으로 볼 수 있다.

　901년 견훤의 약탈 이후 강력한 후백제군의 공세를 받은 이들 지역은 견훤의 지배 아래에 편입되었을 것이다. 이러한 금성의 고립은 상황의 타개를 위해 다른 외부 세력의 도움을 절실히 요구하는 것이었지만, 이의 실현은 바로 이루어지지 않았다. 금성 지역은 900년을 전후한 시점에 견훤에 대한 반기를 들었고, 901년에는 견훤군의 공세를 받았으나, 이들에 대한 궁예의 지원은 2년 뒤인 903년에야 이루어졌다. 궁예의 명령을 받은 왕건의 첫 나주 공략이 903년에 이루어지기 때문이다.[79]

　이후 반남 지역은 영산강 북부의 금성을 비롯한 세력들이 왕건을 비롯한 외부 세력과 교통하는 것을 적극적으로 막아야 하는 견훤 정권의 군사적 중심지가 되었을 것이다. 결국, 나주의 반부는 그에 대한 견제의 측면에서 반남 지역의 군사적 중요성을 강화하는 효과를 불러왔던 것이다.

　901년 견훤의 공세 이래로 나주의 남변 부락들은 금성을 압박하고 포위하는 형태로 견훤군의 주력군이 주둔하는 지역으로 변하게 되었을 것이다. 그리고 이것이 사료 F-1의 "견훤이 직접 군사를 거느리고 전함들을 늘여 놓아 木浦에서 德眞浦에 이르기까지 머리와 꼬리를 서로 물고 수륙 종횡으로 군사 형세가 심히 성하였다"는 상황으로 나타난 듯하다. 그리고 이러한 상황은 곧 나주 지역 고래의 두 정치 세력이었던 다시 지역과 반남(공산) 지역의 대립·길항 관계의 재현과도 같은 것이다.

　앞서 검토한 바와 같이 금성 지역을 영산강 이북에 고착시키고, 외부

---

79 『고려사』1 세가1 태조 즉위 전기.

세력과의 교통을 막기 위해 후백제는 공산 지역에 대규모 군대를 주둔시켰을 것이다. 다시 지역과는 영산강의 좁은 물줄기만을 사이에 둔 공산 지역이었으므로 이러한 견제 행위는 일견 당연해 보이는 측면이 있다. 그리고 나주(금성) 지역 호족들을 견훤의 위협에서 보호하고 봉쇄를 풀기 위해 시도된 왕건의 공세 역시 공산 지역을 목표로 하였을 가능성이 높다.

후삼국 정립기 양군의 군사적인 충돌에 대한 기억은 이 지역에서 복사초리 공방전에 대한 전승으로 전해지고 있다.[80] 삼포강 인근의 견훤군 주둔지와 견훤의 수군, 그리고 이를 공격한 태봉의 군대와의 전쟁 기억들이 이 지역의 사람들에게 전승된 것이 복사초리를 무대로 하는 양군의 전쟁 설화인 것이다.

6. 맺음말

지금까지 한국 고대 사회 속의 나주 공산 지역을 검토하여 보았다. 구석기 시대 이래로 인류의 보금자리가 되었던 공산 지역은 후삼국 시대에 이르기까지 인류 역사의 흐름에서 한 치의 벗어남도 없이 그 중심부에 자리하고 있었다. 이는 공산 지역이 갖고 있는 자연적인 입지가 주는 이로움 때문이었을 것이다.

수렵과 채집 단계에서 농경, 그리고 해양 교류에 이르기까지, 공산 지역은 인류의 생활 터전으로서는 무척이나 이상적인 자연 조건을 가진 지역이었다. 영산강이라는 큰 강과 그 지류인 삼포강, 하천의 주기적 범람을 통해 날로 비옥하게 변하는 충적대지, 배후에 자리한 구릉성 산지의 조합은 인류가 존재한 그 어느 시점에서도 당연 주목받을 수밖에 없는 입지 조건을 만들었다.

---

80 이진영, 「왕건과 견훤의 복사초리 공방전」, 『榮山江』7, 재광나주향우회, 2009.

한반도 중서부와 남서부 지역에서 마한이라는 정치체가 등장하고 성장하던 시점, 공산 지역에는 금곡리를 중심으로 용호고분군을 조성한 정치집단이 성장하여 주변 지역을 아우르는 정치체로 성장하였다. 용호고분군에는 3세기 후반 단계에 이미 단독장으로 장축의 길이가 25.5m나 되는 대형고분이 조성되었는데, 이는 당대에 조성된 이 지역 고분 가운데에서는 유래가 드문 대형급이다.

이렇게 공산면을 중심으로 하여 성장한 정치 세력은 토광목관묘 단계를 거쳐 대형의 전용옹관을 도입하는 초기 단계까지 공산 지역에서 활동하였다. 그런데 이 세력들이 오늘날의 반남 지역으로 이동하면서 삼포강 중류의 문화적 중심지는 이후 공산에서 반남으로 바뀌었다. 공산 지역도 반남 중심지 인근 지역으로서 같은 운명 공동체에 속하였을 것으로 보인다. 즉, 4세기 중반 이후의 공산 지역은 반남 지역의 일부로서 언급되어야 하는 상황인 것이다.

4세기 후반, 혹은 6세기 전반 다시 지역과 반남 지역의 마한 잔여 세력 모두는 백제의 영향력 하에 편입되었다. 이 시기 백제는 종래 이 지역에서 강력한 영향력을 발휘한 반남 세력을 억제하기 위해 이들을 정치적으로 소외시키는 전략을 편 듯하다. 방군성 체제의 정비 과정에서 반남 세력에 미치지 못하였던 다시 지역의 복암리 고분군 조영 집단이 영산강 중하류의 중심 세력으로 크게 대두하였기 때문이다.

이러한 상황은 백제의 멸망과 신라에 의한 이 지역 지배 구도의 재편 속에 변하게 된다. 반남 세력과 영산강을 사이에 두고 대립하였던 세력의 중심 지역이 다시 지역에서 오늘날의 나주시 인근으로 이동하게 된 것이다. 그리고 남서부 지역의 핵심 행정 중심지였던 지위 역시 박탈되었다. 반면에 백제에 의해 성 단위의 지방 정치체로 몰락하였던 반남은 군의 지위를 얻어 양자의 관계가 역전되었다.

한편, 신라 하대에는 영산강을 통한 내륙과 해양의 수운이 발달하고 대외 교류가 증가하는 등의 이유로 항구 발달에 유리한 다시 지역의 회진이 급성장하게 된다. 이 때문에 해상 물류 교통과 경제의 중심지인 회진 지역의 방어라는 측면에서 반남 지역의 군사적 중요성이 높아졌다. 이는 아마도 상설적인 군사 기구, 즉 군진의 설치로 일단락되었을 것이다.

이러한 영산강 중류 지역의 상황은 후삼국 시기가 되면 더 극적으로 변하게 된다. 견훤의 전주 천도와 전제적 왕권 강화에 염증을 느낀 다시 지역을 비롯한 금성의 세력들이 견훤에 반기를 들고 궁예에 귀부하게 된 것이다. 궁예로서는 의도치도 않게 후백제의 후방에 큰 쐐기를 박아 넣게 된 것이다. 이에 견훤은 이를 응징하는 군사행동을 벌이기도 했지만 큰 성공을 거두지는 못하였다.

이후 견훤은 금성 지역을 봉쇄하고 압박하는 군사 정책을, 궁예는 이 세력과의 교류를 위해 봉쇄를 푸는 군사적 조치를 주고받게 된다. 그 과정에서 견훤 세력의 중심지가 된 곳이 삼포강 중류의 공산 지역이었다. 그에 대한 다양한 전승들은 이 지역에 오늘날까지 전해 오고 있다.

견훤의 명백한 패배와 왕건의 승리, 이는 나주 지역 전체에 전해 오는 당시 상황에 대한 기억이다. 그리고 이는 전승의 중심지로서 영산강 이북 지역의 왕건과의 끊을 수 없는 깊은 관계에 의해 뒷받침되고 있다. 그러나 공산면 상방리의 복사초리 인근 지역에 남아 있는 당시에 대한 기억에는 견훤의 군대가 주둔하고, 그들이 밥을 짓고, 왕건과 전쟁을 벌인 기억들이 자세히 남아 있다.

후삼국 전란의 승리자이자 영웅인 왕건을 기억하는 형식화된 기억 양상과, 그에 패배한 견훤과 후백제군에 대한 세밀한 기억의 공존은 공산 지역의 전승이 가진 특이점이라 할 수 있다. 왕건에 대한 전승이 평면적이라면, 견훤에 대한 기억은 입체적이랄 수 있는 것이다. 그리고 당시 상황에 대한 이와 같은 상이한 반응은 역사·문화적 전통에서 1천여 년 넘게 서로 대결한 양 지역이 그간 쌓아 온 역사적 경험의 차이에서 기인한 것으로 보인다.

王建의 後三國統一과 羅州의 戰略的 位相[*]

김대중_전쟁기념관 학예연구관

1. 머리말

936년 高麗 太祖 王建이 이룬 後三國 統一은 오늘날 우리 민족의 틀을 형성하는데 결정적 역할을 하였다. 이후 우리 역사는 남북으로 분단되기 전까지 약 1천년 동안 하나의 공동체를 유지해 왔다. 그런 점에서 후삼국 통일이 지니는 역사적 의미는 크다고 생각된다. 따라서 후삼국 통일은 학계의 관심을 끌기에 충분하였다. 후삼국 통일에 대한 연구는 크게 高麗建國과 관련되어 다루어졌거나 弓裔政權과 甄萱政權, 그리고 太祖 王建에 대한 연구에서 검토되었다. 또 후삼국통일 자체를 연구의 주제로 다루기도 하였다.[1]

---

[*] 이 논문은 2010년 12월 17일 나주시청에서 열렸던 '나말 여초 나주의 역사문화 전개와 공산지역'이라는 세미나에서 발표한 원고(『전쟁과 유물』 3호, 전쟁기념관, 2011)를 수정·보완한 글이다. 원고의 보완에는 논문의 토론을 맡아준 음선혁(전남대) 선생의 지적들이 많은 도움이 되었다. 음선혁 선생께 다시 한번 감사의 뜻을 전한다.

[1] 태조의 후삼국통일에 대해서는 아래의 연구가 참조된다.
池内宏, 「高麗太祖の經略」, 『滿鮮史研究』 中世第二册, 吉川弘文館, 1937.
박한설, 「고려태조의 후삼국통일정책」, 『사학지』14, 단국대 사학회, 1980.

후삼국 통일에 대한 학계의 연구결과로 신라말·고려초가 지니는 역사적 의미를 새롭게 파악할 수 있게 되었다. 그러나 후삼국 통일이 어떻게 가능하였을까 하는 문제에 대해서는 좀 더 생각해 볼 여지가 있다고 여겨진다. 필자가 후삼국 통일에 다시 주목하는 까닭은 여기에 있다. 구체적으로는 王建이 단행했던 錦城(羅州) 攻略에 대해서 재검토하려는 것이다. 왕건이 후삼국을 통일할 수 있었던 것은 무엇보다 나주 공략을 성공적으로 하였다는데 있다고 생각되기 때문이다. 이러한 검토는 선학들의 연구를 바탕으로 이루어질 것이다.

필자가 검토하려는 바를 크게 세 가지로 언급하면 다음과 같다. 첫째는, 나주의 전략적 가치가 얼마나 있었는가를 검토할 것이다. 이러한 검토는 왕건이 금성(나주)을 공략한 의도를 파악하기 위해서이다. 둘째는, 왕건의

文暻鉉, 『高麗太祖의 後三國統一硏究』, 螢雪出版社, 1987.

황선영, 『高麗初期王權研究』, 동아대학교 출판부, 1988.

洪承基, 「後三國의 분열과 王建에 의한 통일」, 『韓國史市民講座』5, 일조각, 1989.

洪承基, 「高麗 太祖 王建의 執權」, 『震檀學報』71·72합집, 震檀學會, 1991.

趙仁城, 『泰封의 弓裔政權 研究』, 서강대학교 대학원 사학과 박사학위 논문, 1993.

洪承基 編, 『高麗 太祖의 國家經營』, 서울대 출판부, 1996.

閔賢九, 「韓國史에 있어서 高麗의 後三國統一」, 『歷史上의 分裂과 統一』, 일조각, 1992.

文秀鎭, 「王建의 高麗建國과 後三國統一」, 『國史館論叢』35, 국사편찬위원회, 1992.

申虎澈, 『後百濟甄萱政權研究』, 一潮閣, 1993.

陰善赫, 「高麗太祖王建研究」, 전남대학교 대학원 사학과 박사학위논문, 1995.

申虎澈, 『後三國時代 豪族研究』, 개신, 2002.

최규성, 『高麗 太祖 王建 研究』, 주류성, 2005.

류영철, 『高麗의 後三國統一過程研究』, 景仁文化社, 2005.

신성재, 『弓裔政權의 軍事政策과 後三國戰爭의 전개』, 연세대학교 대학원 사학과 박사학위논문, 2006.

李在範, 『後三國時代 弓裔政權 研究』, 혜안, 2007.

丁善溶, 『高麗太祖의 新羅政策 研究』, 서강대학교 대학원 사학과 박사학위 논문, 2009.

나주 공략이 어떻게 이루어졌는지를 살펴보려 한다. 이른바 '羅州上陸作戰'이라고 불러도 좋을 이 공략에서 왕건이 펼친 전술이 어떤 것이었는지를 설명하려는 것이다. 왕건의 나주 공략이 성공을 거둘 수 있었던 핵심이 무엇인지를 파악하고자 하는 것이다. 셋째는 왕건이 궁예에게 제안하였던, 변경을 편안하게 하고 국경을 넓히는 정책인 '安邊拓境策'이 나주와는 어떤 관련이 있는지 검토하려고 한다. '안변척경책'은 바로 왕건의 후삼국통일에 대한 생각이 집약된 것이라 여겨지기 때문이다. 이러한 검토가 후삼국 통일전쟁의 초기단계를 잘 이해할 수 있게 되는데 도움이 되었으면 한다. 나아가 후삼국 통일전쟁에서 나주의 위상이 어떠했는지 가늠할 수 있게 되기를 기대한다.

2. 羅末麗初 羅州의 戰略的 價値

약관의 나이에 궁예의 副將에 등용된 왕건은 해륙 양면으로 여러 번 군사를 거느리고 나아가 싸우며 여러 차례 전공을 세웠다. 898년(효공왕 2년)에 왕건은 楊州와 見州(楊州의 일부)를 공격하고 900년(효공왕4)에 廣州·忠州·靑州(淸州) 및 唐城(南陽)·槐壤(槐山) 등의 군현을 공격하여 이를 모두 점령하였다. 이렇듯 왕건은 육전에서도 승리를 거듭하여 영토를 확장시켜 나갔던 것이다.[2]

왕건이 장수로서의 능력을 한껏 내보인 것은 대체적으로 수군활동에서 이루어졌다. 이는 903년(효공왕7)부터 시작되는 왕건의 몇 차례에 걸친 錦城(羅州) 공격에서 그 실상을 볼 수 있다.[3] 羅州는 그가 10여 년 동안

---

2 『國史記』 권50 列傳10 弓裔(光化 3년 경신).
3 903년, 909~913년 사이에 왕건이 나주를 대상으로 벌인 궁예정권 하의 수군활동에 대해서 신성재는 문제 제기를 하였다. 즉, 이 기간 동안 벌인 해상전은 분명 궁예정권이 주도적으로 추진한 수군활동이었음에도 불구하고 지금까지의 인식 경

후백제의 甄萱과 겨루면서 영역을 확대하고 자신의 세력을 키웠던 곳이다. 그런데 당시의 나주가 어느 지역까지를 포함하는지는 확실히 말하기 어렵다. 『高麗史』에 나주는 '羅州十餘郡'[4]이라든가 '羅州界四十餘郡' 등으로 기록하고 있기 때문이다. 『高麗史』의 地理志에서는 羅州牧의 영역이 "屬郡五 縣十一 領知事府一 郡四 縣令官四"라고 되어 있다. 이것은 나주평야를 중심으로 한 영산강 유역 노령산맥 이남 도서지방까지를 포함하는 전라남도 지방의 거의 전부를 일컫는 것이다. 오늘의 나주시 또는 나주군만을 의미하는 것은 아니다.[5] 『三國史記』地理志에는 羅州에 대해 "錦山郡은 본래 백제의 發羅郡으로 景德王이 이름을 고쳤으며 지금의 羅州牧이니, 거느리는 현은 세 개다. 會津縣, 鐵冶縣, 艅艎縣이다."라고 되어 있다.

나주를 어느 지역까지를 포함하는가 하는 문제는 남아 있지만, 왕건이 후삼국을 통일할 수 있었던 것은 錦城, 즉 나주를 점령했기 때문에 가능했다. 고려말에도 이러한 인식이 있었던 것으로 생각된다. 대사헌 趙浚이 昌王에게 시무를 진술한 아래의 내용에서 확인할 수 있다.

> A. "우리 神聖(왕건)께서 신라와 백제를 평정하지 못하였을 때에 먼저 수군을 조련하여 친히 樓船을 타고 錦城을 항복받아 점령하니, 여러 섬의 이익이 모두 국가에 속하였고, 그 재력에 의하여 드디어 삼한을 통일하였습니다."라고 하였다(『고려사절요』 권33 辛禑4 戊辰 辛禑14년 8월 조).

─────────

향은 왕건을 중심으로 그 세력기반의 형성과 정치적 성장, 고려의 성립과정과 후삼국통일의 군사적 기반, 고려와 후백제간의 해양 주도권 쟁탈전 및 제해권 쟁탈전 등에 편중하여 이해하는 방식이 지배적이었다는 것이다(신성재, 『궁예정권의 군사정책과 후삼국 통일전쟁의 전개』, 연세대학교 대학원 박사학위논문, 7쪽). 그러나 궁예정권 하에서 왕건이 군사 최고의 지휘관이었다는 점에서 왕건을 중심으로 이해할 수 있다고 생각한다. 전투를 이끈 지휘관의 전쟁수행 능력이 반영된다는 점에서 그러하다.

4 『高麗史』 세가 권1 태조.
5 文秀鎭, 「高麗建國期의 羅州勢力」, 『성대사림』4, 1987, 5~6쪽.

사료 A에서 확인할 수 있듯이, 나주는 왕건이 후삼국 통일전쟁에서 수군을 동원하여 경략한 지역이었다. 왕건은 나주를 공략함으로써 나주를 거점으로 한 "여러 섬에서 나오는 이익"을 모두 국가에 귀속시킬 수 있었다. 그리고 그 재력이 기반이 되어 통일전쟁을 성공적으로 수행하였다고 하였다. 나주는 조준의 언급대로 많은 '재력'이 있는 곳이었다. 실제로 나주는 여러 섬들로 이루어져 해산물이 풍부하고 소금을 얻을 수 있는 곳이었다. 또 나주 주변은 곡창지대였다.[6] 왕건이 나주지역을 주목한 까닭은 이렇듯 나주가 풍부한 물산의 산지였다는 데에 기인한다.

더욱이 전라남도에는 고려시대 전체 13개 漕倉 가운데 나주의 해릉창, 영광의 부용창, 영암의 장흥창, 승주의 해룡창이 있었다. 이 가운데 해룡창이 있는 지역은 견훤의 사위인 승주사람 박영규가 있었다는 점에서 제외하더라도 나주에는 3개의 조창이 있었던 것이다.[7] 따라서 나주는 전쟁에 필요한 군량미를 조달할 수 있는 조건을 잘 갖추고 있었다고 할 수 있다.

왕건이 나주를 공략하려 했던 것은 나주가 해양전략적으로 매우 중요한 거점이 되는 지역이었기 때문이다. 이는 후백제를 건국한 견훤이 서남해지역의 裨將이었다는 점에서 그가 나주지역을 防戍하는 裨將이었을 가능성이 크다.[8] 나주는 신라가 이곳을 對唐 교통의 길목으로 활용한 곳이었다.[9] 해상항로가 잘 발달된 해안지방은 수군활동을 전개하기에 좋은 조건

---

6 김명진, 『島嶼文化』 32, 목포대 도서문화연구소, 2008, 278쪽.
7 김명진, 위와 같은 곳. 김명진은 "물론 조창이 왕건에 의한 나주 공략 시부터 있었다는 것은 아닐지라도 후대의 조창의 숫자를 통해서 그 식량자원의 전체 크기가 상당하였음을 헤아려 볼 수 있다"고 하였다.
8 채수환, 「왕건의 고려건국과 나주에 관한 일고찰」, 『역사와 사회』 10, 원광대 채문연구소, 1992, 100~101쪽. 씨는 1170년 삼별초가 난을 일으켜 진도에 입거했을 당시 나주가 진도공격의 배후기지로 이용되었던 점이나, 1374년(공민왕 23년) 제주 목호자의 난을 평정하기 위해 출정한 최영이 나주에서 열병을 행했던 사실을 들어 나주가 서남해지역의 군사적 요충지였음을 설명하였다.

을 제공한다. 수군을 이용하여 전방 지대를 우회한 다음 후방지역에 깊숙이 침투할 수 있기 때문에 불시에 기습적인 공격이 가능하다. 수전을 이끌 유능한 지휘관과 잘 훈련된 수군병력, 해전에 적합한 전함 보유 등이 중요하였다.

왕건은 바로 후백제의 거점인 나주를 장악함으로써 후백제의 군사력을 약화시킬 수 있었다. 나아가 신라의 후백제 장악도 견제하려는 것이었다. 왕건이 나주를 차지한다면, 서쪽과 남쪽의 해상세력도 봉쇄할 수 있다는 이점이 있다. 후백제의 吳越 및 倭에 대한 군사외교 혹은 군사동맹을 사전에 차단할 수 있는 것이었다.[10] 왕건의 나주 장악은 훗날 육지로 낙동강을 끼고 남하하는 고려의 세력과 강주(진주)에서 연락함으로써 후백제를 포위하여 후삼국을 통일할 수 있는 기반을 마련하였다.[11]

3. 王建의 羅州 攻略과 그 戰術

견훤은 900년에 전라도 지방의 군사력과 호족세력을 토대로 완산주(전주)에 도읍을 정하여 후백제를 세웠다. 그런 점에서 羅州는 후백제의 영역이었다. 후백제를 세운 견훤은 901년(효공왕5) 신라의 대야성을 공격하여 함락시키지 못하고 군사를 錦城(羅州) 남쪽으로 옮겨 변경 부락을 약탈하고 돌아왔다.[12] 왜 견훤이 자신의 영역인 나주 지역을 쳤을까. 이로 미루

---

9 李海濬, 「黑山島文化의 背景과 性格」, 『島嶼文化』6, 목포대도서문화연구소, 1988, 1988쪽.

10 왕건이 궁예정권 하에서 나주 경략에 나가게 된 것을 변덕이 심한 궁예의 측근을 피하려는 의도도 있었을 것으로 보는 견해도 있다(文秀鎭, 「高麗建國期의 羅州勢力」, 『성대사림』4, 1987, 12쪽).

11 박한설, 「고려의 건국과 호족」, 『한국사 12; 고려왕조의 성립과 발전』, 국사편찬위원회, 1993.

12 『삼국사기』권12 신라본기12.

어 보아 견훤이 나주일대를 완전히 장악하지 못했던 것은 아닐까 하고 생각한다. 다시 말해 나주 지역의 일부 해상세력은 왕건 쪽도 견훤 쪽도 아닌 상태에 있었을 것 같다.

이 무렵 삼국의 전황은 어떠하였을까. 왕건이 충청 중·북부지역을 공취함으로써 전쟁은 청주지방을 중심 전선으로 후백제와 장기간 대치하는 형국을 맞이하게 되었다. 이러한 대치 정국 하에서 양국이 관심을 보인 대상은 신라였다. 왕건이 충청지역으로 남진하여 청주 일대를 점령하던 시기에 후백제는 이미 백제 계승을 정권의 정통성으로 표방한 다음 신라에 대한 보복을 군사적 목표로 설정한 상태였다.

이 점은 왕건도 마찬가지였다. 고구려를 정통성의 근원으로 삼았던 궁예정권 역시 후백제의 견훤과 마찬가지로 신라를 멸망시키려고 하였다. 903년에 왕건이 실행한 나주 공략은 이러한 배경 하에서 준비된 것이었다.[13] 따라서 왕건은 후백제의 군사행동을 견제하고 후삼국 전쟁의 주도권 장악을 위하여 나주로의 공격을 감행하였다고 생각된다. 왕건이 나주를 경략한 것은 903년의 일이었다. 이와 관련하여 먼저 아래의 사료에 주목하여 보자.

> B. 3월에 舟師를 거느리고 서해로부터 光州 경계에 이르러 錦城郡을 공격하여 빼앗고, 10여 군현을 공격하여 이를 취하였다. 이에 금성을 나주로 고치고 군사를 나누어 지키게 하고 귀환하였다. 이 해에 良州 장수 金忍訓이 급히 고하자, 궁예는 태조에게 명하여 가서 구하게 하였다. 돌아오자 궁예가 邊事에 대하여 물었다. 태조가 安邊拓境策을 말하자 좌우 모두 屬目하였다(『高麗史』권1 세가1 태조 天復 3년 癸亥).

위의 사료 B를 통하여 우리는 크게 네 가지를 알 수 있다. 첫째는 왕건의 錦城(羅州) 공격은 "舟師를 거느리고"라는 표현으로 보아 수군으로 이

---

13 신성재, 『궁예정권의 군사정책과 후삼국 통일전쟁의 전개』, 연세대학교 대학원 박사학위 논문, 2006, 40쪽.

루어졌다는 점이다. 둘째는 왕건의 금성진출 방식이 금성을 공격하여 빼앗는 '攻拔'과 인근 10여 군현 역시 공격하여 취하는 '擊取'으로 이루어졌다는 사실이다. 왕건의 나주입성은 저항하는 나주와 인근 군현민들을 군사력을 동원한 무력으로 공취함으로써 가능했다.[14]

셋째는 금성을 장악한 후 나주로 개명하고 그 곳에 군사를 나누어 지켰다는 점이다. 이는 금성을 일시적인 타격을 가하고 철수한 것이 아니라 이 지역을 발판으로 삼고자 했다는 점이다. 마지막 넷째는 왕건이 나주를 다녀온 이후 궁예에게 安邊拓境策을 제안했다는 사실이다. 이는 확보한 변경지대를 안정적으로 지배하는 '安邊'과 지배영역을 넓히는 '拓境'의 방안을 담은 방책이었다고 이해된다.[15] 이로써 왕건은 후백제 및 신라와 대치하고 있는 변경지대에 대한 군사정책을 수립하고 있었던 것이다.

그러면 나주전투가 이루어진 구체적인 곳은 어디였을까 궁금하다. 왕건의 수군이 영산강으로 이동 상륙하여 광주를 공략했던 것이라면,[16] 공산지역을 공략했을 가능성이 있다.[17] 이와 관련해서는 왕건과 견훤의 공방전을

---

14 왕건과 莊和王后 나주 오씨와의 결합과정을 근거로 이 가문의 역할이 903년 왕건의 나주 진출에 도움이 된 것으로 이해하여 왔다. 왕건과 연대한 나주 및 영암지역 호족세력의 호응과 협력이 크게 작용하여 공취한 것으로 보아 왔던 것이다(신호철, 『후백제 견훤정권 연구』, 일조각, 1983, 49~50쪽 ; 김갑동, 『나말여초 호족과 사회변동 연구』, 고려대 민족문화연구소, 102쪽 ; 정청주, 『신라말 고려초 호족 연구』, 일조각, 1996, 150~151쪽 ; 강봉룡, 「후백제 견훤과 해양세력 -왕건과의 해양 쟁패를 중심으로-」, 『역사교육논집』83, 역사교육연구회, 2002, 126쪽 ; 강봉룡, 「나말 여초 왕건의 서남해지방 장악과 그 배경」, 『도서문화 』21, 목포대도서문화 연구소, 361쪽). 그러나 왕건과 장화왕후 오씨와의 혼인이 이루어진 해는 왕건이 처음 나주에 진출하는 903년이라기보다는 혜종이 출생한 시점인 912년과 근접하여 수군활동이 활발하게 진행된 909년 이후일 가능성이 높다(신성재, 위의 박사학위 논문, 44쪽).

15 이기백, 「태조 왕건과 그의 호족연합정치」, 『고려 귀족사회의 형성』, 일조각, 1990, 17쪽).

16 『고려사』권57 지리2 海洋縣 『동국여지승람』권35 光山縣 建置沿革.

17 황병성·노기욱은 "금성 이상으로 중요한 지역인 반남지역에 대한 언급이 없는

반영한 공산면 상방리 지역에 내려오는 구전이 있다. 이 구전이 지니는 역사성에 주목해보아 좋을 듯하다.[18]

후삼국 시기에 현 나주시 공산면 지역은 왕건과 견훤의 공방전이 전개된 지역으로 추정된다. 이를 반영하고 있는 것처럼 예로부터 이 지역에는 견훤의 정예부대가 상방리 후동골에 주둔했으며, 인근 복사초리에서 치열한 공방전이 전개되었다는 전설이 내려온다. 이러한 전설은 구전의 형태로 내려오는 역사성과 지역성을 반영한 것으로 이해된다. 당시 공산지역은 지리적으로 영산강 유역의 여러 포구로 둘러싸인 전략적 요충지였으며, 여러 사서를 통해 상방리 지역에서 공방전이 전개되었던 역사적 사실을 추정 확인할 수 있다.[19]

현 공산면지역은 당시 반남군에 소속된 것으로 추정된다. 현재의 나주지역은 武州(光州)지역에 일부(남평면 지역), 반남군·금산군 및 그 소속의 영현으로 나누어져 있었다.[20] 특히 반남과 안로현은 고려시기까지 지속되었지만,[21] 『삼국사기』의 반남군에는 야로현과 곤미현이 포함된다. 야로현은 현재의 노안과 금천지역이며, 곤미현은 현 영암군 미암군 일대로 파악된다. 이렇게 보면, 당시 영산강을 중심으로 북부지역에 용산현, 남부지역에 야로현, 곤미현이 있었던 것으로 확인된다. 따라서 공산지역은 『삼국사기』『고려사』지리지를 분석 종합해 볼 때 반남에 소속되었을 것이며, 당시 반남군의 영역은 오늘날의 금천에서 영산, 공산과 영암의 신북과 덕진, 미암면 북부지역에 이르는 규모였을 것으로 판단된다.[22]

것으로 보아 이 시기의 군사적 시도는 무안·함평 등지를 통한 육로공세였을 가능성이 높으므로 공산지역이 왕건에게 넘어가지 않았을 가능성도 찾아진다"고 하였다(「공산면 상방리 복사초리 전적지를 찾아서」, 『나말여초 나주의 역사문화 전개와 공산지역』, 공산면발전위원회, 2010).

18 이진영, 「왕건과 견훤의 복사초리 공방전」, 『榮山江』7호, 재광나주향우회, 2009.
19 황병성·노기욱, 「공산면 상방리 복사초리 전적지를 찾아서」 참조.
20 『삼국사기』 권36 지리3 武州·潘南郡·錦山郡.
21 『삼국사기』 권57 지리11 羅州牧.
22 황병성·노기욱, 「공산면 상방리 복사초리 전적지를 찾아서」 참조.

우리가 주목할 것은 공산지역이 나주와 광주로의 해상침투를 견제하고 막아내는 군사적 요충지였다는 점이다. 이는 공산지역의 지리적 특성과 직결된 것으로 영산강과 연결된 상류 시종면과 공산면 사이의 석해 들녘을 관통하고 있는 三浦江이 있고, 영산강은 다시면 동당리와 공산면 신곡리 사이를 흐르면서 공산면의 배후 산지를 끊으며 흐른다. 특히 이 지역의 현재 강폭은 이전보다 좁아진 것이지만 본래 산지의 자연 암반층을 뚫고 흐르므로 거의 변화가 없었던 것으로 보인다.

공산지역은 해상과 내륙을 잇는 군사적 요충지로서 전략적으로 매우 중요하다고 여겨진다. 현재와는 차이가 있었겠지만, 협소한 강폭을 보더라도 영산강을 거슬러 오는 적을 막는 지리적 요충지였을 것임이 틀림없다.23

왕건의 나주 공략은 909년에 다시 감행되었다. 이 말은 제1차의 나주공략 이후 나주를 지속적으로 지배하지 못했기 때문이었을 것이다. 903년 왕건이 나주를 공략하고 군사를 나누어 지키게 했지만, 안정적으로 지배하지는 못했던 것으로 여겨진다.

> C-1. (909년)궁예가 나주의 일을 근심하므로 왕건이 해군대장에 임명되어 위무 진압하고, 수군을 거느리고 광주 염해현에 이르러 견훤이 오월에 보내는 배를 나포하여 귀경한 후에 다시 군사 2,500명을 거느리고 출정하여 광주 진도군을 빼앗은 후 고이도에 이르자 성안사람들이 항복하였다 (『고려사』권1 태조1).

위의 사료 C-1에서 전하고 있듯이, 909년 궁예는 나주의 일을 근심하고 있었다. 이로 미루어보아 903년 왕건이 차지했던 나주는 이후 견훤에게

---

23 『세종실록지리지』 전라도 나주목에 의하면, 조선시대에도 나주에는 營鎭軍이 155명인데 비하여 船軍은 670명으로 수군이 강조되었다. 황병성 교수의 고증에 의하면, 견훤의 군사기지는 상방리 지역에 있었으며, 이 지역 복사초리에서 공방전이 전개되었다고 이해된다. 그리고 왕건은 이러한 군사적 요충지인 나주를 공략할 필요성이 있었던 것이다.

다시 빼앗긴 것으로 보인다. 사실 궁예정권은 905~907년간에 신라를 상대로 한 지상전을 치르면서 난관에 봉착했었다. 이후 1~2년의 전쟁 공백 기간을 거치면서 후백제의 배후를 대상으로 한 해상전을 전개하였다.[24] 이제 다시 왕건은 해군대장에 임명되어 수군을 거느리고 광주 일대를 공략했던 것이다.

왕건과 견훤의 전투는 어떻게 전개되었을까. 왕건이 병력을 이끌고 나주 포구에 이르자 후백제의 견훤은 전함을 목포에서 덕진포에 이르기까지 수많은 전함으로 長蛇陣을 이루었다. 당시의 구체적인 상황을 『고려사』는 다음과 같이 기록하고 있다.

> C-2. 다시 나주포구에 이르니, 견훤이 친히 병을 거느리고 전함을 늘어놓아 목포에서 덕진포까지 이르렀다. 머리와 꼬리를 서로 물고, 수륙종횡으로 兵勢가 심히 성하였다. 제장들이 근심하기에 태조가 말하기를, "근심하지 마라. 군사가 승리하는 것은 和에 있지 衆에 있는 것이 아니다." 이에 군을 급히 몰아 공격하니 賊船이 퇴각하였다. 바람을 타 불을 놓으니 타거나 익사자가 태반이었다. 500여 급을 참획하였으나, 견훤은 小舸를 타고 달아났다. 처음에 羅州管內 여러 郡들이 우리와 떨어져 있고 적병이 길을 막아 서로 응원할 수 없었기 때문에 자못 마음속으로 우려하면서 의심하고 있었는데 이때에 이르러 견훤의 정예 군사를 격파하니 衆의 마음이 모두 안정되었다. 이리하여 三韓 전체 지역에서 궁예가 大半을 차지하게 되었다(『고려사』권1 세가1 태조 梁 開平 3년).

위 사료 C-2는 왕건의 이른바 '羅州上陸作戰'이라고 불러도 좋을 전투에서 어떻게 이루어졌는지를 전하고 있다. 이 사료를 통해 우리는 전투장소와 참전병력, 전술, 그리고 전투 후 나주 군민의 향배가 어떠했는지를 짐작할 수 있다. 왕건과 견훤이 전투를 벌인 곳은 나주 포구와 목포~덕진포에 이르는 해역이다. 당시 '목포'의 위치를 구체적으로 어디로 볼 것인가

---

24 신성재, 위의 논문, 7쪽.

하는 문제는 분명치가 않다. 그러나 후백제군이 나주 관민과 왕건함대와의 연결을 차단하기 위한 배치를 취했던 점에서 영산포 또는 그 인근일 가능성이 높다.[25] 양군 진영의 위치는 왕건의 함대는 영암, 진도 등 영산강 남쪽이었고 후백제군은 영광, 부안 등지를 무대로 영산강 이북지역에 포진했다고 생각된다.[26]

사료 C-2를 통해 볼 때, 전투에 참전한 왕건과 견훤의 병력 수는 왕건이 견훤에 비해 열세였음을 짐작할 수 있다. 견훤의 전함이 목포에서 덕진포까지 이르렀으며, 전함이 머리와 꼬리를 서로 물고, 수륙종횡으로 兵勢가 심히 성하였던 데에 비하여 왕건은 제장들 "근심하지 마라. 군사가 승리하는 것은 和에 있지 衆에 있는 것이 아니다."라고 말한 대목이 이를 말해준다. 실제 해전에 참가하였을 전함을 척수로 환산한 견해에 따르면 왕건함대와 견훤함대가 80척 대 150척이었을 것이라고 한다. 이러한 추산은 909년 고이도 점령시에 참전한 왕건 함대의 병력이 2,500명인 점을 근거로 척당 대략 30명이 승선하였을 것이라는 가정 하에 계산된 것이다.[27]

또 양군의 전술은 견훤이 전함을 뱃머리와 꼬리를 서로 물리게 하여 목포에서 덕진포에 이르기까지 수륙종횡으로 長蛇陣의 형태로 배치한 수비력에 치중하였다. 반면 왕건의 전술은 "군을 급히 몰아 공격하니 賊船이 퇴각하였다"는 표현으로 보아 중심부를 강타한 전술을 구사한 것 같다. 전력면에서 열세였던 왕건은 적 함대의 초기 대응 속도를 둔화시키고 지휘부의 통제력에 혼란을 유도시키기 위해 중심부의 방어망을 빠른 속도로

---

25 신성재, 위의 논문, 93~96쪽. 신성재는 해전을 치르기 위한 후백제 수군의 함대 배치는 영산포와 덕진포 간을 잇는, 그러면서도 연결된 형태라기보다는 덕진포 방면에 주력을, 그 반대 방면에는 軍勢 과시용 혹은 기만 용도로 일부 전함을 배치하였을 것으로 보았다.

26 文秀鎭, 「高麗建國期의 羅州勢力」, 『성대사림』4, 1987, 17쪽. 문수진은 "나주는 바로 해안에 면한 곳은 아니고 영산강의 중류에 깊숙이 자리하였다. 영산강을 따라 선박이 자유로이 왕래할 수 있는 곳이었다."고 하였다.

27 신성재, 위의 논문, 97쪽.

뚫고 들어가는 공격전술을 감행했다고 보인다.[28] 여기에 왕건은 화공작전을 펼쳤다. 선상에서의 화공작전은 불화살을 이용하였을 것이다. 왕건의 전함에서의 화공작전은 바람을 이용한 것이었다. 왕건은 견훤군을 향하여 부는 바람을 잘 이용한 화공작전으로 견훤군을 물리칠 수 있었다. 왕건의 대승은 견훤 수군의 중심지였던 목포와 덕진포를 장악하고 이 지역의 해상세력인 능창세력을 궤멸시킬 수 있었다.

이 전투의 승리로 왕건은 나주 군민을 끌어안을 수 있었다. 어느 쪽이 승리할지 모르는 상황에서 나주 군민들은 "자못 마음속으로 우려하면서 의심하고 있었던" 것이다. 왕건은 제2차 나주 공략에 성공함으로써 나주라는 교두보를 확보할 수 있었다. 이로써 왕건은 후삼국을 통일할 수 있는 거점을 확보하게 되었다. 나아가 그가 정치적으로 성장하는 커다란 계기가 되었다. 이후 왕건은 이를 기반으로 한 영산강 이남지역의 호족세력과 밀접한 관계를 맺기 시작하였다. 그것이 목포의 오다련 가문과 결합하여 나주오씨 장화왕후를 만났으며 그의 소생이 제2대 혜종이다.[29]

4. 王建의 '安邊拓境策'과 羅州

安邊拓境策은 앞 장에서 언급한 대로 왕건이 확보한 변경지대를 안정적으로 지배하는 '安邊'과 지배영역을 넓히는 '拓境'의 방안을 담은 방책이었다.[30] 이 안변척경책은 분명 나주와도 밀접한 관련이 있음이 분명하다. 왕건이 후삼국 통일전쟁을 수행해 나가는데 나주가 전략적으로 중요했다는 점에서 그러하다. 왕건으로서는 새롭게 '拓境'한 나주지역을 '安邊'해야할

---

28 신성재, 위의 논문, 98~99쪽.
29 『고려사』 권88 후비1 장화왕후 오씨.
30 이기백, 「태조 왕건과 그의 호족연합정치」, 『고려 귀족사회의 형성』, 일조각, 1990, 17쪽.

충분한 가치가 있었다고 보여진다.

> C. 이 해에 良州의 帥 金忍訓이 위급함을 알려왔다. 궁예가 태조로 하여금
> 가서 구원하게 하였다. (태조가) 돌아오자, 궁예는 변경의 일에 대해 물었
> 다. 태조가 변경을 안정시키고 국경을 넓혀나갈 계책을 진언하자, 左右가
> 모두 屬目하였다. 궁예도 역시 기이하게 여기고, 품계를 올려 閼粲으로
> 삼았다(『高麗史』卷1, 世家1 太祖1 天復3년 癸亥條).

사료 C는 '安邊拓境策'이 903년 궁예의 명에 따라 왕건이 良州의 장수
金忍訓을 구원하고 돌아와서 제안한 것이라고 알려주고 있다.[31] 양주의 장
수 김인훈을 구원했다는 사실과 관련하여 먼저 양주가 어디인가 하는 점
부터 살펴보자. 양주에 대해서는 크게 양산이라는 주장과[32] 대구라는 주장
이 있다.[33] 또 당시 양주지역은 어느 정권의 영향력도 미치지 못하던 독자
적인 지방세력이 활동하던 공간이었다고 한다.[34]
『三國史記』 지리지에 따르면, 양주는 665년(신라 文武王 5년)에 上州와

---

31 '安邊拓境策'의 내용에는 구체적으로 북진정책에 대한 내용이 포함되었을 것이라
　는 견해가 있다(閔賢九, 『高麗政治史論』, 고려대학교출판부, 2004, 68쪽). 또 남쪽
　의 후백제정책에 대한 내용을 담고 있을 것이라는 주장도 있다. 후자의 경우는
　'안변척경책'이 후백제와의 접경지역에 위치하고 있던 淸州 부근에 대한 방책이었
　다는 견해(金甲童, 「高麗建國期의 淸州勢力과 王建」, 『韓國史研究』48, 韓國史研究
　會, 1985, 41~42쪽)와 水軍을 주력으로 후백제의 배후를 공격하면서 후삼국전쟁
　의 주도권을 장악해가는 후백제 배후공략책이었다는 견해(신성재, 「궁예정권의
　나주진출과 수군활동」, 『군사』57, 국방부 군사편찬연구소, 2005, 175쪽)가 있다.
　최근 정선용은 왕건의 '안변척경책'이 신라와의 관계에 대한 방책이었을 가능성이
　더 높아 보인다고 하였다(정선용, 『고려 태조의 신라정책 연구』, 서강대 대학원
　사학과 박사학위 논문, 2009, 9~14쪽).
32 문경현, 「왕건 태조의 민족재통일의 연구」, 『경북사학』1, 1979, 76쪽.
33 김갑동, 고려 건국기 청주세력과 왕건, 『한국사연구』48, 41~42쪽.
34 이종봉, 「羅末麗初 梁州의 動向과 金忍訓」, 『지역과 역사』13, 부경역사연구소,
　2003, 90~104쪽.

下州의 땅을 분할하여 설치하였던 歃良州를 景德王 때에 고친 이름이었다.[35] 이때 이미 良州를 梁州로 부르기도 하였다는 기록도 있지만,[36] 『高麗史』 지리지에는 940년(태조 23년)에 良州를 梁州로 고쳤다고 하였으며,[37] 『慶尙道地理志』 양산군조에서는 태조대에 良州를 中興府로 고쳤다가 뒤에 다시 梁州로 고쳤다고 한다.[38]

이를 종합하면, 良州는 문무왕대에 上州와 下州의 일부를 분할하여 설치한 歃良州를 경덕왕이 고친 이름인데, 고려 태조가 그것을 中興府로 고쳐졌다가 다시 재위 23년(940)에 梁州로 고쳤다고 할 수 있다. 이런 점에서 良州는 오늘날 경상남도 梁山 일대였던 것으로 이해되고 있다.[39]

왕건이 제안한 '안변척경책'은 궁예에 의해 그것이 적극적으로 수용되었다. "左右가 모두 屬目하였고 궁예도 기특하게 여겨서 태조에게 閼粲을 제수했다"는 사실에서 짐작할 수 있는 것이다. 정선용은 안변척경책에 대해 "특히 양주로부터 상주에 이르는 낙동강 일대를 장악할 필요성을 제기"한 것이라고 하였다. 이를 통해 낙동강 유역에서 견훤의 접근을 차단하면서 신라를 효과적으로 공략하려는 방책이었다는 것이다. 그리하여 궁예는 904년에 30여 주현을 빼앗고 다시 906년에 사화진에서 견훤과 여러 차례 싸워 승리하는 등 상주지역의 공략에 치중하였던 사실을 예로 들었다.[40]

---

35 『三國史記』卷34, 雜志3 地理1 新羅 良州條.

36 『三國史記』卷9, 新羅本紀9 景德王16년 12월조.

37 『高麗史』卷57, 地理2 梁州條.

38 『慶尙道地理志』 慶州道 梁山郡條.

39 丁善溶, 『高麗太祖의 新羅政策 硏究』, 서강대대학원 사학과 박사학위논문, 2009, 9~14쪽. 정선용은 양주의 수 김인훈을 신라 왕실에서 파견된 지방관 출신으로 추정하였다.

40 정선용은 906년에 사화진에서 왕건과 여러 차례 싸웠다는 사실에서 알 수 있는 것처럼, 이 지역의 전략적 중요성을 간파한 견훤이 907년에 一善郡(선산) 이남의 10여 성을 차지하면서, 궁예의 반신라정책으로 수용된 '안변척경책'은 위기를 맞이하였다고 보았다. 왜냐하면 궁예가 이를 계기로 나주나 충청도 등 후백제와 접

그러나 필자는 안변척경책은 후백제만을 대상으로 한 정책도 아니었을 것이며, 신라만을 겨냥한 정책도[41] 아니었으리라 본다. 왕건의 후삼국 통일은 신라와 후백제 모두를 대상으로 치러나가야 했기 때문이었다. 다시 말해 그것은 왕건이 후삼국을 통일하기 위한 전략이 아니었을까 하는 것이다. 그렇다면 안변척경책은 나주와 어떤 관련이 있을까.

왕건이 건의한 안변척경책에는 나주 공략을 실행하고 김인훈을 구원하는 과정에서 경험한 서남해안 지방에서의 수군활동의 가능성과 효용성을 바탕으로 수군활동을 전개하여 해상권을 확보하였을 경우에 얻을 수 있는 정치, 군사, 경제적인 가치 등이 중점적으로 반영되었을 가능성이 높다.[42] 903년 왕건이 나주를 공략한 다음에 수립된 안변척경책이란 점에서, 거기에는 후삼국 통일전쟁에 대한 방략이 제시되었을 것이다. 특히 나주와 관련해서는 그 지역을 실질적으로 지배해나가는 방식이 언급되었을 것이다. 903년 나주 공략 이후 909년 재차 나주를 공략하게 된 것도 안변척경책의 일환이었다고 이해된다. 나아가 '척경'한 나주지역을 지속적으로 '안변'하기 위한 조처로서 위무와 회유 노력도 펼쳤던 것으로 짐작된다. 왕건이 태

경한 지역에서 견훤과의 직접적인 대립을 강화하였기 때문이라는 것이다. 이것은 낙동강 일대를 장악할 필요성에 대해 강조했던 '안변척경책'을 수용한 궁예의 반신라정책이 사실상 좌절되었음을 뜻한다고 하였다. 상주지역이 그후에 궁예의 지배권에서 벗어났다는 사실은 그러한 사정을 잘 보여준다고 하였다(정선용, 위의 논문, 16~19쪽).

41 정선용은 "왕건의 '안변척경책'은 신라정책과 관련하여 중요한 의미를 갖는다. 김인훈이 자신의 관할 아래 있던 일부 지역의 이탈로 인해 위기에 직면하면서 궁예에게 구원을 요청하였지만, 그것이 신라에 대한 그의 모반을 의미한 것은 아니었다. 그것은 이미 지방에 대한 통제권을 상실해버린 신라왕실로부터 더 이상 도움을 기대할 수 없는 그의 처지에서 어쩔 수 없는 선택이었을 뿐만 아니라, 그것이 궁예에게 직접 귀부한 것을 의미하지도 않았다. 그는 왕건의 도움을 받은 뒤에도 여전히, 느슨한 형태이기는 하겠지만 신라 왕실의 관할 아래 있었다."고 하였다 (정선용, 위의 논문, 15쪽).

42 신성재, 연세대 박사학위논문, 50쪽.

조로 즉위한 직후 羅州道大行臺를 설치했던 사실은[43] '척경'한 나주지역을
지속적으로 '안변'해 나가기 위한 조처였다고 여겨진다.

5. 맺는말

태조 왕건이 이룬 후삼국 통일을 나주의 전략적 위상과 관련하여 생각
해 보았다. 통일전쟁 시기의 나주는 오늘날의 나주를 지칭하는 것은 아니
었다. 나주는 물산이 풍부한 곳이었다. 또 나주에는 해릉창, 영광의 부용
창, 영암의 장흥창, 승주의 해룡창이 있었다. 따라서 전쟁에 필요한 군량
미를 조달할 수 있는 조건을 잘 갖추고 있는 곳이었다. 또한 對唐 교통의
길목인 곳도 나주였다. 해상항로가 잘 발달된 해안지방은 수군활동을 전
개하기에 좋은 조건을 갖추고 있었다. 수군을 이용하여 전방지대를 우회
한 다음 후방 지역에 깊숙이 침투할 수 있기 때문에 불시에 기습적인 공
격이 가능한 곳이었다. 왕건이 후백제의 거점인 나주를 공략하여 장악하
려 한 것은 나주의 이 같은 전략적 가치에 기인한 것이었다.

왕건이 나주를 공략한 것은 903년과 909년과 910년, 그리고 912년이었
다. 이후 나주를 비롯한 인근지역을 위무하기도 하였다. 903년에 왕건은
수군을 동원하여 錦城(羅州)을 공격하였다. 왕건은 금성을 공격하여 빼앗
는 '攻拔'과 인근 10여 군현 역시 공격하여 취하는 '擊取' 방식으로 장악하
였다. 왕건의 나주 입성은 저항하는 나주와 인근 군현민들을 군사력을 동
원하여 무력적으로 공취함으로써 가능했다. 왕건은 금성을 장악한 뒤 그
곳에 군사를 나누어 지키게 했다. 금성을 일시적인 타격을 가하고 철수한
것이 아니라 이 지역을 발판으로 삼고자 했던 것이다.

나주전투가 이루어진 구체적인 장소는 공산지역을 공략했을 가능성이

---

43 왕건은 궁예 정권기에 侍中을 지낸 具鎭을 나주도대행대의 시중으로 임명하였다
(『高麗史』卷1, 世家1 太祖1 9월 계사일).

있다고 보았다. 이와 관련해서는 왕건과 견훤의 공방전을 반영한 공산면
상방리 지역에 내려오는 구전에 주목하였다. 후삼국 시기에 현 나주시 공
산면지역은 왕건과 견훤의 공방전이 전개된 지역으로, 이 지역에는 견훤
의 정예부대가 상방리 후동골에 주둔했으며, 인근 복사초리에서 치열한
공방전이 전개되었다는 점을 추정할 수 있었다.

왕건은 909년에 또다시 나주를 공략하였다. 이 말은 제1차의 나주공략
이후 나주를 지속적으로 지배하지 못했기 때문이었다. 왕건은 다시 해군
대장에 임명되어 수군을 거느리고 광주 일대를 공략했다. 제2차 나주전투
에 참전한 왕건과 견훤의 병력 수는 왕건이 견훤에 비해 열세였다. 왕건함
대와 견훤함대가 80척 대 150척 정도 되었다. 또 양군의 전술은 견훤이
전함을 뱃머리와 꼬리를 서로 물리게 하여 목포에서 덕진포에 이르기까지
수륙종횡으로 長蛇陣의 형태로 배치한 수비력에 치중하였다. 반면 왕건의
전술은 견훤함대의 중심부를 강타한 전술을 구사한 공격에 무게를 두었던
것 같다. 여기에 왕건은 화공작전을 전개하였다. 선상에서의 화공작전은
비림을 이용하여 불화살을 쏘았다. 이로써 왕건은 견훤군을 물리칠 수 있
었다. 이 전투의 승리로 왕건은 나주 군민을 끌어안을 수 있었다. 왕건이
제2차 나주 공략에 성공함으로써 나주라는 교두보를 확보할 수 있었다.
이른바 왕건의 '나주상륙작전'은 성공적으로 이루어졌다. 나주상륙작전의
성공으로 왕건은 후삼국을 통일할 수 있는 기반을 확보하였던 것이다.

왕건은 또 궁예에게 安邊拓境策을 제안하였다. 이는 확보한 변경지대를
안정적으로 지배하는 '安邊'과 지배 영역을 넓히는 '拓境'의 방안을 담은
방책이었다고 이해된다. 이로써 왕건은 후백제 및 신라와 대치하고 있는
변경지대에 대한 군사정책을 수립하고 있었던 것이다. 왕건이 제안했던
안변척경책은 후백제만을 대상으로 한 정책도 아니었을 것이며, 신라만을
겨냥한 정책도 아니었다. 왕건의 후삼국 통일은 신라와 후백제 모두를 대
상으로 치러나가야 했다는 점에서, 이는 왕건이 후삼국을 통일하기 위한
전략이 아니었을까 하는 것이다. 안변척경책은 나주와 무관한 것이 아니

었다.

　왕건이 건의한 안변척경책에는 나주 공략을 실행하고 양주의 장수 김인
훈을 구원하는 과정에서의 경험이 반영되었을 것으로 생각된다. 903년 왕
건이 나주를 공략한 다음에 수립된 안변척경책에는 왕건의 후삼국 통일전
쟁에 대한 전략이 담겨 있었을 것이다. '나주상륙작전'을 성공시킨 왕건은
나주지역을 중심으로 '안변'과 후삼국 통일을 향한 '척경'의 대강을 바로
안변척경책에 담았다. 왕건이 태조로 즉위한 후 羅州道大行臺를 설치했던
사실은 안변척경책이 구체적으로 어떻게 시행되었는가 하는 점을 짐작하
게 해 준다. 왕건의 후삼국 통일에 대한 전략은 궁예정권이 무너지고 고려
를 건국한 이후에도 크게는 안변척경책을 골격으로 하여 추진하였던 것으
로 여겨진다.

나주 공산면 상방리 복사초리 전적지

황병성_광주보건대학교 교수

노기욱_전남대학교 인문대대학원 강사

이진영_향토사학자

1. 복사초리 전적지 구전의 채록 경위

나주라는 명칭은 940년(태조 23) 초기 행정개편에서 비롯되며, 983년(성종 2)에는 羅州牧으로 정비되었다. 나주목은 전국 12목의 하나로서 5개군과 11개현이 소속될 정도로 전남의 중심 대읍이었으며, 전라도라는 명칭이 나주와 전주에서 비롯된 것으로 보아도 당시 나주가 차지하는 위상을 짐작할 수 있다. 이러한 나주의 위상은 신라후기에 고려가 후삼국 통합을 완수할 수 있는 기반이었기 때문이었다.

따라서 나주에는 후삼국통합전쟁 당시의 전적지가 많이 있으며, 고려의 개창자인 왕건과 얽힌 설화가 다수 전해 내려온다. 이러한 전적지는 주로 나주와 인근 군현, 전남 서남부지역에 걸쳐 있으며, 영산강 포구와 주변지역 및 섬들을 포괄한다. 특히 왕건과 관련된 설화 중에서 장화왕후와 함께 그의 소생이자 고려 2대 국왕인 혜종과 관련된 내용은 많이 알려져 있다.

그런데 나주시 공산면 상방리에는 왕건과 관련된 주목할 만한 口傳이 내려온다. 그 내용을 살펴보면, 상방리 성주산 정상에 후백제의 정찰 초소

이진영선생과 함께 성주산 정상과 삼포강 마을에서 복사초리 구전 채록

가 설치되었고 그 아래 후동골에 정예부대가 주둔했었으며, 인근 伏蛇草裡에서 왕건과 견훤의 대공방전이 전개되었다는 것이다. 이같은 구전은 최근에 이 곳 공산면 출신이자 중앙의 건설부와 전남도청에서 공직을 역임한 후 향토를 연구해온 이진영선생이 처음 採錄하여 알려지기 시작했으며,[1] 이 분야 학자들로부터 역사적 사실로서 검토되기에 이르렀다.

이같은 복사초리 공방전은 학계에서 본격적으로 제기한 의미가 크지만 무엇보다 당시 왕건이 승리하여 나주와 그 이남지역을 완전 장악하고, 후삼국을 통합할 수 있는 전략적 기반을 마련했다는 사실에 그 의의를 강조해도 지나치지 않을 것이다. 따라서 이를 가장 먼저 제기한 이진영선생과 함께 2010년 5월 12일(수), 6월 12일(토) 두 차례에 걸쳐 왕건과 견훤에 얽힌 구전 내용을 토대로 답사하여 공산면의 전략적 위치와 복사초리 공방전의 의미를 되새겨 보고자 하였다.

---

1 이러한 복사초리 구전은 향토사학자 이진영선생이 『榮山江』7호(2009, 재광나주향우회)에 기고한 '왕건과 견훤의 伏蛇草裡 공방전'을 통해 처음 제기되었다. 따라서 이 글은 '나말려초 나주의 역사문화 전개와 공산지역'(2010, 공산면발전협의회)에 실린 원문에 충실하되 이를 처음 채록하여 연구해온 이진영선생과 함께 공동으로 일부 수정 보완한 것임을 밝혀둔다.

2. 복사초리 구전의 내용과 검토

　나주시 공산면 복사초리 백두마을 삼거리에 옆에 소재한 성주산에 오른 다. 성주산은 해발 600m 정도에 불과한 야산이지만 굽이굽이 영산·삼포 강 줄기와 드넓게 펼쳐진 들녘을 한 눈에 볼 수 있는 평야지대에서는 '큰 지붕' 산에 해당한다. 역시 정상에 올라 바라보니 석해마을 들녘은 물론 삼포강 건너 영암 시종면이 시야에 들어온다. 맑은 날에는 목포까지 보인 다고 한다.

　이러한 전략적 지형 때문에 성주산 정상에는 후백제군의 정찰 초소가 설치되어 있었으며 그 아래 후동골에 정예부대가 주둔하였다고 전해 내려 온다. 현재까지 왕건과 견훤의 접전지역으로는 서남해에서 나주로 거슬러 올라오는 영산강에 위치한 포구와 함께 나주성을 비롯한 주변지역이 알려 져 있다. 특히 공산지역은 해상과 내륙을 잇는 군사적 요충지로서 공산면 석해포를 비롯하여 영암 시종면 남해포·덕진면 해창포·나주 동강면의 진천포와 다시면 회진포로 둘러싸여 있으며, 덕진포·목포 등지는 왕건과 견훤의 치열한 접전지역이었다. 따라서 견훤은 수군에 능한 왕건의 부대 를 방어하기 위해 멀리 서남해안까지 관측이 용이한 고지인 이 곳 성주산 정상에 초소를 설치했음을 짐작할 수 있다. 당시 공산면일대는 왕건이 해 상을 통해 나주에 입성하고, 후백제의 거점지인 광주까지 위협할 수 있는 군사적 관문이었던 셈이다.

성주산 정상에서 바라 본 삼포강 들녘과 영암 시종면

성주산 아래 상방리 후동골 군막사터

　성주산 아래 후동골은 견훤의 부대가 상주한 지휘소 군막사가 있었으며, 왕건이 장악한 이후에도 그대로 활용했을 것으로 추정된다. 현재 군막사터는 밭으로 경작되고 있으나 성주산을 방어벽으로 하고, 석해마을 포구(석해포)를 비롯한 주변지역을 감시 방어하기에 용이한 지형을 배경으로 배치되었다고 할 수 있다.

　특히 막사터 주변에는 아직도 허다한 자기와 와당 파편이 지표에 드러나 옛날 가마터였을 것으로 추정된다. 역시 석해마을을 포함하는 공산면 일대는 영산강의 지류인 삼포강이 남쪽 면계를 흐르고 있으며, 선사시대 유적인 패총이 집중 분포되어 있다. 따라서 이 지역은 삼포강과 접하고, 지형적으로 가장 높은 곳이 해발고도 161m로서 대부분이 해발고도 20m 이하의 구릉지이므로 선사시대부터 집단 정착생활해 왔음을 알 수 있다. 1914년 행정구역 통폐합 이전 복룡리는 원래 홍복·용연이 합쳐진 이름이

군막사터 주변에서 수습된 자기 파편과 지표

취사터인 조리등 전경

며, 상방리도 삼장·청림방축이 합해져 오늘에 이르지만[2] 이들 지명에서
도 홍·용·복·장 등 상당한 의미가 담겨있다. 이렇게 추정된다면, 앞으
로 견훤의 군막사터는 물론 인근 가마터로 추정되는 지역을 정밀하게 연
구조사하여 발굴할 필요성이 제기된다.

군막사터에서 200m 거리에는 취사장이 있었다고 전해 내려온다. 현재
도로 정비로 옛날 모습을 잘 알 수 없으나 고개 지형이었을 것이며, 여기
에서 쌀을 씻어 밥을 지었다고 해서 지금도 '조리등(嶝)'으로 부르고 있다.
당시에도 지금과 같이 군막사터는 물론 조리등에서도 성주산으로 올라가
는 길이 있었을 것이다.

이처럼 공산면 상방리일대는 성주산을 중심으로 관측소와 함께 군막사,
취사장 등 일정한 군시설을 마련하여 견훤의 부대가 나주 외곽을 경계 방
어하고 있었다. 이 후동골 앞은 현재 석해마을로서 몇 십년 전만 하더라도
포구로서 당시 전략 요충지였으며, 이 마을 앞 삼포강을 건너면 영암 시종
면이다. 당시 왕건이 나주를 공략할 수 있는 지름길은 영산강을 거슬러 샛
강을 통해 석해포로 진군하는 것이었다. 이 지역은 신곡리 지류에 위치한
덕음금광을 지나야 되는데, 1922년까지 금·은을 생산한 곳으로 삼한시대
부터 철과 금속을 채취한 곳으로 '쇠집'이 있는 곳인 '쇠지비' 등으로 불리
던 군사 요충지였다. 그러므로 강을 거슬러 나주를 들어가기가 용이한 지

2 나주군청, 1981 『내고장전통가꾸기』 222쪽.

상방리 2구 석해마을과 현재 강둑으로 정비된 삼포강

점은 석해포구 쪽에 함선을 정박시키고, 복사초리 주변 구릉지 거점 확보가 필수적이었으며. 옛 영산강은 수심이 10여m로서 20~40t의 전함이 드나들 수 있었다. 따라서 견훤은 이 공산면 상방리 일대에 대규모 군진영을 갖추고 왕건의 해상에 의한 공략을 방어한 것이다. 현재 샛강 길은 간척되어 농경지로 변하여 옛 모습을 유추하기에 상당한 어려움이 있다. 그러나 현재 무수한 도자기 파편이 수습되고 있고, 오늘날까지 복사초리 상륙전투 전설이 마을사람들에게 전하고 있는 것처럼 복사초리와 석해포구 일대에 옛 토성이 남아있을 가능성도 매우 크다. 그러나 현재 삼포강 둑 축조와 농경지정리 등으로 옛 흔적을 찾아볼 수 없다.

3. 복사초리 공방전의 역사적 검토

이러한 성주산 일대 석해포의 전략적 위치를 배경으로 상방리 복사초리 공방전이 전개된다. 공산면은 서북쪽으로 영산강이, 동남쪽으로 삼포강이 흐르는 전략적 요충지로서 복사초리는 동쪽의 문을 지키는 지형에 해당한다. 본래 이 동문을 지키면 모든 악귀가 침범할 수 없다는 마을로 풀숲에 뱀이 엎드려 지킨다는 유래에서 비롯되어 지금에 이르고 있다. 이 공방전이 전개된 복사초리 백두마을 삼거리 들녘 구릉지는 성주산 아래에 있고,

복사초리 삼거리 전경

현재에도 이 삼거리 교차로는 현재 국도 23호선과 반남방면 지방도 821호
선과의 분기점이다.

현재 왕건과 견훤의 치열한 공방전이 전개된 시기는 자세하지 않다. 왕
건이 처음 나주를 공략한 시기는 903년으로 당시 수군으로 서해를 거쳐
공취한 후 수비병을 주둔시켰다.[3] 그러나 처음에는 왕건의 수군이 영산강
으로 이동 상륙했다기 보다는 무안·함평 등지를 통한 육로공세였을 가능
성이 크다고 본다. 물론 왕건은 수군에 능했으나 영산강을 거슬러 각 포구
를 공략할 만큼 이 곳 지리에 익숙하지 못했으며, 상대적으로 견훤의 수군
은 막강하였다. 따라서 왕건이 본격적으로 수군활동을 전개하기 시작한
것은 909년 해제면 지역에서 오나라에 가는 파견선을 공격하고, 진도·고
이도를 복속시킨 후 이듬해인 910년에 왕건은 견훤이 나주를 10여 일간
포위 공격하고, 木浦(현 영산포)로부터 덕진포(영암 덕진면)에 이르기까지
전함을 배열하자 이를 구원하기 위해 반남현포구(현 삼포강 석해포)에 이
르러 火攻으로 견훤의 대함대를 격파하였다.[4] 이처럼 당시 견훤의 수군은
목포에서 덕진포까지 布陣하였다. 이들 지역은 영산강의 본류와 지류에
해당하는 해상의 요지로서 영산강을 통해 나주를 포위 공략하였음을 보여

3 『고려사』 권1, 태조 1.
4 『동사강목』 제5하, 신미년 효공왕 14년.

준다. 따라서 왕건은 당시 수군을 동원하여 먼저 해상방어의 요충지인 공산지역을 공취하여 견훤의 포위를 풀으려고 했던 것으로 추정된다. 이러한 공방전은 덕진포와 회덕에서 싸운 912년까지 지속된 것으로 보이지만[5] 910년이 분기점을 이룬다고 할 수 있다.

이러한 왕건의 군사 활동은 화공법을 사용하여 견훤을 격파했다는 일련의 설화는 사료를 통해서도 입증된다. 그런데 이와는 다르게 전하고 있는 또 다른 설화 한토막으로 당시 왕건은 소나무 밑에서 잠깐 졸다가 꿈에 나타난 백발노인이 알려준 대로[6] 영산강의 썰물을 이용하여 무안 청용리 두대산으로 무사히 이동했다고 한다.[7] 이러한 유래 때문에 그 소나무를 '夢松'이라 하였고, 현몽에 의해 영산강을 건넜다고 하여 夢灘江이라 부르게 되었다.

이처럼 910년까지만 하더라도 왕건은 지리적으로 영산강의 해로에 익숙하지 못했으나 파군천에 이은 복사초리 공방전은 나주 및 이남지역을 확고하게 장악하는 분수령이 되었던 것이다.[8] 따라서 공산지역은 왕건이 해상은 물론 육상으로 진출하여 목포 등지의 중요 군사적 거점지를 확보한 것과 그 궤를 같이 하는 것으로 바로 910년에 복사초리공방전이 전개되었을 것으로 추정된다. 또한 왕건은 이 공방전을 전환점으로 영산강 이남지역의 40여 군현을 확고하게 장악하여 삼한의 절반을 차지함으로써 후삼국통합의 기반을 마련할 수 있었다.

---

5 『삼국사기』 권50, 견훤전.
6 무안군, 1981 『내고장전통가꾸기』 245쪽.
7 전라남도, 1987 『전남의 전설』 350~352쪽.
8 육군본부, 1983 『고려군제사』 205쪽.

4. 공방전의 의의와 나주의 위상

왕건의 대승은 견훤 수군의 중심지였던 목포와 덕진포를 완전 장악하고, 이 지역의 해상세력인 능창세력을 궤멸시키게 되었다. 이후 왕건은 이를 기반으로 영산강 이남지역의 호족세력과 밀접한 관계를 맺기 시작하는데, 목포의 오다련 가문과 결합하여 나주오씨 장화왕후와 만났으며 그의 소생인 혜종이 제2대 왕위에 올랐다.9 그 내용을 보면, 장화왕후 오 小姐가 우물에서 실을 씻으면 언제나 오색영롱한 구름이 비단결처럼 펼쳐졌다고 하여 '완사천'이라고 부르고 있다. 당시 목이 말랐던 왕건은 상서로운 오색구름이 서려있는 곳으로 가서 버들잎 띄운 물을 마신 인연으로 오소저를 만나 서로 혼인하여 장화왕후에 오르게 된다. 또한 오소저는 왕건과 만나기 며칠 전에 황룡 한 마리가 구름을 타고 날아와 자신의 몸속으로 들어오는 꿈을 꾸었으며, 혜종을 낳은 후 왕이 태어난 마을이라고 하여 왕을 상징하는 '용'자를 써서 이름을 '흥룡동'이라고 하였다.10 이처럼 왕건은 910년에 나주 외곽지역을 완전 장악한 후 나이 38세인 911년에 장화왕후와 혼인하고, 이듬해에 혜종을 낳은 후 913년에 궁예의 소환령에 따라 철원으로 돌아가게 된다.

이처럼 왕건은 903년 이후 나주를 공취한 후 910년에 견훤군을 대격파함에 따라 나주지역을 완전 장악하게 되었다. 특히 나주는 903년 나주 및 10여 군현 공취에 이어 910년 복사초리 공방전의 승리가 지니는 정치·군사적 의미는 매우 큰 것이었다. 왕건의 나주 장악과 巡撫는 궁예에게 화를 피하면서도 그의 위엄과 덕망을 드날린 계기가 되어 왕위에 추대될 수 있는 토대가 되었으며, 나주를 통해 견훤이 歸附하고 나주오씨 장화왕후의 소생이 제2대 혜종에 오른 역사적 의미가 있다. 특히 나주를 비롯한 영산강 이남지역 40여 군현의 장악은 삼한의 절반을 차지하는데 그치지 않고,

---

9 『고려사』 권88, 후비 1, 장화왕후 오씨.
10 금성시, 1982 『내고장전통가꾸기』 87~88쪽.

나주시 기념물 완사천과 장화왕후 설화 조각상

고려가 후삼국을 통합할 수 있는 기반이 되었다. 특히 왕건의 후삼국 통합과 고려사회 개창은 한국고대사회의 폐쇄적 한계를 극복하고, 보다 확대 개방된 한국사회로의 발전과 동시에 한국사회를 이끌어 가는데 있어서 나주에 기반을 둔 왕건을 새로운 자도자로 선택 결정한 역사적 의의가 있는 것이었다.

따라서 처음으로 학계에서 제기된 복사초리 공방전의 의의는 매우 크다고 할 것이다. 앞에서도 언급한바 있듯이 나주에 왕건과 얽힌 설화가 다소 있지만 그 중 충분한 역사 자료로 뒷받침하고 있는 복사초리 전적지에 대하여 본 책자 발간에 기고해주신 학자들의 연구와 논의가 있었음은 고려사 천착에 한 계기를 마련했다 할 것이다. 이에 대하여 나주시는 오래 전부터 羅州牧文化舘 액자 글귀에 고려개국의 성지 나주는 왕건과 견훤이 후삼국패권을 잡기 위해 공방전을 벌인 곳이라는 등의 기록을 담아 진열하고 있으며 학자들의 호기심을 불러일으키기도 하였다. 왕건의 전적지 중 복사초리는 고려개국을 꿈꾸던 왕건이 후백제군과 치열한 교전을 벌인 곳이다. 지금도 이곳 지명이 神風이라고 불리고 있는 것은 왕건이 전투 중 갑자기 신묘한 바람이 불어 화공으로 후백제군을 격파하여 생긴 지명이다. 왕건 전투지역 중에서 가장 전투가 치열한 곳이었다고 전한다.

최근 전남도와 나주시는 영산강의 옛 정취를 되찾는 작업의 일환으로 황포돛배를 떠웠다. 영산강은 호남 물류의 중추를 담당하였다. 호남의 물산이 서울로 운반되려면 영산강 뱃길을 거쳐야 했기 때문이다. 영산포에는 인근 17개 고을의 稅穀을 저장하는 영산창이 있을 정도로 호남 내륙 수운의 거점이었다. 40여 년 전만 하더라도 고기·옹기·젓갈 배들이 몰려들었던 영산포는 밤에도 대낮처럼 불이 환하였다. 그러나 광복 이후 상류의 댐과 하구의 둑이 잇따라 만들어지면서 영산강은 활력을 잃어갔다. 수로교통이 쇠락하기 시작하였고, 강의 위아래가 막히자 오염도 심해졌다. 그렇게 영산강이 잊혀지고, 왕건의 복사초리 상륙전도 오래도록 빛을 보지 못하였다.

그러나 왕건은 호족 오다련의 딸과 혼인하고 그의 소생인 태자 무는 매우 용맹하여 태조를 도와 신라와 후백제를 차례로 토평하였다. 943년 태조가 승하하자 그 뒤를 이어 왕위에 올랐다. 1년 4개월간의 짧은 재위기간이었지만 건국초기의 흐트러진 국내정치와 사회질서를 바로잡는데 힘써 고려왕업의 기반을 다졌다. 나주에는 그의 탄생을 기념하여 興龍寺를 창건하고 그 안에 惠宗祠를 세웠으나 지금은 전하지 않는다. 다만 장화왕후의 전설과 함께 지금까지 나주인들의 기억 속에 남아있다. 특히 왕건은 고려건국의 굳건한 토대가 되었던 나주에 대한 고마움의 표시로 금성산신을 護國伯으로 봉하였다. 훗날 조선조 1592년 당시 李用淳 나주牧使가 이곳 정상에서 築錦城山城(나주군 인물지 347쪽)하였고 지금은 군부대가 주둔하고 있다. 이 鎭山 錦城山은 단정하면서 기위한 자태를 취하며 나주를 떠받드는 명산으로 널리 통했다. 금성산 고요한 산 기슭에 들어서면 아무런 잡념이 없어지고 으레 신령스러운 맑은 기운으로 사람들에게 혜택을 베푼다. 1천년이 흐른 지금 왕건이 나주의 남서부 관문인 복사초리 공방전에서 승리하여 후삼국통합의 군사적 기반이 된 역사적 사실들이 늘 나주인의 삶 속에서 왕건과 얽힌 설화와 함께 새로운 문화콘텐츠로 재생되기를 기대한다. 오늘의 담론이 잊혀진 역사를 재현하는 전제 작업이 될 것이며, 이를 완수하는 것은 나주를 떠나 우리 모두의 과제라고 생각된다.[11]

11 『고려사』세가 권제1 35쪽 반남현 포구

　반남현포구는 현 석해평야 중심부를 관통하고 있는 영산강의 지류. 삼포강(석해포)으로 이는 영암 시종면과 나주 공산면에 위치하고 있다. 왕건과 견훤의 최대 전적지 "복사초리" 역시 삼포강 석해포와는 인근거리에 있는 주변 지역이다.

　또한 반남현포구는 견훤이 첩보망을 가동한 곳이기도 하다. 견훤의 수군 지휘관 능창(能昌)이 군사를 집결시켜 왕건이 반남현 길목에 들어서면 제거하려고 병력을 대기(매복)시켰던 곳인데 왕건 역시 견훤의 수군을 격파하기 위해 잠복한 전적지이기도 하다.

후삼국-고려초기 나주 호족의 활동

신호철_충북대학교 역사교육과 교수

1. 머리말

후삼국에서 고려 초기에 이르기까지의 한국사회는 매우 혼란한 전환기였다. 정치적으로는 진골 중심의 골품체제에 도전하면서 새로운 정치세력으로 등장한 지방의 호족들이 각기 자신들의 세력기반인 향리를 중심으로 중앙정부로 부터의 지배에 반발하여 독자적인 세력을 구축하고자 노력하고 있었다. 이들은 점차 신라의 전통적인 권위에 반발하여 일정한 지배영역을 확보함으로서 새로운 지배세력으로 성장하여 나갔다. 한편 사회적으로는 육두품 출신의 유학자라든가 지방의 호족세력들이 반신라적인 경향을 노골화하는 한편, 각지에서 농민들이 자신들의 생활기반을 이탈하여 유이민들로 전락하면서 도적이나 반란군에 참여하게 되었는데, 이것은 결국 골품체제의 해체와 함께 신라 사회의 붕괴를 가져오는 결과가 되었다. 또 경제적으로도 지방에 대한 중앙정부의 통치력이 약화되면서, 지방에 대한 경제적 수취도 사실상 불가능한 상태에 이르게 되었다. 각기 半獨自的인 세력으로 성장한 이들 지방 세력가들은 자신의 지배 영역에 대한 조세나 공물 및 노동력의 수취를 멋대로 실시함으로서 기존의 경제 질서 또한 서서히 무너져 갔다.

이러한 상황에서 전국적인 반란세력들이 마치 벌떼처럼 일어나게 되었는데, 이들 반란세력 중에 견훤과 궁예, 왕건 등은 단순히 지방의 반란군에 머무르지 않고 독자적인 정권을 수립, 백제와 고구려의 부흥을 꾀하며 신라와 정립하게 되었다. 이를 흔히 후삼국이라 부른다. 이 후삼국시기는 골품제에 기반을 둔 고대적 사회체제에서 문벌귀족을 중심으로 하는 고려사회로 넘어가는 과도기적인 성격을 갖고 있다고 말할 수 있다. 따라서 후삼국기의 정치적 · 사회적 · 경제적 변화를 파악하는 것은 곧 전환기 사회의 특성을 이해하는 것인 동시에, 크게는 한국사의 큰 흐름을 이해하는 데에도 매우 중요하다. 후삼국의 건국자였던 견훤 · 궁예 · 왕건 중에 왕건이 제일 늦게 출발하였으나, 최종 승리는 왕건에게 돌아갔다. 특히 왕건과 자웅을 겨뤘던 견훤에 비해 여러 가지 조건에서 왕건이 불리한 위치에 있었지만, 결국은 경쟁자였던 견훤을 누르고 후삼국을 통일하였던 것이다.

잘 알려져 있는 바와 같이, 나주를 비롯한 서남해 일대의 호족세력들은 일찍부터 왕건에게 협력하여 고려의 건국과 후삼국 통일과정에 참여하여 공을 세웠고, 통일 이후에도 고려의 중앙정부에서 많은 활동을 하였다.

이 글은 후삼국 정립기에서부터 고려 초기에 걸치는 기간 동안 서남해 일대 지방세력들의 활동과 역할을 살펴보는 것이 목적이다. 사실 이 시기 후삼국 통일과 고려 귀족사회의 성립 과정에 활동했던 서남해 일대의 지방인들은 그 수가 적지 않았을 뿐 아니라, 다양한 계층의 사람들이 여러 방면에서 그 역할을 수행하였다.

이들 나주 지방 호족들의 활동과 역할을 대략 세시기로 나누어 검토하고자 한다. 우선 신라 말에서 후삼국 정립 초기의 나주 호족들의 성장과 그들의 동향을 검토하는 것이다. 이어 고려 건국 이후 후삼국통일까지 이 지방 사람들의 활동을 살펴보고, 이들이 고려 건국과 후삼국통일에 어떤 영향을 미쳤는지를 고찰해 보고자 한다. 끝으로 후삼국 통일 이후 고려 귀족사회의 성립과정에 참여한 서 남해 출신 인물들의 활동에 대해서도 검토해 보고자 한다.

2. 후삼국기 호족세력의 성장과 나주지방의 동향

　나주 지방이[1] 역사의 중심무대로 크게 부각되기 시작한 것은 신라 말기
부터이다. 특히 중국과의 무역이 활발해지면서 이 지역은 문화 교류는 물
론 경제와 정치의 중심지로 자리잡기 시작하였다. 특히 서남해 일대가 신
라의 중앙에까지 두각을 나타내게 된 것은 장보고의 청해진 설치에서 비
롯되었다고 볼 수 있다. 장보고는 흥덕왕 3년(828)에 당나라에서 돌아와
왕에게 요청하여 청해진을 설치하였다.[2] 이후 청해진은 해상무역의 중심
지가 되었으며 장보고는 주로 영산강 유역의 서남해안 일대의 지방인들을
중심으로 해상왕국을 건설하여 신라의 중앙정계에 까지 진출하는 대세력
가로 성장하였다. 그는 당나라와 독자적으로 교류를 하는 등 정치적으로
나 경제적, 군사적으로 신라의 중앙정부의 통제를 받지 않는 독립적인 세
력이나 마찬가지였다. 그러나 841년 장보고가 암살되고, 이어 851년에 청
해진이 혁파되어 그곳 주민들을 벽골군(김제)으로 집단 이주시킴으로서
청해진을 중심으로 한 해상왕국은 몰락하게 되었다. 그렇다고 하더라도
이 일대의 군소 해상세력들까지 일시에 모두 소멸되지는 않았을 것으로
생각된다. 소규모의 해상세력들이 각지에서 활동하면서 나름대로 잔존하
고 있었을 것이다. 이후 50여년 후인 진성여왕 대에 이르면 신라정부의
지방통제가 약화되면서 서남해지방의 세력가들 또한 호족으로 성장하면서
자신의 세력을 확장하게 되었다.

---

1 고려 초기의 羅州는 현재의 羅州市와는 달리 매우 광범위한 지역을 가리킨다. 『고
　려사』에도 ‘羅州界 四十餘郡’(『고려사』 92, 유금필전) 혹은 ‘羅州 十餘郡’(『고려사』,
　1 태조세가, 천복3년) 등으로 서로 달리 기록되어 정확하게 그 범위를 알 수는 없
　다. 『고려사』 지리지 羅州牧에는 羅州 所管의 郡縣數가 58개나 된다. 따라서 고
　려 초기 羅州界는 武珍州와 昇州 등을 제외한 전라남도 서남해안지역 대부분을
　말한다.(박한설, 「나주대행대고」, 『강원사학』 1, 1985; 정청주, 『신라말 고려초 호
　족연구』 일조각, 1996, 148~149쪽.)
2 청해진에 대해서는, 완도문화원, 『장보고의 신연구』1985를 참조.

　당시 나주 호족들의 동향을 검토하기에 앞서 '호족'의 개념이나 용어, 호족연합정권 등 이에 대한 기본적인 문제부터 검토해 보는 것이 좋을 듯 하다. 왜냐하면 최근 역사학계에서는 '호족'이라는 용어의 사용을 두고 여러 가지 논란이 있어왔기 때문이다.[3]

　우선 '호족'의 용어나 개념에 대한 문제이다. 신라말 고려초의 지방세력들을 대부분의 한국사 개설서에서 '호족'이라 부르고 있다. 물론 '호족'이라는 용어의 사용에 부정적이거나, 호족 대신 다른 용어를 사용해야 한다는 견해가 제기되기도 했다. 그리하여 '호족'이라는 용어 대신 '富豪'라든가 '鄕豪', '土豪', '地方勢力', '地方有力者' 등의 용어 사용을 주장하였다. 그러나 이들 용어도 모두 나름대로의 한계성을 가지고 있다. 예를 들면, '부호'는 지방세력의 다양한 성격 중에서 특히 경제적 측면만을 강조하는 것이고, '향호'는 崔承老의 上書文에 보이는 바와 같이 '賊帥'나 '賊魁'와 같이 부정적인 의미로 사용되었거니와 호족에 비해 별다른 특성을 찾기 어렵다. '토호'는 호족과 함께 일찍부터 사용되어 왔으나, 중국사의 경우에도 호족보다 그 세력이 약한 군소 지방세력을 지칭하는 것이 일반적이며 자연촌 단위의 지방세력에 사용되고 있다. '지방세력'이나 '지방유력자'와 같은 용어는 일반적 술어로써 역사 용어로 사용하기에는 적당하지 않다고 생각된다. 이처럼 '호족'의 대안으로 제시된 다른 용어들도 모두 나름대로의 한계성을 지니고 있다. 더구나 학계에서 '호족'은 하나의 역사 용어로 통설화되고 있음에도 불구하고 이미 일반화된 용어를 피하고 비슷한 다른 용어들을 논자마다 따로 정하여 사용한다면 오히려 혼란만 가져오는 결과가 될 것이다.

　한편 고려초기의 정치적 성격을 어떻게 규정하는가 하는 문제이다. 혼

---

3 호족에 대한 여러 논란에 대해서는, 申虎澈, 「後三國時代의 豪族聯合政治」(『韓國史上의 政治形態』, 一潮閣, 1993, 124~133쪽 및 『후삼국시대 호족연구』, 개신, 2002에서 종합적으로 정리하였다. 이후의 서술은 주로 이 글의 내용을 참조하였다.

히 고려 초기의 정권을 '호족연합정권'으로 이해하고 있다. '호족연합정권'이라는 용어를 처음으로 사용한 이는 이기백으로, 『한국사신론』(1967)에서 '豪族의 時代'라는 하나의 독립된 장을 설정한 이후 일반화되었다. 그리고 대부분의 한국사 개설서에서 고려초기의 정치적 성격을 호족연합정권으로 기술하고 있다. 그러나 호족연합정권에 대한 비판적 견해도 제기되었다. 즉 호족연합정권이라는 종래의 정치적 성격을 부정하고, 호족의 지배지역 또한 '중앙 행정력이 직접 침투'한 중앙집권적 지배형태라는 주장이 그것이다. 이와 같은 견해는 몇몇 학자들에 의해 지지되기도 하였지만, 그러나 당시 정권이나 정치의 실체가 국왕에 의한 독단적이고 전제적인 것이 아니며, 어느 정도 독자적인 세력배경을 가지고 있던 다수의 호족세력들이 정권의 주체로 참여하여 자신들의 이익과 주장을 반영시키고 있었다는 점에서, 그리고 이러한 정치형태가 한국사에 있어서 이 시기에만 한시적으로 나타났던 매우 특징적인 형태였다는 점에서 고려초기의 정치적 성격을 호족연합정권으로 이해하는 것이 합리적이라고 생각된다.

호족의 출신 신분에 대해서도 일찍부터 여러 학자들에 의해 다양한 연구가 있어왔다. 즉 호족의 출신을 신라 말의 촌주계층, 지방 관청의 吏 출신, 개간이나 농업경영을 통하여 부를 축적했던 부유한 농민층 중에서도 호족으로 성장한 경우, 내륙지역의 촌주와 달리 주로 해상활동을 통해 부를 축적한 해상세력이 호족으로 성장해간 경우, 신라의 군진을 배경으로 성장한 경우, 본래는 중앙의 귀족이었으나 신라 하대이래 빈번히 일어났던 정쟁에 희생되어 지방으로 낙향하여 여러 대를 거치면서 지방 세력으로 자리잡은 경우도 있었다.

결국 '호족'에 관한 여러 논란은 그 개념을 어떻게 규정하는가 하는 문제가 매우 중요하다. 우리는 호족이 신라의 골품체제나 왕경 중심의 사회체제에 반발하고 지방사회를 중심으로 하고 있었다는 점에서 지방성 혹은 在地性이, 군사적·경제적·사회적으로 거의 독자적 성격을 지니고 있었다는 점에서 독자성 혹은 독립성이, 일정 영역에 대한 지배권을 가지고 있

었다는 점에서 영역성이, 신라 말에서 고려 초 약 1세기 동안 활약했다는
점에서 시대성이 강조되어야 한다고 생각한다. 이러한 관점에서 결론적으
로 호족의 개념은 "신라 말에 새로운 사회세력으로 등장하여, 자신의 세
력기반을 중앙이 아닌 지방에 두고, 군사적·경제적·정치적으로 어느 정
도 독자적인 지배 영역을 가지고, 고대적 골품체제로부터 벗어나려는 새
로운 사상이나 종교적인 성향을 가진, 신라 골품귀족이나 고려 문벌귀족
과는 대비되는 9세기말에서 10세기말까지의 약 1세기 동안의 정치·사회
적 지배세력"으로 규정하고자 한다.

신라 말 진성여왕 3년(889) 이후 지방에 대한 중앙정부의 통제력이 약
화되자 전국 각지에서 수많은 반란세력들이 일어났다. 다음 사료들은 당
시의 상황을 보여준다.

> 1. 나라 안의 여러 주와 군에서 공물과 조세를 보내오지 않아, 나라의 창고가
>   텅 비어 나라의 씀씀이가 궁핍하게 되었으므로 왕이 사자를 보내 독촉하
>   였다. 이로 말미암아 도적들이 곳곳에서 벌떼처럼 일어났다. 이에 元宗과
>   哀奴 등이 沙伐州(상주)를 근거로 하여 반란을 일으켰으므로, 왕이 奈麻인
>   令奇에게 명하여 붙잡게 하였다. 영기가 적의 보루를 멀리서 바라보고는
>   두려워 앞으로 나아가지 못하였으나, 村主 祐連은 힘껏 싸우다가 죽었다.
>   왕이 칙명을 내려 영기의 목을 베고 나이 10여 세가 된, 우련의 아들로 촌
>   주의 직을 잇도록 하였다. (『三國史記』新羅本紀 11, 眞聖王 3年)

위의 사료는 진성왕 3년(889) 사벌주에서 일어난 원종과 애노의 반란에
대한 것이다. 이 사건으로 말미암아 각 지방의 도적들이 전국에서 마치 벌
떼처럼 일어났다고 한다. 즉 신라의 중앙정부가 사실상 지방에 대한 통제
가 불가능했던 당시의 상황을 잘 나타내 준다. 당시 원종과 애노의 반란을
진압하기 위해 신라는 중앙군을 파견하였지만, 진압군으로 파견된 인물인
나마[4] 영기는 반란군의 세력이 두려워 전투에 나서지도 못하였다. 반란군

---

4 나마는 신라의 17관등제 중 11관등에 해당한다.

을 맞아 전투를 벌인 것은 오히려 촌주5 우련이었다. 신라 말의 촌주 중 일부는 이후 城主나 將軍 등을 자칭하며 자신의 지역에서 호족 세력으로 성장하였음은 이미 널리 알려진 사실이다.

그런데 원종 애노가 반란을 일으킨 곳이 사벌주였다는 점에 주목할 필요가 있다. 사벌주는 지금의 상주로 견훤의 아버지인 아자개가 사벌성의 '城主將軍'으로 자칭하면서 자립한 지역이었다. 상주는 신라의 왕경과 가까운 곳이며, 漢山州를 비롯한 한반도의 서북부 지역으로 진출하기 위해서는 꼭 거쳐야 하는 지리적 요충지였던 것이다.

한편 왕경의 서남해 일대의 지방세력들도 점차 독자적인 세력으로 성장하고 있었다. 앞서 언급한 바와 같이 이곳 일대는 일찍부터 장보고가 청해진을 설치하면서 해상왕국을 건설했던 곳이었지만, 장보고가 살해되고 청해진을 혁파하고 그 주민들을 강제로 내륙 지방인 벽골군으로 이주시키면서 그 세력이 크게 약화되었다. 그러나 진성여왕 대인 900년대 들어서면서부터 점차 이 일대의 지방 세력가들이 성장해 가고 있었다.

당시 서남해 일대를 중심으로 대세력가로 등장한 대표적인 인물로는 견훤을 들 수 있다. 견훤의 출신지는 이곳 서남해안과는 거리가 먼 내륙지방인 상주이다. 그는 상주 호족인 아자개의 아들로 태어나 20세를 전후하여 왕경인 경주로 가서 신라의 중앙군이 되었다. 곧 신라 중앙군의 자격으로 서남해의 防戍軍에 파견되었고, 그곳에서 "창을 베고 자면서 적을 기다렸고 그 용기는 항상 병졸보다 앞섰으므로 그 공로로 비장이 되었다"고 한다. 여기서 말하는 비장이라는 지위는 일반 병사와는 달리 부대의 지휘관을 의미하는 것이 분명하다. 견훤이 서남해 방수군 비장의 지위에까지 오를 수 있었던 것은 그가 상주호족의 장남으로 上京從仕한 신라 중앙군 출

---

5 신라 말의 村主는 5두품 계층으로 촌락의 제반 사항을 담당하는 계층이었다. 예를 들면, 촌락민들을 인솔하여 토목 사업을 벌이거나 촌락 방어의 군사적 활동도 담당하였다고 한다. 陰善赫 1987, 「新羅下代 地方의 史와 豪族」, 『全南史學』 1, 10~13쪽.

신인데다가 남과 다른 능력과 각고의 노력 덕분이었기 때문일 것이다.

그곳에서 그는 자신의 독자적인 세력을 구축해 갔다. 잘 알려져 있다시피 견훤은 처음 서남해의 방수군을 기반으로 신라에 반기를 들고 무진주(광주)를 습격하였다. 그는 불과 한 달 만에 5천의 무리를 모았다고 한다. 견훤이 모은 5천의 무리는 견훤의 초기 군사적 기반이 되었을 것이며, 이들의 대부분은 그가 서남해 방수군의 비장으로 있을 때 그가 거느린 휘하 군인 및 인근 주민들로 구성되었다.[6] 따라서 나주를 비롯한 서남해 지역은 후삼국기 초기에는 견훤과 불가분의 관련을 맺고 있었다.

그는 처음 무주에서 후백제를 건국한 후 900년에는 전주로 천도하였다. 견훤은 全州에 도읍을 정하고 稱王, 建元, 設官分職 등 내적인 정비를 통하여 어느 정도 정권의 안정을 꾀할 수 있었다. 그 후 견훤은 지배영역을 확장하기 위해 제일 먼저 서남해 일대를 공략하였다. 즉 901년 8월에 羅州(錦城)로 출정하여 남쪽의 10여개 州縣을 공략하고 돌아왔다. 그런데 서남해일대는, 이미 지적한 바와 같이, 견훤의 초기 세력기반이 된 곳이었다. 견훤이 자신의 세력 근거지였던 나주 일대를 공략했다고 하는 사실은 나주 일대의 지방 세력들이 이때에 이르러 견훤에게 등을 돌렸기 때문이었다. 견훤에게 있어 나주 지방세력의 이탈은 매우 중대한 일이었다. 왜냐하면, 견훤의 입장에서 서남해 지방을 장악하지 않고서는 중국과의 해상교통이 곤란해질 뿐 아니라 다른 지역으로의 세력 확장에도 커다란 지장을 초래하는 것이기 때문이었다. 견훤이 전주로 천도한 후 처음 지방공략에 나선 곳이 羅州 남쪽의 10여개 州縣이었다는 사실은 바로 이와 같은 이유에서였다.

한편 나주를 비롯한 서남해 일대의 지방세력들이 견훤에게 등을 돌리게 된 이유는 일찍부터 해상활동을 통해 세력을 쌓은 이곳 토착세력들이 견훤의 지배력이 강화되는데 대한 불만에서 비롯되었다.[7] 그리하여 나주세

---

6 후백제 및 견훤에 대한 종합적 검토는 신호철,『후백제 견훤정권 연구』일조각, 1989이 있다. 이후 이와 관련된 사항은 주로 이 글을 참조하였다.

력들은 견훤과 경쟁을 벌이고 있던 궁예정권과 연결을 맺고자 했다. 나주
세력들의 이러한 태도는 새롭게 등장한 궁예의 후고구려의 입장에서는 좋
은 기회를 맞게 된 셈이었다. 따라서 궁예는 왕건에게 명하여 그로 하여금
이곳으로 출진케 하였다. 903년에 있었던 왕건의 羅州진출이 바로 그것이
다. 즉 왕건은 수군을 거느리고 서해로 부터 光州界에 이르러 錦城(나주)
를 공격하여 빼앗고 인근 10여 州縣을 공략하였다.

그런데 궁예가 왕건을 시켜 羅州 일대를 공략한 시기에 대해서는 기록
에 따라 차이가 있다. 즉,

- (2)-a) 천복 3년(903) 해군을 거느리고 서해로부터 光州界에 이르러 금성을
  공격하여 10여 군현을 쳐 빼앗았다. 錦城을 羅州라 고치고 군대를 나
  누어 지키게 하고는 돌아왔다. (『고려사』 태조세가, 천복 3년조)
- (2)-b) 건화 원년(911) 태조를 보내 군대를 거느리고 錦城을 정벌하고 錦城을
  羅州라 고쳤다. (『삼국사기』 궁예전, 건화 원년조)

라 하여 『고려사』에는 903년(천복 3)이라 한데 반해, 『삼국사기』궁예전에
는 911년(건화 원년)으로 되어 있다. 이에 대해 앞의 기록이 잘못이라는
견해가 있다.[8] 즉 궁예정권이 처음 나주를 점령한 시기가 903년이 아니라
911년이라는 주장이다. 그러나 이러한 주장은 당시의 상황을 바르게 이해

---

7 羅州를 비롯한 영산강 하구의 서남해 일대는 일찍부터 해상을 장악하고 있던 지방
  세력이 강하게 존재하고 있었음은 여러 연구를 통해 지적된 바 있다. 이와 관련하
  여, 金庠基, 「古代의 貿易形態와 羅末의 海上發展에 就하여」, 『동방문화교류사연
  구』, 1948 ; 「新羅末에 있어서의 地方群雄의 對中通交」, 『동방사논총』, 1974 ; 완
  도문화원, 『장보고의 신연구』, 1985 ; 박한설, 「羅州道大行臺考」, 『강원사학』 1,
  1985 ; 문수진, 「고려건국기의 羅州세력」, 『성대사림』4, 1987 ; 李泰鎭, 「金致陽亂
  의 성격」, 『한국사연구』17, 1977 ; 日野開三郎, 「羅末三國 鼎立 對大陸海上交通貿
  易」, 『朝鮮學報』 16,17,19,20, 1960-61. 등이 참조된다.
8 津田左右吉, 「後百濟疆域考」, 『朝鮮歷史地理』 1, 1913, 343~346쪽 ; 池內宏, 「高
  麗太祖 經略」, 『滿鮮史研究』 中世 2책, 12쪽.

하지 못한데서 오는 착오이다. 왜냐하면 당시를 전후로 해서 연속되는 서 남해 일대의 상황을 볼 때, 왕건이 처음 나주에 진출한 것은 903년이 옳기 때문이다.

앞서 살펴본 바와 같이, 견훤이 전주로 천도한 1년 후인 901년 8월에 나주로 출정하여 남쪽의 10여 개 군현을 공략하고 돌아갔다는 사실은 이 미 언급한 바다. 이에 대한 대응으로 궁예는 왕건에게 명하여 나주 일대를 공격하게 했던 것이다. 더구나 궁예는 909년에 羅州의 일이 근심이 되어 왕건을 '韓粲兼海軍大將軍'에 임명하여 다시 나주로 출정시키고 있다. 따 라서 909년 이전에 나주는 이미 궁예정권의 영향권 안에 들어와 있었던 것이 분명하다. 그렇다면 왕건의 최초 나주 진출은 911년이 아니라 903년 이어야 옳다. 다만 903년 이곳을 정벌하고 바로 그 해에 금성을 고쳐 나 주라고 했다는 부분은 사실과 다르다고 볼 수 있다. 비록 군대를 보내 금 성을 공략했다고는 하지만 바로 그 해에 행정구역으로 편입시켜 나주로 고친다는 것은 아무래도 수긍하기 어렵기 때문이다. 따라서 궁예정권에서 나주지역에 진출한 것은 903년이 틀림이 없지만, 금성을 나주라 고쳐 정 식 행정구역으로 편입시킨 것은 『삼국사기』 궁예전의 기록대로 911년에 이루어진 것이라고 보는 것이 합리적이라고 하겠다.[9]

궁예가 왕건으로 하여금 제일 먼저 나주일대에 대한 공략에 나서게 한 것은 단순히 나주일대에 대한 영토 확장의 문제만은 아니었다. 즉 견훤이 전주 천도 후 나주를 비롯한 서남해 일대에 대한 세력 확대에 나서게 되 자 후백제와 경쟁관계에 있던 궁예가 이를 저지하고자 한 것이라 볼 수 있다. 따라서 903년의 왕건의 나주진출은 궁예정권에 있어서도 중요한 사 건이었으며, 서남해 지역에 대한 새로운 지평을 열어준 계기가 되었다. 왜 냐하면 나주는 영산강을 끼고 서남해 연안을 비롯하여 그 하류에 산재한 다도해를 중심으로 중국과의 해외무역의 요항이자 군사적 요충지였기 때 문이다. 따라서 나주를 비롯한 이 일대에 군사적 기반을 마련한다는 것은

---

9 신호철, 앞의 책, 1989, 66~67쪽.

서해안의 제해권을 장악하는 것뿐만 아니라, 나아가 후백제의 대중국항로를 차단하는 결과를 가져오는 것이라고 할 수 있다. 그리하여 후고구려에서는 903년 서남해 진출을 계기로 이곳 지배를 지속시키고자 지대한 노력을 경주하였던 것이다.

이처럼 후백제와 후고구려 간 서남해 일대를 둘러싸고 꾸준하게 치열한 공방전을 벌이게 된 것은 바로 그러한 이유 때문이었다. 나주 일대의 호족 세력들의 향배는 그만큼 견훤에게나 궁예에게 매우 중대한 일이었으며, 그렇기 때문에 후삼국 정립 초기에는 양국의 접경지역인 내륙의 중부일대에서 보다 오히려 나주를 둘러싼 서남해 일대의 공방전이 더욱 치열했던 것이다. 이 때 이곳 호족들은 이러한 틈바구니에서 어떤 태도를 취하는가 하는 것은 양국의 우위권 싸움에 있어서 매우 중대한 갈림길이 됐다. 나주 호족들은 가능하면 자신들의 지배권을 유지하고자 노력을 했으며, 그때그때 상황에 따라 자신들에게 유리한 입장에서 후백제 및 후고구려와의 협조·귀부·결합하는 정책을 취하고 있었다.

그런데 『고려사』등 대부분의 기록을 보면, 왕건이 수군을 거느리고 나주를 비롯한 서남해 일대를 공격하여 정벌한(攻取) 것으로 기술되어 있다. 그러나 왕건이 나주일대를 단순히 무력으로 정복한 것만은 아니었다. 오히려 나주일대의 호족들이 자진해서 왕건에게 협력했던 것으로 생각된다. 다음의 사료들이 그러한 사실을 뒷받침해 준다.

(3)-a) 羅府는 스스로 西로부터 移屬해 왔다(『三國史記』견훤전, 천성 3년 정월)

(3)-b) 신라 말에 견훤이 후백제왕이라 칭하고 그 땅을 모두 차지하였다. 얼마 안 있어 郡人들이 後高麗王 궁예에게 歸附하였다. (『고려사』 57, 지리 2, 전라도, 나주목)

(3)-c) 羅人은 順逆을 밝게 알아 率先해서 內附하였으니 태조가 百濟를 취하는데 羅人의 힘이 많았다.(『신증동국여지승람』35, 전라도, 나주목, 누정조)

위의 기록을 보면 ‘羅府’, ‘(羅州)郡人’, ‘羅人’들이 ‘스스로 移屬’해 왔거나, ‘歸附’하였거나, ‘率先해서 內附’하였음을 알 수 있다. 즉 왕건이 이곳을 쉽게 차지할 수 있었던 것은 이곳 주민들의 협조가 있었기에 가능하였던 것이다. 특히 ‘태조가 백제를 취하는데 나주인의 힘이 커다란 역할을 했다’고 한, (3)-c)의 기록은 당시의 사정을 잘 나타내 준다.

물론 서남해의 토착세력들이 모두 왕건에게 협조한 것은 아닐 것이다. 일부는 견훤의 후백제를 도와 왕건에게 적대적인 세력도 있었다. 예컨대 壓海縣의 賊帥 能昌이라든가, 葛草島 小賊이라 일컬었던 서남해 島嶼지방의 해상세력들이 그 대표적인 예가 될 수 있다. 그렇기는 하지만 후삼국 정립 초기 이 일대의 유력한 지방 호족을 비롯하여 다수의 주민들이 왕건에게 협조하였던 것은 의심의 여지가 없다.

3. 나주호족과 왕건과의 결합

앞 장에서 우리는 견훤이 전주로 천도한 후, 직접 군대를 이끌고 나주일대를 정벌하려고 하자 견훤정권의 지배에 불만을 품은 이곳의 해상세력들이 견훤을 이반하고 왕건에게 귀부하였음은 이미 지적하였다. 왕건이 고려를 건국하기 전 궁예의 부하로 있으면서 서남해일대의 지방세력들을 끌어들이면서 자신의 독자세력을 구축할 수 있었으며, 나아가 궁예를 몰아내고 고려를 건국하는데 유리한 고지를 차지할 수 있었다. 이제 나주호족과 왕건과의 결합양상을 구체적으로 검토해보자.

왕건은 903년 나주에 진출한 이래 10여 년 동안 서남해 일대에서 많은 활동을 하였다. 궁예는 왕건의 나주진출에 대한 공로로 909년 그를 韓餐 兼海軍大將軍에 임명하여 나주에 파견하였다. 그 결과 나주 관내의 목포를 비롯한 반남현,[10] 압해현,[11] 염해현, 덕진포,[12] 갈초도,[13] 진도, 고이도,[14] 등 서남해 일대에 대한 제해권을 궁예정권이 장악하게 되었다.

왕건은 그 공으로 말미암아 913년 궁예정권에서 최고의 관직에 오르게 되었다. 즉 궁예는 왕건을 파진찬 겸 시중에 임명하여 수도 철원으로 불러들이고, 대신 그의 副將이었던 金言을 해군장군에 임명하였다.

왕건이 궁예정권의 시중이 되어 수도 철원에 머물게 되자, 견훤은 서남해 일대의 제해권을 다시 장악하기 위해 자신이 직접 군대를 이끌고 나주일대의 공략에 나섰다. 그리하여 견훤은 이 일대의 지배권을 어느 정도 회복할 수 있었다. 이에 궁예는 다음 해인 914년 왕건을 시중 직에서 해임시키고 해군장군에 임명하여 서남해지역으로 내려 보냈다.[15] 이때 왕건은 貞州 포구에서 전함 70여척을 정비하여 병사를 거느리고 나주 공략에 나섰는데, 왕건이 나주에 이르자 백제와 해상의 좀도둑들이 왕건이 다시 온 것을 알고 모두가 두려워 감히 움직이지를 못하였다고 한다. 즉 왕건은 이곳에서의 계속된 군공으로 인하여 궁예의 신임을 얻고 결국은 百官의 長인 시중에 오를 수 있었던 것이다. 그러나 왕건이 시중 직에 임명되어 수도에 머무는 동안 서남해 지역은 다시 견훤의 지배하에 들어갔다. 이 사실은 이 일대에서 왕건의 역할이 얼마나 중요했는가를 단적으로 나타내 준 것이라 할 수 있다. 특히 궁예가 왕건을 시중 직에서 해임하고 다시 서남해로 보내면서, 그 이유로 水軍將帥가 미천하여 능히 적을 위압할 수 없다고 한 말이나, 왕건이 다시 온 것을 알고 모두가 두려워하며 감히 움직이

---

10 덕진포 북쪽 영산강 포구에 인접한 곳이다. 現 나주군 반남면 공산면 일대이다.
11 現 무안군 壓海面에 있는 壓海島이다.
12 『신증동국여지승람』35, 영암군 山川條에 德津浦在郡北五里 出月出山入海 라 하였다. 現 靈巖郡 德津面이다.
13 葛草島는, 압해현의 賊帥 能昌이 갈초도의 小賊들과 결탁하여 반남현에 이른 왕건을 기다리고 있었다고 한 것으로 보아, 압해도 부근의 도서로 보인다.
14 『신증동국여지승람』에는 康津縣의 古夷島와 靈光郡의 故耳島, 두 곳이 보이는데 珍島와 가까운 강진현의 고이도를 가리키는 것으로 여겨진다.
15 궁예가 왕건을 시중직에서 해임한 것은, 왕건이 독자적인 세력을 구축하고 있는데 대한 견제적 의미도 있었다. (申虎澈「弓裔의 政治的 성격」, 『韓國學報』29, 1982, 46~47쪽)

지를 못했다고 한 것 등은 이곳에서의 왕건의 활동을 그대로 표현해준 것이라 하겠다.

그런데 중요한 사실은 왕건이 나주에서 많은 공을 세울 수 있었던 요인이 무엇이었을까 하는 점이다. 왕건은 903년 나주 출정이후, 918년 고려건국까지 거의 대부분을 나주에 머물고 있었다. 즉 개경에서의 활동은 913년 시중으로 임명된 후 914년 다시 내려올 때까지를 비롯하여 불과 몇 년 되지 않았던 것으로 여겨진다.[16] 이처럼 왕건이 나주에 오래 머물러 있었다는 사실은 나주지역이 왕건의 세력 근거지나 다름없었기 때문이다.

후일 궁예가 날로 포악해지자 왕건이 다시 閫外에 뜻을 두었다든지, 그의 副將인 金言이 궁예에 대한 불만을 토로하자, 왕건이 그에게 말하기를 '內職에 있는 사람은 스스로 보전하지 못할 것이니 밖에서 정벌에 종사하여 일신을 보전하는 것만 같지 못하다.'라고 한 것에서 왕건의 의도를 능히 짐작할 수 있다. 궁예정권 말기 궁예의 소위 미륵관심법에 의해 모반죄로 몰려 죽을뻔 하다가, 崔凝의 도움으로 간신히 위기를 모면한 후에도 왕건은 나주로 내려왔던 것이다. 즉 왕건은 정치적으로 자신의 지위가 불안할 때에는 나주를 자신의 安居地로 삼고 있었음을 알 수 있다. 또 왕건이 이곳에서 자신의 세력을 구축하기 위해 노력하고 있었다는 사실은, "南方에 기근이 들어 좀도둑이 성하고 戍卒들이 모두 半菽을 먹고 연명할 때 왕건이 힘껏 규휼하여 모두 이에 힘입어 완전히 살게 되었다"고 한『고려사』의 기록을 통해 충분히 짐작할 수 있다.

왕건은 즉위 후에도 나주를 특별하게 생각하였다. 그는 즉위 후에 나주에 '羅州道大行臺'라고 하는 특별 행정부를 설치하였는데, 나주도대행대는 나주 관내의 군현을 특별 관리하기 위하여 중앙정부와는 별개의 독립된 행정부로 인사 및 군사행정을 담당하였다고 한다. 왕건이 나주도대행대를

---

16 왕건이 시중직에서 해임되어 수군의 임무를 맡아 나주로 내려온 후 언제 개경으로 돌아 갔는지 알 수 없다. 아마도 918년 정변이 있기 그리 멀지 않은 시기까지 나주에 머물고 있었던 것으로 짐작된다.

설치한 목적은 왕실의 권위를 지지해 주는 세력기반을 마련하기 위한 것으로 西京의 경영과 비슷한 사례인 것이다.[17]

그런데 이처럼 왕건이 나주일대를 자신의 세력 근거지로 삼을 수 있었던 것은 단순히 왕건의 개인적인 능력이나 활동의 결과라고만 볼 수 없다. 오히려 오래 전부터 서남해 지역 세력과 어떤 관련을 맺고 있었던 것이 아닌가 한다. 이제 왕건과 결합한 서남해일대의 인물들이 누구였는지, 그리고 그들의 활동이 어떠했는지 구체적으로 검토하기로 하자.[18]

> (4) 莊和王后 吳氏는 羅州人이다. 祖는 富伅이고 父는 多憐君이다. 대대로 州
> 의 木浦에 살았다. 다련군은 沙干 連位의 딸 德交에게 장가들어 后를 낳
> 았다. …중략… 태조가 水軍將軍이 되어 羅州에 出鎭하였는데 木浦에 배
> 를 정박하고 나서 川上을 보니 오색구름의 기운이 서려 있는지라 가보니
> 后가 布를 빨고 있었다. 이에 태조가 불러 동침하였다.(『고려사』 88, 후
> 비 1)

태조 왕건의 妃가 된 장화왕후 오씨는 할아버지가 부돈이고 아버지가 다련군이며 외할아버지는 사간 연위였다. 나주 오씨의 조상은 중국에서 상인으로 흥하여 해외무역상을 따라 신라로 건너왔다고 한다.[19] 아마도 중국과의 해상무역을 통하여 부를 축적하였던 해상세력의 후손으로 짐작된다. 한편 왕후의 外祖인 連位도 당시 지방 세력가들이 흔히 칭하던 沙干이라는 官位를 사용하고 있었던 것으로 보아 오씨와 비슷한 배경을 가진 집안으로 추측된다. 즉 장화왕후의 부모 양측의 집안은 모두 왕건 선대와 마찬가지로 해상세력이라고 할 수 있다. 결국 왕건과 나주 오씨 세력이 쉽게 결합할 수 있었던 것은, 이처럼 양쪽 선대의 출신기반이 해상세력이라는

---

17 박한설, 앞의 글, 31~36쪽.
18 이후 주로 신호철, 「고려초기 후백제계 인물들의 활동」, 『한국중세사연구』 22, 2007을 참조하여 서술하였다.
19 『增補文獻備考』 49, 帝系考 10, 氏族, 吳氏.

동일한 사회·경제적 배경을 갖고 있었기 때문이었다.[20]

나주의 오씨 세력이 왕건과 결합한 것은 왕건이 처음 나주에 출정한 903년 무렵으로, 왕건에게 있어서 나주 오씨의 귀부는 매우 특별한 의미를 가진 사건이었다고 할 수 있다. 왜냐하면 왕건은 이를 계기로 점차 나주 뿐 아니라 중서부 해안의 유력한 호족세력들과 연결되어 더욱 자신의 세력기반을 공고히 하는 결정적인 전기가 되었기 때문이다. 한편 나주의 호족세력들이 자신들의 지배영역에 대한 견훤정권의 지배권 강화에 불만을 가지게 된 것도 왕건과의 결합을 쉽게 한 하나의 요인이 될 수 있을 것이다.

다음 왕건과 결합한 서남해 지방출신 인물로 신숭겸을 들 수 있다.

> (5)-a) 初名은 能山이며 廣海州人이다. 신체가 長大하고 武勇이 있어 (중략) 태조 10년 태조와 함께 공산전투에서 견훤과 싸우다가 불리해져 숭겸은 이때 大將이었는데 힘껏 싸우다가 元甫 金樂과 함께 전사하였다.(『고려사』 92, 洪儒傳 附 申崇謙傳)
>
> (5)-b) 본래 全羅道 谷城縣人이다. 太祖가 賜姓하고 (중략) 命하여 平州를 賜하고 鄕으로 삼았다.(『신증동국여지승람』 41, 황해도, 평산도호부, 인물)
>
> (5)-c) 世傳에는 崇謙이 죽어서 縣의 城隍神이 되었다고 한다.(위의 책 46, 전라도, 곡성현, 인물)

위의 5-a), 5-b)에 의하면, 신숭겸은 廣海州人 혹은 谷城縣人으로 서로 다르게 기술되어 있으나, 전라도 곡성출신임이 분명하다. 광해주(춘천)은 그의 寓居地로서, 우거지는 타향에서 임시로 사는 것을 말한다. 더구나

---

20 송악의 王建家와 貞州의 柳氏勢力 및 여천의 朴述熙와 羅州의 吳氏세력 등은 그 출신기반이 같은 해상세력이라는 점에서 일찍부터 연관을 맺고 있었다고 한다. (李泰鎭, 「김치양난의 성격」, 『한국사연구』17, 71~72쪽; 강희웅, 「高麗 惠宗朝 王位繼承亂의 신해석」, 『韓國學報』 7, 1977, 67~70쪽)

5-c)의 그가 죽어서 곡성현의 城隍神이 되었다는 것을 보면 그가 곡성 출신일 뿐 아니라 상당한 족적 기반을 가지고 있었음을 시사해준다.

그런데 곡성출신인 그가 언제 어떻게 왕건과 함께 활동하게 되었는지 정확하게 알 수는 없다. 아마도 왕건이 900년대 초 서해안에서 활동하던 시기에 만나게 된 것이 아닐까 한다. 그리하여 그는 곡성을 떠나 왕건을 따라 궁예정권에 참여하게 되었고, 그 과정에서 광해주에 우거하게 된 것으로 추정된다. 신숭겸은 왕건과 연결된 이후, 왕건을 도와 궁예를 축출하고 태조로 즉위하는데 결정적인 역할을 하였고 이로 인해 그는 洪儒 등 騎將 4인과 함께 1등 공신에 올랐다.

다음으로 宗會를 들 수 있다. 그에 대해 살펴보자

(6)-a) 田拱之는 靜州 靈光縣人이다. 成宗朝에 進士科에 합격하여 穆宗末에 太學博士를 除授하였다.(『고려사』94, 田拱之 列傳)

(6)-b) 國師의 성은 田氏, 諱는 志謙, 字는 讓之이다. 그의 世系는 靈光郡의 太祖功臣 雲騎將軍 諱 宗會에서부터 나왔다. 光宗朝에 장원 급제한 樞密院使 諱 拱之의 6대손이다.(李奎報 撰, 故華嚴寺住持王師定印大禪師追封靜覺國師碑銘, 『동문선』118)

사료 (6)-a)는 田拱之의 열전이고, (6)-b)는 전공지의 6대 孫인 田之謙, 즉 靜覺國師의 碑銘이다. (6)-a)에는 그의 선대에 대한 기록이 나와 있지 않지만, (6)-b)에 의하면 宗會는 정각국사의 始祖이자, 전공지의 선조임을 알 수 있다. 그런데 전공지가 靈光人이었다고 한 것으로 보면, 종회 또한 영광인이었음을 알 수 있다. 그가 雲騎將軍으로 太祖功臣이 된 것을 보면, 언제인지 확실하게 말할 수 없지만, 왕건에게 귀부한 인물임에는 틀림이 없다. 아마도 그는 고려 건국이전에 왕건과 연결되어 태조의 즉위과정에 공을 세운 개국공신이었을 가능성이 크다.

그런데 909년 왕건이 궁예의 부하로 海軍大將軍에 임명되어 羅州에 鎭戍해 있을 때, 그를 보좌하면서 측근 副將으로 활동한 인물 중에 宗希라는 인물이 보인다.[21] 왕건의 副將이었던 宗希와 宗會는 동일인물이라고 생각한다. 한편 936년 후백제와의 一利川 전투에서 태조의 친위군인 天武軍을 지휘한 무장 중에 大將軍 元尹 宗熙라는 인물이 보이는데,[22] 이 또한 宗希와 동일인물로 생각된다.[23]

이상의 추론이 맞는다면, 宗會는 서남해 靈光출신으로 왕건이 궁예의 부하로 나주에 진출해 있을 때에 그와 결합한 후 왕건의 측근 副將으로 활동하였다. 이후 왕건을 도와 고려 건국에 공을 세운 開國功臣이자, 후백제의 신검군을 토벌하는 天武軍의 지휘관으로 활약하여 후삼국 통일에도 혁혁한 전과를 올린 인물이었다고 할 수 있다. 종회의 이러한 역할 때문에 그의 후손인 전공지는 光宗 代에 과거에 급제하여,[24] 성종대에 이르기 까지 중앙의 귀족관료로 활동할 수 있었고, 또 그 6대손인 田志謙도 國師로 책봉될 수 있었던 것이라고 생각한다.

4. 후삼국 통일과정에서의 나주호족의 활동

앞서 살핀 바와 같이 궁예와 견훤간의 대립과정에서 나주호족은 왕건과 결합하여 후백제의 배후지역을 압박하는데 커다란 공헌을 하였다. 이로 인해 왕건은 궁예를 몰아내고 고려를 건국할 수 있었고 나아가 후삼국 통일의 토대를 마련할 수 있었던 것이다. 이제 후삼국 통일과정에서의 나주지역 호족들의 향배를 살펴보자.

견훤이 901년 羅州 공략한 이후 914년까지 10여 년 동안 모두 8차례에

---

21 『고려사』 1, 태조세가, 開平 3년.
22 『고려사』 2, 태조 19년 9월.
23 후삼국기 동일 인물에 대한 인명 표기가 서로 다른 경우는 그 예를 열거할 수 없을 만큼 많이 있다. 대표적인 예로 順式과 荀息을 들 수 있다.
24 전공지가 급제한 시기에 대해 (6)-a의 列傳에는 성종대로, (6)-b의 碑銘에는 광종대로 서로 다르게 기록되어 있다. 후자를 따른다.

걸쳐 후고구려군과 전투를 벌이는 등 첨예하게 대립하고 있었지만, 고려 건국 후에는 서남해 일대에서 전투의 기록을 찾아볼 수 없다. 무엇 때문일까. 우선 고려의 내적인 정치문제로 이곳에 대한 경략이 소홀해질 수밖에 없었을 것이라는 점을 들 수 있다. 고려 건국 직후 계속된 모반사건으로 정치적인 혼란이 있었고, 왕건 자신도 왕실 내의 문제 등으로 인하여 이곳에 직접 출정하기는 어려웠을 것이므로 후백제와의 대립을 피하고자 했을 것이다. 실제 내륙의 접경지역에서조차도 고려 건국 초기에는 양국 간 별다른 전투는 일어나지 않았다. 그리고 후백제 측에서도 신라와 인접한 낙동강을 중심으로 한 경상도 일대의 확보에 주력하고 있었기 때문에 서남해 지역에서 고려와의 직접적인 대립은 없었던 것이다.

그러나 이러한 양상은 930년을 전후해서 전혀 다른 국면을 맞이하게 되었다. 즉 930년을 전후하여 나주 일대에 대한 지배권은 다시 후백제에게 돌아간 것으로 보인다. 다음의 사료를 보도록 하자.

> (7) (태조 18년 4월) 왕이 諸將에게 말하기를 羅州의 40여 郡이 우리의 울타리가 되어 오랫동안 복종하고 있었는데 근년에 후백제에 침략되어 6년동안 해로가 통하지 않으니 누가 능히 나를 위해 이곳을 鎭撫하겠는가 하니 공경들이 유금필을 천거하였다.(중략) 유금필을 都統大將軍에 임명하여 예성강까지 전송하고 御船을 주어 보내었다. 유금필이 나주를 경략하고 돌아오니 왕이 또 예성강까지 행차하여 맞아 위로하였다. (『고려사절요』 태조 18년 4월)

위 사료에서 나주의 40여 군이 후백제에 침략되어 6년 동안 해로가 통하지 않았다고 한 데서 서남해안 일대가 그동안 견훤의 지배하에 놓여 있었으며, 그 시기는 대략 930년을 전후해서였음을 확인할 수 있다.

6년 동안 견훤의 지배하에 놓여 있던 나주를 이 때(935년 4월) 갑자기 유금필로 하여금 도통대장군에 임명하여 수복하게 한 것은 후백제의 내분 때문이었다. 즉 935년 3월에 견훤의 장남인 신검이 반란을 일으켜 견훤왕을 금산사에 유폐시킨 것이다. 이처럼 후백제의 내분을 틈타, 신검이 반란을 일으킨 지 한달 뒤인 4월에 유금필을 보내 나주를 수복하였던 것이다.

한편 유금필이 나주를 수복하고 난, 두 달 뒤에는 견훤이 금산사를 탈출하여 나주로 도망하는 사건이 벌어졌다. 나주에 온 견훤은 왕건에게 사람을 보내 귀부할 뜻을 알렸고, 이에 왕건은 장군 유금필과 大匡 萬歲와 元補 香乂, 吳談, 能宣, 忠質 등을 보내어 海路로 견훤을 맞이 하는 등 예우를 갖추어 대대적으로 환영했다.

여기에서 우리는 견훤정권 말기 나주 지방세력의 역할을 다시 한번 주목하게 된다. 즉 견훤이 금산사를 탈출하여 곧장 나주로 피신했다는 사실과 그 두 달 전에 유금필에 의해 나주가 정벌되었다는 사실 사이에 어떤 관련성이 있지 않나 한다. 더구나 견훤은 나주에서 사람을 보내 왕건에 귀부할 뜻을 전했고 또 나주에서 곧장 해로를 이용하여 개경으로 들어갔다는 점에서, 우리는 위의 일련의 사건들이 나주와 직접적인 관련을 갖고 연속해서 일어났음을 알 수 있다. 즉 935년 3월 신검 3형제의 반란사건, 한 달 후인 4월에, 6년 동안이나 견훤의 지배하에 있던 나주를 유금필이 수복한 것, 그리고 다시 두 달 후인 6월 견훤이 금산사를 탈출하여 나주로 피신한 것, 이어 나주에서 고려에 사람을 보내 견훤의 귀부를 알리고 해로를 통해 개경으로 들어간 것 등, 후백제 몰락과정에 나주의 지방세력이 직간접적으로 깊이 관련되어 있지 않았나 의심을 갖게 된다. 후백제 내분 직후 유금필이 나주 수복에 나선 것이라든지, 금산사에 유폐되어 있던 견훤이 나주로 탈출할 수 있었던 것, 그리고 고려에 사람을 보내 견훤의 귀부를 전한 것 등은 모두 나주의 지방세력들의 주선·협조 하에 이루어진 것으로 여겨진다.

결국 나주를 비롯한 서남해 일대의 해상세력들의 향배는 견훤의 몰락과 밀접한 관련을 가지고 있다. 이곳은 견훤이 군사를 일으킨 출발지이자 세력 근거지라 할 수 있는 곳으로, 서남해의 제해권을 장악하기 위해서 견훤은 여러가지 노력하였지만 이곳 해상세력의 반발로 성공하지 못하였다.

오히려 이들은 왕건에게 협력하였던 것이다.

앞서 궁예의 부하로 있던 왕건과 결합하여 고려 건국에 공을 세운 나주 출신 호족세력들을 검토한 바 있지만, 이들 무장계통의 호족들과는 성격을 달리하는 인물들이 왕건을 도와 후삼국 통일에 지대한 영향을 미쳤다. 주로 후백제 지역에서 활동하던 禪僧이나 문인 계통의 인물이 바로 그들이다.

최근의 연구 성과에 의하면, 견훤은 일찍부터 불교에 관심을 갖고 있었음은 물론 여러 禪宗山門과도 밀접하게 연결을 맺고 있었던 것으로 파악되고 있다.[25] 즉 동리산문의 道詵과 慶甫 및 允多, 순천 호족과 결합하였던 사자산문의 折中, 전주 남원의 실상산문의 片雲和尙, 가은현 희양산문의 兢讓 등이 견훤과 직간접적으로 관련을 맺고 있었던 것으로 알려졌다. 견훤은 또 화엄종 승려와도 관련을 맺고 있었는데, 즉 가야산 해인사에는 견훤의 福田인 南岳 觀惠와 왕건의 복전인 北岳 希郎이 대립하고 있었으며, 관혜는 화엄사를, 희랑은 부석사를 각각 그 기반으로 삼고 있었다. 뿐만 아니라 후백제에서는 選佛場이 열렸으며 승과제도가 시행되기까지 하였다. 이처럼 후백제 초기에는 견훤이 여러 종파의 선승들과 결합하고자 노력하였고, 그 결과 전라도 일대 선종산문의 지지를 받았던 것으로 보인다. 그러나 대부분의 선종 승려들이 점차 왕건과 결합하면서 고려에 귀부하게 되었다. 이들 선승들의 고려 귀부는, 앞에서 살펴본 서남해 호족들이 왕건과 결합해 전공을 세운 것 못지않게 고려의 후삼국 통일에 상당한 영향을 미쳤다. 이제 이들의 활동을 검토하기로 하자

신라말기 동리산문은 전남 일대에 그 영향력을 미치고 있었다. 동리산

---

25 견훤의 불교정책 등 불교와 관련된 연구로는 다음과 같다. 金杜珍「羅末麗初 桐裏山門의 成立과 그 思想」, 『東方學志』 57, 1988 ; 許興植「僧科制度와 그 機能」, 『高麗佛敎史硏究』, 일조각, 1990 ; 許興植「葛陽寺 惠居國師碑」, 『高麗佛敎史硏究』, 일조각, 1990 ; 金壽泰「甄萱政權과 佛敎」, 『후백제와 견훤』, 서경문화사, 2000 ; 조범환, 「후백제 견훤정권과 선종」, 『견훤정권과 전주』 주류성, 2001.

문의 본사는 곡성의 大安寺였지만,[26] 대안사 외에도 광양 白鷄山의 玉龍寺
와 雲岩寺, 구례의 道詵寺, 三國寺, 영암의 米沽寺, 남원의 穿道寺(南原 雲
峰), 南福禪院(全州))등 여러 사찰이 소속되어 있었다.

영암 출신인 道詵은 동리산문의 개조인 慧徹에게 사사받고 전남 광양의
백계산 옥룡사에 주지하였다. 그런데 도선은 본래 견훤과 관련을 맺고 있
던 후백제계의 인물이었을 것으로 파악되고 있다. 즉 동리산문의 단월세
력은 견훤과 연결되었으며, 도선의 풍수지리설도 본래는 왕건보다는 오히
려 견훤과 더 밀접한 관계를 맺고 있었다는 것이다.[27] 도선이 입적한 898
년은 견훤이 무진주를 점령하여 '新羅西面都統' 운운하며 自署한지 7년이
되던 해로,[28] 도선이 입적하기 전 그가 주지한 옥룡사는 견훤의 세력권 내
에 있었던 것이 분명하다. 아마도 후백제의 무진주 정부시절에 견훤은 동
리산문과 서로 관련을 맺었을 것이고, 이때에 도선과도 연결되었을 것이
라고 생각한다.

도선의 비문에는 그가 오히려 왕건과 연결되어 있던 것으로 되어 있지
만, 이것은 후대에 부회하여 윤색된 것이라고 한다.[29] 도선이 비록 왕건과
직접 만나지 않았다고 하더라도, 그가 입적한지 5년 후인 903년에 왕건이
나주에 진출했으므로, 그가 도선의 위명을 전해 들었을 것이라는 점은 충
분히 예상된다. 왕건 선대와의 관계를 통해서 나주에 오기 이전부터 도선
과 어떤 연관이 있었을 가능성도 있다. 아무튼 도선은 왕건에게 있어서 특

---

26 大安寺는 혜철이 입적할 당시 상당한 사원세력으로 성장하였다고 한다. 40인의 福
田을 거느리고 있었으며, 494결이나 되는 거대한 토지를 소유하였고, 이 외에도
柴地 143결, 鹽場 43결, 奴 10명, 婢 13명을 소유하고 있었다고 한다.(김두진, 앞
의 「羅末麗初 桐裏山門의 成立과 그 思想」, 16쪽)

27 김두진, 위의 글, 17~24쪽.

28 견훤은 889년에 서남해에서 自立하여, 892년에는 武珍州(光州)를 점령 '新羅西面
都統(중략) 漢南郡開國公' 운운하며 自署하였다. (신호철, 앞의 책, 46~48쪽)

29 김두진, 앞의 글, 17~22쪽. 한편 도선의 碑는 신라시대 박인범이 찬한 것이 있지
만 현재 전하지 않고, 고려 의종 대에 崔惟淸이 撰한 「白鷄山玉龍寺先覺國師碑銘」
이 남아있다.

별한 존재였다. 왕건의 탄생과 삼한의 통일을 예언하였다거나, 왕건이 17
세 때 직접 방문하였다거나, 훈요십조에서 왕건은 도선이 지정한 사찰 외
에는 일체의 개창이나 남설을 금하게 하였음은 잘 알려진 일이다. 분명한
사실은 도선이 죽고 난 이후 동리산문의 제자들이 왕건과 밀접하게 연결
되었다는 사실이다. 允多라든가 慶甫 등은 처음에는 견훤의 지원을 받았
으나, 고려 건국 이후에는 왕건에게 귀부하였다.

한편 소위 '海東四無畏大師'로 불리었던 선승들은 고려 건국 이전에 왕
건과 결합하였다. 장흥 가지산문의 逈微는 891년 입당 수학한 후 905년
귀국하였다. 강진의 無爲岬寺에 주지하던 중 왕건을 만나 철원으로 상경
하였다. 法鏡大師 慶猷는 888년 近度寺에서 구족계를 받은 후 입당하였다
가 908년에 羅州의 會津으로 귀국하였다. 왕건이 나주에 출정해 있을 때
만났으며, 즉위 후에 그를 왕사로 대우하였다. 가지산문의 麗嚴은 878년
구족계를 받은 후 입당하여 수학하다가 909년에 昇平으로 귀국하였다. 이
때 왕건의 도움을 받았을 것으로 추정된다. 眞澈大師 利嚴은 896년 입당
수학하다, 911년에 羅州 會津으로 귀국하였다. 역시 이때 왕건의 도움 받
았을 것으로 추정된다.[30]

이들 四無畏大師가 모두 서남해 출신 인물이라고 할 수는 없다. 그러나
이들이 모두 비슷한 시기에 入唐하여 雲居道膺의 문하에서 수학하다가 고
려 건국 전에 서남해를 통해 귀국하였고, 전남 일대에서 활동하다 왕건과
연결되어 이후 고려를 건국하는데 직간접적으로 공헌한 인물이라는 것이
다. 특히 왕건의 승려 결합 의도가 이 지역 일대의 호족세력들과의 연합정
책의 일환이자 한편으로는 항복한 지방의 백성들을 교화하거나 민심을 수
습하기 위한 목적이었다는 점을 고려할 때, 위의 선승들의 역할은 특히 전
남일대의 사원세력과 민심의 향배가 견훤으로부터 왕건에게 옮기는데 커
다란 영향을 미쳤을 것이라 점은 의심의 여지가 없다.

---

30 김두진, 「왕건의 승려결합과 그 의도」, 『한국학논총』4, 1981 및 최병헌, 「라말려
　　초 선종의 사회적 성격」, 『사학연구』25, 1975.

처음에는 견훤의 후원을 받았거나 후백제 지배하에 있던 사원에서 활동하였으나, 통일전쟁과정에서 견훤을 떠나 왕건에게 협조한 인물들 중 그 대표적인 예는 동리산문의 允多와 慶甫, 그리고 문사로 활동한 崔知夢 등이 있다. 동리산문의 개조인 慧徹의 정맥을 이은 윤다는 도선의 제자 경보와 비슷한 시기에 활동 하였으나 오히려 경보보다 먼저 왕건과 연결되었다. 즉 그는 대안사에 주지하고 있었는데, 주지가 된지 얼마 되지 않아 왕건에게 귀부하였다.

한편 경보는 865년에 영암 鳩林에서 출생하여 옥룡사의 도선의 제자가 되었는데, 견훤이 무진주를 점령하던 892년에 당나라에 건너가 수학하다가 921년에 견훤의 도움으로 귀국하여 전주의 南福禪院에 머물렀다. 얼마 후 그는 견훤의 배려로 광양의 玉龍寺로 가서 그곳의 주지가 되었다. 그러나 경보 또한 왕건에게 귀부하였다. 경보가 언제 왕건에게 귀부하였는지 정확한 기록은 없지만, 견훤이 금산사에 유폐되던 935년 이후일 것으로 파악되고 있다. 즉 다른 선승들과는 달리 경보는 견훤과 끝까지 연결되어 있었던 것으로 여겨지며 아마도 견훤이 고려에 귀부하면서 그와 함께 왕건에게로 간 것이 아닐까 추정되고 있다.[31] 고려에 귀부한 경보는 이후 惠宗과 定宗의 돈독한 귀의를 받다가 정종 2년인 948년에 입적하였다.

이처럼 윤다와 경보의 고려 귀부는 왕건의 사상적 배경에 커다란 전환점이 되었다. 대안사와 옥룡사를 비롯한 동리산문은 처음에는 견훤을 단월세력으로 하고 있었으나, 고려 건국 이후 왕건을 지지함으로써 후백제의 민심을 끌어들이는데 영향을 미쳤을 것이고, 나아가 도선의 풍수지리설을 왕건과 연결시키는데도 기여를 한 것으로 추정된다.

고려 건국 이후에 왕건을 도와 활약한 나주 출신 인물 중 文士로서 활약한 대표적인 예로 崔知夢을 들 수 있다. 최지몽은 元甫 相昕의 아들로 907년(효공왕 11)에 영암에서 태어났다. 그가 언제 어떤 과정을 거쳐 왕건과 연결되었는지 알 수 없지만, 그가 태어난 907년에는 이미 왕건이 나주

---

31 김두진, 앞의 글, 22~24쪽.

에 진출해 있을 때이며, 아마도 그의 아버지 相昕 때에 왕건과 연결을 맺은 것이 아닐까 한다. 영암은 도선과 그 제자 경보의 출신지로서 본래 후백제의 지배영역이었으나, 903년 이후에는 왕건과 연결된 지역이다. 최지몽이 왕건을 만난 것은 925년 정도일 것으로 여겨진다. 즉 태조가 18세인 지몽을 불러들여 꿈을 점치게 하니, 장차 삼한을 통일하리라는 해몽을 하였다고 한다. 그런데 907년에 최지몽이 태어났으므로 그가 18세일 때는 925년 전후였을 것이다. 그는 大匡 玄一에게서 배워 經史를 섭렵하고, 특히 天文과 卜筮에 능하였다 한다. 그가 천문에 능하였다는 것은 동향의 선배였던 도선이나 경보의 풍수지리설과 어느 정도 관련이 있다고 생각된다. 태조와 만난 이후 그는 전쟁에 나갈 때는 항상 태조의 옆을 떠나지 않았으며, 후삼국 통일 후에도 태조의 측근으로 활동하며 고문 역할을 하였다. 그는 이후 6대인 성종 대까지 계속 중앙 정계에서 활약하였다.

견훤이 왕건에게 귀부한 다음 해인 936년 2월에는 견훤의 사위이자 승주의 대호족이었던 昇州將軍 朴英規가 고려에 귀부하였다. 박영규는 일찍 견훤과 연결을 맺은 것으로 보인다. 아마도 견훤이 서남해 방수군의 비장 시절 만나지 않았을까 한다. 박영규가 고려 태조에 귀부한 것은 견훤에 대한 충성심에서 비롯된 것이었으며, 신검의 반란에 불만을 가지고 있었기 때문이었다. 그가 "나의 임금을 버리고 반역한 아들을 섬긴다면 무슨 얼굴로 천하를 대하리오"라 한 것으로 알 수 있다. 그의 고려 귀부는 후백제 멸망에 결정적인 역할을 하였다. 태조는 박영규를 佐丞에 임명하고, 밭 1000頃과 말 30필을 하사하였다. 그의 아들은 관리에 임명하고 딸은 태조의 17妃인 東山院夫人을 삼았으며, 다른 두 딸은 定宗의 妃로 삼았는데 文恭王后와 文成王后가 바로 그이다. 그리하여 박영규는 2代에 걸쳐 왕실의 외척으로 고려 초기 중앙정권의 핵심적인 세력이 되었던 것이다. 그는 죽어서 海龍山神이 되었다.[32]

한편 같은 昇州 출신인 金聰 또한 후삼국 통일에 공을 세운 인물이다.

---

32 『신증동국여지승람』40, 順天都護府, 祠廟・人物條.

그는 견훤을 섬겨 引駕別監에 오른 견훤의 측근 인물이다. 김총 역시 박영규와 마찬가지로 견훤이 왕건에게 귀부한 후에는 견훤을 따라 고려에 귀부했을 것으로 생각된다. 그는 죽어서 進禮山의 城隍神이 되었다.[33] 그런데 해룡산은 순천만을, 그리고 진례산은 광양만과 접하고 있어, 해룡산신과 진례산 성황신이 된 박영규와 김총은 각각 순천만과 광양만을 장악한 유력한 해상세력이었음이 분명하다. 이들은 일찍부터 견훤과 결합하였지만 후일 견훤을 따라 고려에 귀부하여 후삼국 통일에 앞장섰을 뿐 아니라, 대 중국교역의 중요한 해양거점을 확보할 수 있는 계기가 되었던 것이다.[34]

5. 고려 귀족사회의 성립과 나주호족

태조 왕건이 후삼국을 통일한 후에도 나주출신 인물들은 중앙정치 무대에서 상당히 활발하게 활동하였다. 이미 언급한 바와 같이, 후삼국 통일 1년 전인 935년 4월에 유금필을 도통대장군에 임명하여 6년 동안 후백제 지배하에 있던 나주를 수복하였다. 후백제 내분을 틈타 그동안 잃었던 나주일대의 지배권을 다시 찾은 셈이다. 견훤은 그해 6월 금산사를 탈출하여 나주로 도망하여 고려에 귀부할 뜻을 알리고, 곧 이어 개경으로 가서 왕건에게 무릎을 꿇고 말았다. 유금필이 나주를 수복한지 2개월 후의 일이다. 이에 왕건은 장군 유금필 등을 보내어 해로를 이용하여 그를 융숭하게 맞이했던 것이다. 나주인들이 견훤의 고려 귀부에 일정한 역할을 한 것이다.

---

33 위와 같음.
34 후삼국시대 승주의 호족에 대해서는, 鄭淸柱, 「新羅末 高麗初 順天地域의 豪族」, 『全南史學』 18, 2002 및 강봉룡, 「후백제 견훤과 해양세력」, 『후백제의 대외교류와 문화』, 후백제문화사업회, 2004를 참조.

이처럼 후백제 멸망에 있어서 나주호족이 결정적인 역할을 했기 때문에 후삼국을 통일한 후에 중앙정부에서의 그들의 정치적 입지는 매우 클 수밖에 없었을 것이다. 물론 왕건의 출신 지역인 패서호족들의 견제를 받고 있었기 때문에 제한적일 수밖에 없었을 것이다.

이제 태조이후 귀족사회 성립기인 혜종대부터 성종대까지 나주 호족의 활동과 역할에 대해 살펴 보기로 하자. 태조가 죽고 이어 2대 혜종이 즉위하였다. 나주오씨 장화왕후의 소생인 武가 왕위에 오른 것이다. 그가 왕위에 오를 수 있었던 것은 무엇보다도 태조의 의지가 강했기 때문이다. 혜종을 견제하는 세력으로 왕실 측근에 많이 있었을 뿐만 아니라, 더구나 혜종의 모후인 오씨가 변방의 나주출신으로 소위 '側微'하다 하여 그의 왕위계승을 반대하는 다른 지역의 호족세력들도 만만치 않았다. 이를 염려한 태조는 오씨 소생인 武를 태자로 책봉하는 등 왕위를 계승할 수 있도록 특별한 배려를 했다. 혜성군(충남 면천) 출신의 호족세력이자, 태조의 측근으로 후삼국 통일과정에서 많은 공을 세운 박술희를 그의 후견인으로 삼았으며, 결국은 박술희를 비롯한 나주 세력의 도움으로 우여곡절 끝에 겨우 왕위에 오를 수 있었다. 그러나 혜종은 반대세력의 견제를 받아 시련을 겪게 되었다.

혜종의 반대세력으로는 우선 개경과 패강진 등, 소위 패서호족을 들 수 있다. 혜종의 이복 동생인 堯(3대 정종)와 昭(4대 광종) 또한 혜종의 견제 세력이었다. 요는 태조의 2자로 그의 어머니 神明王后는 충주의 대호족인 충주 劉氏 집안의 딸이다. 한편 박영규의 딸을 비로 맞이하였다. 그는 충주와 승주의 대호족을 각각 외가와 처가로 삼아 든든한 배후세력을 갖고 있었으며, 나아가 태조의 從弟이자 서경을 진수하고 있던 당대의 최고 실력자인 왕식렴과도 관계를 맺고 있었다.

廣州의 호족출신인 왕규세력도 만만치 않았다. 그는 두 딸을 태조의 제15비와 16비로 들였고, 다른 한 딸마저 혜종의 비로 삼음으로써 이중 외척관계를 맺고 있던 최고 실력자 중의 하나였다. 왕규는 마침내 자신의 사

위인 혜종을 몰아내고 태조의 16비 소생이자 자신의 외손자인 광주원군을
왕위에 세우고자 두 차례에 걸쳐 혜종을 암살하려고 하였다. 이것이 바로
왕위계승난이다. 왕위계승난과 관련된 개경의 여러 세력집단과의 이해관
계에 대해서는 여러 가지 해석이 분분하여 여기서 상론할 바는 아니다.

이처럼 혜종은 그의 적대세력들에 둘러싸여 신변의 위협을 느끼면서 불
안한 생활을 하다, 결국 병을 얻어 재위 2년 만에 세상을 떠나고 그의 든
든한 후견인 역할을 하던 박술희마저 제거되고 말았다. 혜종은 비록 2년
이라는 짧은 기간 동안 재위했지만 배후에서 그를 도운 나주지방 출신들
이 있었다. 『고려사』는 이를 두고 "혜종이 의심하는 바가 많아 항상 좌우
에 甲士를 수행시키고 鄕里小人을 가까이 하였다"고 전한다. 여기에서 '향
리소인'으로 표현된 인물들을 나주 오씨와 연결된 나주 출신 인물들로 해
석하는 견해가 있다.[35]

그 가장 두드러진 인물로 영암출신 최지몽을 들 수 있다. 이미 언급한
바와 같이, 그는 왕건의 나주 경략 과정에서 연결되었을 것으로 여겨진다.
그는 태조와 만난 이후 전쟁에 나갈 때는 항상 태조의 옆을 떠나지 않았
으며, 후삼국 통일 후에도 태조의 측근으로 활동하며 고문 역할을 하였다
고 한다. 그는 혜종이 왕이 된 후에 司天官으로 있으면서 혜종이 병으로
神德殿에 누워 있을 때 왕규가 장차 반란을 꾀하는 점을 쳐서 혜종이 암
살당할 것을 예언하여 침전을 옮길 것을 청하여 결국 암살을 모면하게 하
였다. 이를 안 왕규는 그를 죽이려 하였다고 한다.

최지몽은 태조와 혜종대에 왕의 최측근으로 큰 공을 세웠을 뿐만 아니
라 왕위계승난에도 살아 남았다. 정종 때에는 왕규를 제거한 공으로 농장
과 말, 銀器 등을 하사 받았다. 정종 때에도 왕의 측근으로 활약하였던 것
이다. 광종 때에는 귀법사 행차 시 술에 취해 실례를 범했다는 이유로 偎
傑縣으로 유배되었다. 그는 유배된 지 11년 지난 뒤인 경종 5년에 다시
왕경으로 돌아 올 수 있었다. 그가 돌아오자 경종은 그에게 '大匡內議令東

---

35 노명호, 「고려초기 왕실출신의 향리세력」, 『고려사의 제문제』, 1986, 66쪽

來郡侯食邑一千戸柱國'을 제수하고 銀器, 錦天被褥帳, 衣, 馬, 幞頭, 犀帶 등을 하사하였다. 그는 王承의 모반사건을 예언하여 경종의 총애를 받았으며, 후에 경종의 배향공신이되었다. 경종의 뒤를 이어 성종이 즉위하자, 왕 원년에 그를 左執政守內史令上柱國을 가하고 弘文崇化致理功臣號를 하사하였다. 이처럼 최지몽은 4대인 광종을 제외하고 태조부터 성종까지 5대에 걸쳐 왕의 측근으로 활약하였던 것이다.

승주의 박영규 역시 태조 대에 佐丞에 임명되고, 그 후손들 또한 중앙에서 활약하였다. 그 딸이 태조의 17妃인 東山院夫人이 되었고, 다른 두 딸 또한 定宗의 妃가 되었음은 이미 언급한 바다. 박영규의 후손에 대한 구체적인 기록은 없지만 그가 2代에 걸쳐 왕실의 외척으로 중앙정권의 핵심 세력으로 활동하였으며, 후일 승주의 성황신이 되었다는 것으로 볼 때 고려 초기에는 어느 정도 세력을 유지하고 있었던 것으로 추측할 수 있다. 그러나 그 후손에 대한 기록이 더 이상 보이지 않는 것으로 보아 고려 왕실이 안정되면서 점차 중앙 정치무대에서 밀려나 있었던 것이 아닐까 추측된다.

광종 대에 중앙에서 활동하던 나주 출신 세력이 한때 약화되었을 것으로 보인다. 광종의 모후는 충주의 대호족인 충주 유씨의 딸이고, 비는 황주의 호족 黃甫씨의 딸이었으므로, 자연히 이들의 견제로 인해 나주호족들은 그 세력이 축소될 수 밖에 없었다. 그러나 한편으로는 광종의 왕권강화정책으로 인해 새로운 나주출신들이 중앙에 등장하는 계기가 되기도 하였다. 즉 광종대에 실시한 과거를 통해 관리로 등장한 나주 출신 인물들이 상당수 있었다. 광종 대에 과거 급제자 총수가 27명이고, 이 중 그 출신지를 알 수 있는 사람이 7명이다. 7명 중 3명이 나주를 비롯한 서남해 지방 출신이었다고 한다.[36] 崔暹이 나주 영광출신이고, 15년 3월 급제자 金策은 나주 광양현출신이고, 25년 3월 급제자인 전공지는 영광출신이다. 이것만 보아도 나주 지역 출신자들이 고려의 중앙정부에서 완전히 소외되었다고

---

36 김당택, 「광종대 후생에 대한 검토」, 『고려광종연구』, 1981, 49쪽

말할 수는 없을 것이다. 후일 최승로가 올린 '五朝政績評' 중 광종을 평하는 글에서 '南北庸人'과 '後生讒賊'으로 표현한 인물들을 후백제계, 즉 나주를 비롯한 서남해 일대의 인물로 보는 견해[37]는 바로 이를 근거로 한 것이며 매우 합리적인 해석이라고 생각된다. 아울러 광종이 홀시되었던 후백제인들을 측근세력으로 등용함으로써 왕권을 강화하려고 하였을 것이라는 주장[38] 또한 충분히 설득력이 있는 것이다.

6. 맺음말

지금까지 후삼국 정립기부터 고려 귀족사회의 성립기까지 나주일대 호족들의 활동과 역할을 검토하였다. 이를 정리하면 다음과 같다.

나주가 중앙의 정치무대에 두각을 나타내기 시작한 것은 신라 말 장보고가 청해진을 중심으로 서남해 일대의 해상세력을 결합하면서 부터였다. 그러나 장보고가 정쟁으로 살해되고 청해진이 해체되어 그 주민들이 벽골군으로 강제 이주당하면서 나주의 해상세력들은 크게 위축되었다. 그 반세기 후인 진성여왕 대에 지방에 대한 통제력이 약화되면서 나주의 해상세력들은 다시 자신들의 세력을 확대해 나갔다.

특히 서남해 방수군을 비롯한 이 지역 호족세력들을 배경으로 성장한 견훤의 등장으로 처음에는 이곳 일대는 후백제의 지배하에 들어가기도 했으나, 이내 견훤으로부터 이탈하여 독자적인 지방 세력으로 성장해갔다. 오히려 나주의 호족들은 궁예의 부하였던 왕건과 결합하면서 고려 건국과정에서 커다란 활약을 하였다. 왕건은 900년대 초부터 나주의 해상세력들과 결합하였다. 왕건은 궁예의 부하로 있던 18년 동안, 거의 대부분을 나

---

37 이기백, 「신라통일기 및 고려초기의 유교적 정치이념」, 『대동문화연구』, 6·7집, 1970, 155쪽

38 김두진, 「고려 광종대의 전제왕권과 호족」, 『한국학보』 15, 1979, 53쪽

주에 머물면서 궁예정권이 후백제의 배후지역을 차지하는데 핵심적인 역할을 하였다. 이로 인해 후고구려가 대중국교류에서 우위를 점하는 계기가 되었다. 한편 왕건은 나주 호족을 비롯한 서남해 해상세력들과 결합하면서 자신의 독자적인 정치세력을 형성할 수 있었으며, 결국에는 궁예를 제거하고 고려를 건국할 수 있었다.

왕건과 결합하여 고려 건국에 공을 세운 나주 호족세력으로는 나주의 오씨 세력을 들 수 있다. 태조의 비가 되었고 그 소생이 태조를 이어 왕위에 올랐다. 나주 영광출신 종회는 왕건의 부장으로 활동하면서 고려건국을 도와 개국공신이 되었다. 그로 인해 그의 후손인 전공지는 광종대에서 성종대에 이르기까지 중앙의 귀족관료로 활동할 수 있었고, 그 6대손인 전지겸은 국사로 책봉되었다. 곡성출신 신숭겸 역시 900년대 초기 왕건과 연결되면서 궁예정권에 참여하게 되었고 후일 고려건국과 통일 전에 많은 공을 세움으로서 개국 1등 공신이 되었다.

이들 무장세력 외에 선승들과 문사들도 있었다. 영암출신 도선과 그의 제자인 경보는 후백제 지역의 민심 수습과 전남일대의 호족세력과 연합하는데 사상적으로 커다란 영향을 미쳤다. 고려건국 이후 왕건의 측근 인물로 활동한 최지몽 또한 영암출신이다. 그는 왕건이 후삼국을 통일할 것이라는 해몽을 한 것으로 유명하며, 이후 6대 성종 대에 이르기까지 왕의 측근 문사로써 중앙 정계에서 활약하였다. 순천의 대호족인 박영규는 후백제 말기 견훤과 함께 고려에 귀부하여 후백제를 멸망시키는데 일조하였다. 그 공으로 그는 좌승에 임명되었고 딸은 태조의 17비, 다른 두 딸은 정종의 비가 됨으로써 2대에 걸쳐 왕실의 외척으로 고려 초 중앙정권의 핵심세력이 되었다.

나주호족들은 광종 대에 황주의 황보씨 및 충주의 유씨세력 등 다른 지역출신 호족들의 견제를 받아 한때 그 세력이 약화되긴 했지만, 다른 한편으로 과거를 통해 중앙 관인으로 진출한 인물들도 적지 않았다. 나주 영광출신 최섬과 전공지, 광양출신 김책 등은 광종 대에 급제한 대표적인 인물이다. 후일 최승로가 광종평에서 '南北庸人' 혹은 '後生讒賊'으로 표현하면서 이들 나주출신 인물들의 대거 등용을 비판한 것은 유명한 사실이다.

결국 후삼국에서 고려초기까지의 전환기 사회에서 나주를 비롯한 서남해 지방세력들은 견훤·궁예·왕건의 세력다툼에서 그때그때 상황에 따라 이들과 결합·귀부·견제하면서 자신들의 독자적인 세력권을 유지하기 위해 노력하였다. 일찍부터 왕건과 결합하면서 고려의 건국은 물론, 후삼국 통일과정에도 많은 공을 세워 중앙의 정치무대에 진출할 수 있었다. 그 후 귀족사회가 성립되는 과정에서도 과거를 통해 고위 관인으로 활약한 나주출신 인물 또한 적지 않았던 것이다.

혜종대의 정변과 나주의 위상 변화

김당택_전남대학교 역사교육과 교수

1. 머리말

나주지역은 고려의 건국과 후삼국통일에 큰 기여를 했다. 이로 인해 태조 왕건 당시 나주의 위상은 크게 높았다. 고려가 건국과 더불어 나주에 羅州道大行臺를 설치하고, 전 시중 具鎭을 그곳의 장관인 侍中에 임명한 사실은 이를 반영하는 것이었다.[1] 이의 설치는 나주가 태조에게 있어서 제2의 수도와 다름없는 곳이었음을 말해준다.[2] 그렇다고 고려시대 내내 나주의 위상이 한결같은 것은 아니었다. 나주의 위상은 혜종대의 정변을 계기로 변화했던 것이다.

혜종대의 정변은 고려왕조가 개창된 지 얼마 지나지 않은 시기에 일어났을 뿐만 아니라 이 정변에 후일 정종과 광종이 된 왕자들이 관련되어 있었기 때문에 많은 학자들이 관심을 표명하였다. 그 결과 이 정변을 어떠한 세력 간의 갈등으로 이해할 것인가를 두고 다양한 견해가 표출되었는데, 그러한 가운데 정변을 주도한 인물이 혜종의 이복형제인 왕요와 왕소, 즉 후일의 정종과 광종이었다는 데 대해서는 대체로 의견을 같이 하였다.[3]

---

[1] 박한설, 「나주도대행대고」, 『강원사학』 1, 1985, 36~38쪽.
[2] 김갑동, 「고려시대 나주의 지방세력과 그 동향」, 『한국중세사연구』 11, 2001, 11쪽.

그리고 그 원인을 혜종세력의 취약함에서 찾는 것도 일반적이다. 그런데 혜종이 태조의 뒤를 이어 즉위한 인물이었음을 고려하면, 정변의 원인을 혜종세력의 취약함에서 찾는 것이 꼭 타당하다고 생각되지 않는다. 필자는 이전에 고려시대의 나주를 다루면서 이 정변에 대해 잠간 언급한 적이 있는데, 거기에서 왕건의 나주에 대한 각별한 관심은 다른 지역 출신들의 불만을 야기시켰고, 이러한 불만이 혜종대의 정변으로 이어졌다고 하였다.[4] 즉 혜종대의 정변은 혜종의 즉위에 불만을 가진 세력이 주도한 것으로 이해했던 것이다. 그러나 단편적인 지적에 불과한 것이어서 설득력을 가지기는 어려웠다. 이에 기왕의 연구 성과를 참고하면서 혜종대의 정변에 대해 다시 검토해 보기로 한다.

혜종대의 정변을 이해하기 위해서는 우선 혜종의 즉위 배경을 알아보는 것이 중요하다. 태조의 25명에 달하는 아들들 가운데 특히 羅州吳氏 소생의 혜종이 그의 뒤를 이은 데는 그럴만한 이유가 있었다고 판단되기 때문이다. 그리고 혜종대 정변의 원인과 경과를 검토할 것이다. 그러한 과정에서 정변 이후 나주의 위상이 변화될 수밖에 없는 이유가 드러나리라고 믿는다. 마지막으로 현종이 나주를 피난지로 결정한 사실 등을 통해 혜종대 이후 나주의 위상이 구체적으로 어떻게 변화했는가를 알아볼 것이다. 이 글이 고려 초의 정치상황이나 나주의 위상변화를 이해하는데 보탬이 되었으면 한다.

---

3 하현강, 「고려혜종대의 정변」, 『사학연구』 20, 1968; 「고려 혜종·정종대의 정치변동」으로 개제, 『한국중세사연구』, 일조각, 1988.
　　이종욱, 고려초 940년대의 왕위계승전쟁과 그 정치적 성격, 고려광종연구, 일조각, 1981.
　　백강령, 고려초 혜종과 정종의 왕위계승, 진단학보 82, 1996.
　　정청주, 「신라말·고려초 서해안지역 호족의 동향」, 『신라말고려초 호족연구』, 일조각, 1996.
4 김당택, 「고려시대의 나주」, 『나주목의 재조명』, 1990, 92쪽.

2. 혜종의 즉위

태조는 일찍이 나주오씨와 혼인하여 911년 혜종을 낳았는데, 25명의 왕자 가운데 그를 자신의 후계자로 삼았다. 『고려사』에 따르면 혜종은 원래 도량이 넓고 지혜와 용기가 뛰어나서 태조를 따라 후백제를 정벌할 때에도 맨 먼저 말에 올라 그 공이 제일이었다 한다. 그렇다고 그 때문에 혜종이 태조의 후계자로 결정된 것은 아니었다. 혜종이 후계자로 결정된 데에는 다른 이유가 있었다.

태조 왕건은 海上貿易을 통해 부를 축적한 집안에서 태어났다. 그의 선세에 관해서는 『고려사』에 소개되어 있는, 의종대 金寬毅가 쓴 『編年通錄』의 내용이 참고된다. 여기에 따르면 왕건의 조상들은 돈이 많았다. 6대조에 해당하는 康忠은 서강 영안촌 부잣집 딸과 혼인했으며, 자신도 집에 천만금을 쌓아 놓았다 한다. 왕건 선대의 이러한 부는 해상무역을 통해 축적되었던 듯하다. 왕건의 할아버지인 作帝建은 상선을 타고 서해를 항해하던 중에 서해용왕을 괴롭히는 늙은 여우를 처치하고 그의 딸 용녀와 혼인했다고 한다. 작제건이 상선, 즉 무역선을 타고 서해를 항해했다는 것으로 미루어 보면, 그 자신도 해상무역에 종사했던 듯하다.

해상무역을 통해 부를 쌓은 왕건은 896년 弓裔에게 귀부하였다. 궁예는 왕건을 철원군태수에 임명했다고 하는데, 실제로 왕건이 철원에 부임했을 가능성은 없어 보인다. 곧 이어 궁예는 왕건에게 송악에 성을 쌓게 하고 그 성주로 임명하였던 것이다. 898년 궁예가 송악으로 천도하자, 왕건이 궁예를 만나보았다는 것으로 미루어 보면, 왕건이 실제로 궁예에게 귀부한 것은 이때였다고 생각된다. 한편 궁예가 송악으로 서울을 옮긴 것은 왕건을 내세워 해상세력을 장악하려 했기 때문이 아닌가 생각된다. 궁예가 왕권과 연결되려 한 이유가 왕건이 돈이 많았기 때문이었을 것이라는 견해는 설득력이 있어 보인다.[5]

왕건이 나주와 관계를 맺은 것은 903년의 일이었다. 왕건은 水軍을 거느리고 서해로부터 광주 부근에 이르러 錦城郡을 쳐서 이를 함락시키고, 아울러 10여개의 군현을 공격하여 취했던 것이다. 그런데 나주는 원래 甄萱과 밀접한 관련을 맺고 있던 지역이었다. 견훤은 '신라의 군인으로서 西南海에서 防戍했는데, 그 용기가 항상 병사들보다 뛰어나서 神將이 된'[6] 인물이었다. 여기의 서남해는 곧 나주이거나 나주부근 지역으로 이해된다. 따라서 그가 후백제를 세울 수 있을 정도의 군사력을 확보할 수 있었던 것은 바로 이곳의 병사들을 기반으로 했기 때문에 가능했다고 생각된다.[7]

이러한 나주를 왕건이 어떻게 공취할 수 있었을까. 이와 관련하여 후일 왕건이 견훤에게 보낸 편지에서 '羅府(나주)가 스스로 서쪽으로부터 移屬하였다'라고 한 부분이 주목된다. 이는 나주가 자진해서 왕건에게 귀부했음을 알려주는 것이다. 나주일대 세력가들의 협조가 있었기에 왕건은 나주를 차지할 수 있었던 것이다.[8] 궁금한 것은 나주의 세력가들이 왜 왕건에게 귀부했는가 하는 점이다.

나주지역의 세력가들은 해상무력을 통해 부를 축적한 자들이었다. 태조 왕건의 둘째 왕후인 莊和王后 오씨의 할아버지 이름이 富伅이었다는 사실로 짐작되는 일이다. 부돈은 부자를 의미했다.[9] 이는 그들이 해상세력가임을 알려주는 것이다. 그런데 견훤은 서남해의 방수군이었다. 그는 연해안을 수비하는 방수군으로서 나주 지역의 해상세력이 자유롭게 활동하는 것을 규제하는 입장에 서 있었다.[10] 나주의 세력가들이 견훤에게 등을 돌린 것은 당연한 결과였다.

한편 왕건이 송악의 해상세력 출신이었음은 위에서 언급하였다. 그는 나주지역의 호족과 사회·경제적인 배경이 비슷했던 것이다. 그만큼 양자

5 박한설, 「후삼국의 성립」, 『한국사』 3, 1976, 635쪽.
6 『삼국사기』 권50, 견훤전.
7 신호철, 「견훤정권의 성립」, 『후백제견훤정권연구』, 일조각, 1993, 27쪽.
8 문경현, 「왕건태조의 민족재통일연구」, 『경북사학』 1, 1979, 19쪽.
9 강희웅, 「고려 혜종조 왕위계승란의 신해석」, 『한국학보』 7, 1977, 69쪽.
10 문수진, 「고려건국기의 나주세력」, 『성대사림』 4, 1987.

사이에 이해관계를 같이 하는 부분이 많았으며, 연결의 소지 또한 컸을 것이다. 이는 태조 왕건의 첫 번째 왕후가 貞州(현 豊德) 柳天弓의 딸인 神惠王后 柳氏였다는 사실로 짐작되는 일이다. 유천궁은, 왕건이 군대를 거느리고 가다가 이곳에 머물렀을 때, 그의 군사 모두를 매우 풍족하게 먹였을 정도로 부자였는데, 정주 포구를 중심으로 해상무역에 종사했기에 가능한 일이었다고 생각한다.[11]

궁예정권은 나주를 확보하기 위해 많은 노력을 기울였다. 나주가 군사적 요충지였을 뿐만 아니라 해상무역의 근거지였음을 감안하면, 해상세력을 보유하지 못한 궁예의 그러한 노력은 당연해 보인다. 그는 송악으로 수도를 옮길 정도로 그는 해상세력의 장악에 적극적이었던 것이다. 왕건이 나주를 정벌하자 궁예가 금성을 나주로 고쳤다는 것도 나주에 대한 그의 관심이 지대했음을 말해준다. 나주의 해상세력 역시 북중국 방면으로의 항로를 확보하기 위해서 궁예정권에 귀부하는 것이 유리했다. 당시 궁예정권은 예성강으로부터 남양만과 아산만 부근까지의 서해안을 장악하고 있었으므로, 이 지역을 통과하여 산동지방 등 북중국과 무역하기 위해서는 궁예정권과의 연계가 필수적이었던 것이다.[12] 왕건에 의해 해상세력이 장악되었다고 판단되자 궁예는 다시 서울을 철원으로 옮겼다(905).

왕건은 나주를 정벌함으로써 우선 궁예정권 아래에서 그의 지위를 높였다. 그는 시중에 올랐던 것이다(913). 이로부터 왕건의 뒤를 따르지 않는 자가 없었다고 기록될 정도로 그의 정치적 영향력은 커졌다. 그리고 왕건은 나주에 머무름으로써 궁예의 정치적 공격을 피할 수 있었다. 914년 궁예의 소위 彌勒觀心法에 의해 반역죄로 처단 당할 뻔했다가 위기를 모면한 후에도 왕건은 나주로 내려갔던 것이다. 나주는 왕건의 세력근거지이자 정치적 피난처였던 것이다. 그가 903년 나주를 정벌한 이후 고려를 세울 때까지 상당 기간을 나주에서 보낸 이유가 여기에 있었다.

---

11 정청주, 「왕건의 성장과 세력 형성」, 앞의 책, 113쪽.
12 정청주, 「신라말·고려초 서해안지역 호족의 동향」, 앞의 책, 160~161쪽.

909년 왕건은 그의 副將 金言 등과 함께 진도군을 쳐 함락시키고 나주 관내에 주둔하고 있던 견훤의 정예부대를 격파하였다. 그때 김언 등은 자신들의 공은 큰데 상이 없다고 하여 불만을 토로하였다. 그의 불만은 궁예정권에 대한 이반으로 이어질 수 있는 것이었다. 그런데 이러한 군사들의 불만을 무마시킨 인물이 왕건이었다. 왕건은 나주정벌을 통해 군대에 대한 통솔력을 강화할 수 있었던 것이다. 마침내 왕건은 정변을 일으켜 궁예를 축출하고 왕위에 올랐다(918).

고려 태조 왕건은 나주를 장악함으로써 후삼국통일의 기반을 마련하였다. 우선 그는 당시 남중국에 유학한 후 귀국한 禪僧들과 긴밀한 유대관계를 맺을 수 있었다. 남해안으로 귀국한 선승들의 대부분이 태조의 도움을 받았던 것이다. 그런데 이들 선승들은 지방 호족들의 정신적인 지주로서 그들과 연결되어 있었다. 따라서 선승들은 그들과 연결된 호족들이 태조에게 귀부하는데 일정한 역할을 수행했을 가능성이 있다.[13] 그리고 나주는 태조가 전라도 남해안 일대, 나아가서는 康州(진주), 김해 등지를 장악하는 기반이 되었던 것 같다. 태조는 그의 즉위 10년에 해군장군 英昌 · 能式으로 강주 관내의 돌산 등을 치게 하였는데, 강주지역을 장악한 그의 해상권은 곧 김해 지역까지 뻗치게 되었던 것이다. 그런데 태조의 강주나 김해 지역의 장악은 지정학적으로 커다란 의미를 갖는 것이었다. 이는 신라와 후백제의 연결을 어렵게 만들었으며, 나아가서는 신라의 고려에의 귀부를 앞당길 수 있었기 때문이다.[14]

태조가 나주를 취했다는 것은 대중국통로를 장악한 것과 다를 바 없다. 종전에는 경기도 화성군 남양만의 黨項津에서 황해를 횡단하여 중국 登州에 이르는 황해 횡단로를 이용했는데, 9세기 후반에 이르러서는 오늘날의 나주군 다시면 영산강 하구의 회진會津에서 황해 남부를 가로지르는 항로가 열렸던 것이다.[15] 이러한 새로운 대중국 항로의 개설은 시간을 크게 단

---

13 김두진, 「왕건의 승려결합과 그 의도」, 『한국학논총』 4, 국민대, 1982, 132~134쪽.
14 위의 논문, 134~135쪽.

축시켜 한반도와 남중국간의 교섭에 활기를 불어넣었다. 당시는 張保皐가 제거된 이후였지만 이로써 민간의 해상무역 활동이 활발하게 이루어졌다. 장보고의 사망은 도리어 청해진의 위세에 눌려 지내던 서남해안 지방의 군소 무역업자들에게 재기의 호기를 마련했던 것이다.[16] 따라서 태조는 나주를 취함으로써 많은 경제적 이익을 얻을 수 있었을 것이다.

고려가 건국할 당시 중국에서는 당이 망하고(907) 다섯 왕조, 즉 後梁·後唐·後晋·後漢·後周가 잇따라 교체되었다. 가장 오래 존속한 후량이 16년이었고, 후한이 불과 4년 만에 망했을 정도로 이들 왕조는 단명하였다. 그리고 주변지역에서는 吳越을 비롯한 여러 국가들이 분립하였다. 이른바 5대가 그것인데, 고려는 중국의 여러 나라 가운데 오월에 맨 처음 사신을 파견하였던 것이다(919). 바다를 통해 쉽게 왕래할 수 있는 지리적인 조건 때문이기도 했지만, 고려보다 후백제가 먼저 오월과 사절을 교환했음을 감안하면, 고려는 오월과 후백제가 결탁하는 것을 막기 위해 사신을 파견했던 것으로 여겨진다. 왕건과 견훤은 오월의 중재에 따라 서신을 교환하고 화의를 모색하기도 했을 정도로 오월과의 외교를 중시했다. 그런데 왕건은 909년 수군을 거느리고 鹽海縣에 머무르다가 견훤이 오월에 보내는 선박을 붙잡음으로써 후백제의 오월에 대한 외교에 타격을 입혔다. 따라서 고려가 나주를 차지했다는 것은 오월에 대한 후백제와의 외교적 경쟁에서도 승리할 수 있었음을 의미한다.

태조 왕건에 의한 후삼국통일은 귀부에 의해 이루어졌다. 호족은 물론이고 견훤과 신라의 敬順王까지 귀부했던 것이다. 후백제 내분(태조 17년, 935)의 결과, 견훤의 아들 神劍·良劍 등이 견훤을 금산사에 유폐시킨 사건이 발생했다. 3개월 후 견훤은 금산사에서 탈출하여 나주로 도망한 후 그곳에서 고려에 사람을 보내 귀부할 의사를 밝혔다. 이에 태조는 장군 分黔弼 등을 보내 海路를 통해 그를 맞이하고 후대하였는데, 금산사에 유폐

15 권덕영, 「견당사의 왕복항로」, 『고대한중외교사』, 일조각, 1997, 203~205쪽.
16 이기동, 「나말여초 남중국 여러 나라와의 교섭」, 『역사학보』 155, 1997, 6~11쪽.

된 견훤이 나주로 탈출한 것이나 태조에게 귀부할 뜻을 전한 것 등이 모두 나주지방 세력가들의 주선과 협조 아래 이루어졌을 가능성이 크다.[17]

후백제 견훤이 고려에 귀부한 그 해에 신라의 경순왕도 신하들을 거느리고 고려에 귀부를 청하였다. 신라의 경순왕은 일찍이 견훤이 신라에 침입하여 경애왕을 제거하고 즉위시킨 인물이었다. 견훤이 경순왕의 후원자였던 셈이다. 자신의 후원자인 견훤이 고려에 귀부하자 경순왕도 곧바로 귀부를 청했던 것이다.[18] 이로써 고려는 아무런 유혈 충돌 없이 신라를 합병하였다.

태조는 말년에 十訓要를 남기고 돌아갔다 한다. 십훈요는 후대 국왕들이 지켜야 할 열 가지 조목을 적어 놓은 것이다. 이 가운데 제8조는 공주강 밖 차현 이남, 즉 오늘날의 전라도에 해당되는 지역의 인물들은 등용하지 말라는 것인데, 태조 왕건과 나주와의 관계를 고려할 때 이해되지 않는 부분이다. 왕건 자신이 나주오씨 소생의 혜종을 후계자로 삼았기 때문이다. 따라서 십훈요는 후대의 僞作일 것이라는 견해가[19] 상당한 설득력을 얻고 있다. 이와는 달리 십훈요를 왕건이 지은 것으로 이해할 경우, 이 조목은 태조 자신에게 끈질기게 저항했던 후백제에 대한 증오감의 표현이므로,[20] 여기에서 나주는 제외되었을 것이다.[21]

이처럼 태조 왕건이 고려를 건국하고 후삼국을 통일하는데 나주가 크게 기여했음을 감안하면, 태조가 자신의 후계자로 나주오씨 소생의 혜종을 지목한 것은 당연한 결과였다. 태조가 혜종을 자신의 후계자로 지목한 것

---

17 신호철, 「견훤정권의 지방지배와 호족연합정책」, 앞의 책, 69~70쪽.

18 신호철, 「견훤의 대외정책」, 앞의 책, 122~125쪽.

19 今西龍, 「高麗太祖の訓要十條について」, 『東洋學報』 8-3, 1918; 『高麗史研究』, 國書刊行會, 1970.

20 이병도, 『고려시대의 연구』, 을유문화사, 1948. 김상기, 「고려태조의 건국과 경륜」, 『국사상의 제문제』 2, 1959.

21 민현구, 「고려중기 삼국부흥운동의 역사적 의미」, 『한국사시민강좌』 제5집, 1989, 87쪽.

은 그와 나주와의 긴밀한 관계 때문이었다. 나주는 송악에 이은 태조의 또
다른 세력근거지였던 것이다. 그곳 출신의 혜종이야말로 태조가 가장 믿
을 수 있는 존재였기에 태조는 그를 자신의 후계자로 지목했던 것이다. 그
런데 혜종이 즉위하자, 이에 반대한 세력들이 난을 일으켰다. 혜종대의 정
변이 그것이었다.

3. 혜종대의 정변

혜종대의 정변에 관한 기록은 『고려사』의 여기저기에 나누어 실려 있
고, 또한 앞뒤가 맞지 않다. 모순되게 보이는 『고려사』의 기록들을 논리적
으로 이해할 수 있다면 혜종대 정변의 전모를 파악할 수 있을 것이다. 혜
종대의 정변에 관해서는 『고려사』 권127 王規傳에 가장 자세하게 기록되
어 있으므로 우선 그 내용을 검토하는 것으로부터 문제의 실마리를 풀어
가기로 하자.

왕규는 廣州 사람인데, 태조를 섬겨 고위직에 올랐다. 그는 태조에게 제
16비와 17비를 들이었는데, 16비에게서 廣州院君이 태어났다. 혜종 2년
왕규는 왕의 아우 堯와 昭가 반역을 음모하고 있다고 참소하였으나 혜종
은 그 말을 믿지 않고 그들을 더욱 후하게 대우하였다. 혜종은 왕규가 왕
요와 왕소를 모해하려는 것을 알고 자신의 첫째 공주를 왕소와 결혼시켜
소의 세력을 강화시켰다. 왕규는 광주원군을 왕위에 앉히려고 밤에 혜종
이 잠든 틈을 타서 자객을 침전에 잠입시켜 大逆을 행하려 하였다. 혜종이
잠에서 깨어나 (왕규의 무리를) 한 주먹에 때려눕혔다. 그리고 시종들을
불러서 끌어내게 하고 다시 묻지 않았다. 왕규는 자신이 직접 군대를 이끌
고 침전에 침입하여 혜종을 살해하려 하기도 했다. 왕규는 朴述熙를 미워
하여 혜종이 죽자 정종의 명령을 위조하여 그를 죽였다. 일찍이[初] 혜종
의 병이 위독해지자, 정종은 왕규가 반역할 생각을 가지고 있음을 알고 몰

래 서경의 王式廉과 모역에 대비하고 있었다. 그런데 왕규가 난을 일으키려고 하므로 왕식렴이 군대를 끌고 서울에 와서 숙위하였다. 이 때문에 왕규는 난을 일으키지 못하였다. 정종은 왕규를 유배하고 곧 이어 그와 그의 일당 3백 명을 처형하였다.

위와 같은 왕규전의 기록은 얼마 되지 않은 분량임에도 불구하고 무슨 말인지 이해하기 어렵다. 왕규는 태조의 장인이었을 뿐만 아니라, 혜종의 장인이기도 했다. 그러한 왕규가 외손인 광주원군을 왕으로 세우기 위해 사위인 혜종을 암살하려 했다는 것이나, 혜종이 자신을 죽이려 한 왕규의 죄를 다스리지 않았다는 점 등은 납득하기 어렵다. 또한 혜종의 병이 위독해지자 정종은 왕규가 반역할 생각을 가지고 있음을 알고 몰래 서경의 왕식렴과 모역에 대비했고, 왕규가 난을 일으키려고 하므로 왕식렴이 군대를 끌고 서울에 와서 숙위했기에 왕규가 난을 일으키지 못하였다는 부분도 이해하기 어렵다. 정종이 왕식렴의 군대를 끌어들인 시기를 『고려사』에는 '일찍이[初]'라고만 표기되어 있어, 구체적으로 언제 그러했는지 알 수 없다. 만일 왕규가 혜종을 살해하려고 한 이전이었다면 혜종의 병이 위독했다는 것은 말이 안 된다. 당시 혜종은 왕규가 보낸 자객을 한 주먹에 때려눕혔다고 되어 있기 때문이다. 그리고 이후였다면, 이미 왕규가 혜종을 죽이려한 것 자체가 모역이었으므로, 왕식렴의 군대가 서울에 와서 숙위했기에 왕규가 난을 일으키지 못했다는 것과 모순된다. 앞뒤가 맞지 않는 왕규전의 기록들을 논리적으로 해석하기 위해서는 우선 여기에서 언급된 인물들에 관해 알아 볼 필요가 있다.

혜종은 태조와 나주오씨 사이에서 출생한 그의 장자였다. 태조는 자신이 즉위한 그해에 武, 즉 후일의 혜종을 正胤, 즉 태자로 책봉하려 했다.[22] 혜종은 912년에 출생하였으므로, 태조가 즉위하던 해인 918년에는 7세의

---

22 고려 초에는 왕위계승자를 특별히 정윤이라고 하였고, 국왕의 아들은 일반적으로 태자라고 했다. 왕위계승권을 가진 아들을 태자로 지칭한 것은 현종대의 일이었다(김창겸, 「고려 현종대 동궁관 설치」, 『한국사학보』33, 2008, 136쪽.

어린애에 불과했다. 태조가 자신의 즉위와 더불어 곧바로 어린 무를 태자로 책봉하려고 한 것은 그만큼 무를 태자로 책봉하려는 의지가 확고했음을 말해준다.[23] 그러함에도 무를 태자로 책봉하지 못한 것은 그의 어머니 오씨가 側微하여 책봉되지 못할까 두려워했기 때문이었다 한다. 혜종대의 정변을 다룬 대부분의 학자들은 오씨가 측미했다는 것은 신분이 미천했다기보다는 세력의 미약을 의미하는 것이라고 해석하였다.[24] 필자 역시 여기에 이의를 제기할 생각은 없다. 다만 오씨의 세력이 약했다는 사실을 그대로 믿기보다는 태조가 이를 강조한 까닭이 무엇이었는가를 밝히는 것이 중요할 것이다. 이는 무의 태자 책봉을 지지하는 세력보다 반대하는 세력이 많았음을 시사하는 것으로 이해된다. 태조의 사촌동생으로 일찍이 태조의 명을 받고 서경을 지키던 王式廉마저 무의 태자 책봉에 반대했다. 후술되겠지만, 그는 혜종의 즉위 후 그의 적대세력에 협력했던 것이다.

태조는 왕 4년에 무를 태자에 책봉할 수 있었다. 그런데 이때의 태자 책봉이 매우 상징적이고 은밀하게 행해졌음이 주목된다. 태조가 낡은 상자에 왕위를 상징하는 柘黃袍를 넣어서 장화왕후 오씨에게 내리자 오씨는 그것을 박술희에게 보였고, 박술희가 태조의 뜻을 헤아려 알고 무를 태자로 책봉할 것을 청하였다는 것이다. 반대세력을 의식한 행동이었다고 생각된다.[25]

태조는 무의 세력의 열세를 보완하기 위해 槥城郡(면천)의 호족 출신인 박술희로 하여금 무를 보필하도록 하였다. 박술희의 출신지인 혜성군 역시 나주와 마찬가지로 해상활동의 중심지이자 군사적 요충지였다. 따라서 해상무역으로 부를 축적했다는 점에서 박술희와 나주오씨는 동일한 이해관계를 가지고 있었다.[26] 이와 더불어 광주의 호족인 왕규 역시 무의 후견

---

23 정청주, 「신라말 · 고려초 서해안지역 호족의 동향」, 163~164쪽.
24 하현강, 앞의 논문, 89쪽.
25 정청주, 「신라말 · 고려초 서해안지역 호족의 동향」, 164쪽.
26 강희웅, 앞의 논문, 75쪽.

인 역할을 수행하였다. 그는 이미 태조에게 15비와 16비를 들였는데, 또 다른 딸을 그의 둘째 비로 삼게 했던 것이다. 왕실과 이중으로 외척관계를 맺음으로써 무의 확실한 후견인으로 그를 붙잡아두기 위함이었다.[27] 실제로 태조는 임종하면서 왕규에게 태자 무의 보필을 부탁하였다.[28] 한편 태조는 무가 태자에 책봉되자 10세 밖에 안 된 그를 위하여 곧바로 鎭州 출신 林曦의 딸을 태자비로 선정하였다. 이는 다소 조급하게 서두른 것이고 나이에 비해서도 이르다고 여겨진다.[29] 여기에는 무의 세력기반을 강화하려는 태조의 의지가 담겨있었다. 혜종이 '동궁에 있을 때 스승을 존경하고 예우하며, 빈객과 요속을 잘 접대했다'는[30] 것도 자신의 세력의 열세를 보완하려는 의도에서 비롯된 행동이었다고 생각된다. 그렇다면 태조가 우려한 태자 무, 즉 혜종에 반대하는 세력의 실체는 무엇이었을까.

『고려사』왕규전에 따르면, 왕규는 혜종에게 그의 이복동생인 왕요와 왕소가 다른 뜻, 즉 왕위를 넘보고 있음을 보고하였다. 왕요와 왕소가 수상한 움직임을 보이고 있다는 왕규의 보고는 사실이었다.[31] 이는 崔承老가 그의 五朝政績評에서 '혜종은 왕규의 말을 듣고 대답하지도 않고 또한 문책한 바도 없었다'고 하면서, 왕요와 왕소를 벌하지 않은 것을 혜종의 가장 잘한 일로 꼽은 것으로[32] 미루어 짐작된다. 왕요와 왕소의 행동은 당연히 문책해야 마땅하지만 혜종이 이를 눈감아 준 것을 최승로는 높이 평가했던 것이다. 최승로는 12세에 태조에 의해 元鳳省學生이 된 후 文翰職에 종사했으며 성종 원년에 시무28조를 올린 인물이다. 태조에서 성종대까지 줄곧 관직생활을 한 인물로서 고려 초의 왕위교체 과정을 누구보다 잘 알고 있던 인물 가운데 한 사람이었던 것이다. 만일 왕규의 말이 거짓이었다

27 강희웅, 앞의 논문, 81~83쪽.
28 『고려사』권2, 태조 26년 5월 정유.
29 정청주, 「신라말·고려초 서해안지역 호족의 동향」, 165쪽.
30 『고려사』권93, 최승로전 혜종평.
31 하현강, 앞의 논문, 95쪽. 이종욱, 앞의 논문, 20~21쪽.
32 『고려사』권93, 최승로전 혜종평.

면 최승로가 그의 처단을 주장하지 않았을 리 없다. 그가 왕규의 처단을 주장하지 않는 것은 왕규의 말이 사실이었기 때문일 것이다.[33]

혜종의 왕위를 엿보고 있었던 왕요와 왕소는 神明順成王太后 劉氏 소생으로 태조의 둘째 셋째 아들이었다. 유씨는 충주의 호족으로 여겨지는 劉兢達의 딸이었으므로, 왕요와 왕소는 충주유씨의 후원을 받고 있었다. 이처럼 혜종이 즉위한 후 왕요와 왕소가 혜종에게 반기를 들었던 것으로 미루어, 왕건이 우려한 태자 무의 반대세력도 왕요와 왕소를 내세운 충주유씨나 그들과 결탁한 세력이었을 것이다.

한편 왕요와 왕소가 끌어들인 서경의 왕식렴은 태조의 사촌동생으로 일찍이 태조 때에 왕명으로 평양에 파견되어 그곳을 지키는 임무를 맡고 있었다. 따라서 그는 서경을 중심으로 강력한 세력기반을 쌓고 있었다.[34] 그런데 왕요와 왕소가 서경의 왕식렴 군대를 불러들이는 데 혜종의 허락을 받았던 것 같지 않다. 혜종의 허락 없이 서경의 군대를 동원했다면, 이는 무력으로 왕위에 도전하겠다는 의지의 표현과 다를 바 없다. 원래 '도량이 넓고 지혜와 용기가 뛰어났다'는 혜종이 이후 '의심하고 꺼려하는 바가 많아 항상 甲士로써 호위케 하고, 수시로 기뻐하고 성을 내었으며, 많은 小人들이 주위에 모여들고, 장사에게 상을 내리는데 절도가 없게 된'[35] 것도 자신의 왕위를 넘보는 세력의 행동이 구체화되었기 때문일 것이다.

박술희나 왕규가 모두 혜종의 후원세력이었고, 혜종대 왕요와 왕소가 왕위를 넘본 것이 사실이었다면, 왕규가 자신의 외손인 광주원군을 왕으로 세우고자 하여 밤에 자객을 보냈는가 하면 자신이 직접 군대를 이끌고 침전에 침입하여 혜종을 살해하려 했다는 왕규전의 기록은 사실과는 다른 것으로 생각된다. 왕요와 왕소, 즉 후일의 정종과 광종 측의 조작이었을 가능성이 크다.[36] 그들이 후일 왕규를 제거한 장본인이었음을 고려하더라

---

33 김갑동, 「혜종대의 호족과 왕위계승전」, 『고려전기 정치사』, 일지사, 2005, 69쪽.
34 하현강, 앞의 논문, 104쪽.
35 『고려사』 권2, 혜종 2년 9월.

도 그러하다. 왕규가 자신들이 왕위를 엿보고 있다는 사실을 혜종에게 보고한 데 대한 역공이었을 수 있다. 그리고 서경의 왕식렴 군대를 끌어들인 것을 합리화시키는데도 이는 유용한 논리였을 것이다.

『고려사』에는 혜종의 병이 위독해지자 왕요와 왕소는 서경의 왕식렴 군대를 끌어들였다고 한다. 실제로 혜종이 위독했는가의 여부는 확인할 방법이 없다. 그런데 정변의 전조로 국왕의 위독함을 거론한 경우는 다른 경우가 찾아진다. 정변을 일으킨 장본인들은 국왕이 위독하다는 점을 내세웠던 것이다. 예컨대 목종의 경우, 병이 위독하여 현종에게 왕위를 넘긴 것으로 되어 있다. 그러나 목종은 병으로 사망한 것이 아니고 정변의 과정에서 현종의 옹립세력인 康兆에 의해 죽음을 당했다.[37] 역사상에는 이처럼 정변을 주도한 인물들이 국왕의 병이 위중함을 내세워 정변을 합리화시키는 경우가 종종 있었던 것이다. 그렇다면 혜종의 병이 위독했다는 것 역시 왕요와 왕소의 조작이었을 가능성이 크다.

혜종은 자신의 왕위계승자를 지목하지 못하고 생을 마감했다. 이에 군신들이 정종을 받들어 왕위에 오르게 했다고 『고려사』에는 기록되어 있다. 그런데 혜종이 훙거한 것은 왕 2년 9월 戊申(15일)이었으며,[38] 정종이 즉위한 것도 그날이었다. 혜종의 죽음과 정종의 즉위가 같은 날 동시에 이루어졌던 것이다. 혜종의 죽음과는 관계없이 정종의 즉위가 내정되어 있었다는 느낌마저 든다. 따라서 정종의 즉위는 군신의 추대라기보다는 왕식렴의 군사력에 힘입었기에 가능했다고 할 수 있다.

혜종이 죽은 다음 왕규와 박술희도 죽음을 당했다. 『고려사』 권92 박술희전에 따르면 혜종이 병이 나자 박술희는 왕규와 서로 미워하여 병사 백명으로 항상 자신을 따르게 했는데, 정종이 박술희에게 다른 뜻이 있다고 갑곶에 유배하자, 왕규가 왕명을 거짓 꾸며 그를 죽였다고 되어 있다. 박

---

36 백강령, 앞의 논문, 101쪽.
37 『고려사절요』 권2, 목종 12년 정월.
38 『고려사절요』 권2, 혜종 2년 9월.

술회를 유배한 사람이 정종인데 그를 죽인 인물은 왕규였다는 것이다. 왕규와 박술희가 서로 미워했다는 것으로 미루어 보면, 같은 혜종의 측근세력이었음에도 갈등을 빚었을 가능성은 있다. 그렇다고 박술희전의 기록처럼 왕규가 정종의 명령을 위조하여 박술희를 죽였다고는 생각되지 않는다.

『고려사』 권2 정종 즉위년 9월 己酉(16일) 조에 '왕규가 반역하여 복주되었다'는 기록이 있다. 그런데 『고려사절요』 권2 정종 즉위년 9월 기유에는 '왕규가 대광 박술희를 죽였다'고 되어 있다. 왕규와 박술희는 혜종이 죽고 정종이 즉위한 다음날 함께 죽음을 맞이했던 것이다. 만일 왕규가 박술희를 살해했다면 있을 수 없는 일이다. 기왕의 지적처럼 박술희는 왕요, 즉 정종에 의해 죽음을 당했다고 이해된다. 정종은 박술희를 제거하고 그 죄를 왕규에게 뒤집어씌웠던 것이다. 박술희와 사이가 나빴다는 왕규는 박술희 살해의 책임을 전가시키기에 적합한 인물이었다.[39]

한편 왕규의 죽음에 대해서는 왕규전의 기록과 『고려사』 권92 왕식렴전의 기록이 약간 다르다. 왕규전에는 혜종이 죽자 정종이 왕규를 귀양 보내 죽였다고 되어있다. 그런데 왕식렴전에는 혜종의 병이 위독하자 정종은 왕식렴과 변란에 대비하였는데, 왕규가 난을 일으키려 하자 왕식렴이 서경으로부터 병사를 이끌고 들어와 왕규 등 3백여 인을 죽였다고 했다. 분명한 것은 왕규 역시 박술희와 마찬가지로 정종에 의해 제거되었다는 점이다. 혜종의 측근세력이 모두 정종에 의해 제거되었던 것이다. 그렇다면 혜종의 죽음도 자연사로 보기 어렵다. 정종세력에 의해 살해되었을 가능성이 큰 것이다.

태조는 29명의 부인으로부터 25명의 왕자와 9명의 공주를 얻었는데. 태조 사후 이들은 자신들의 출신지역을 세력기반으로 삼아 상호 갈등을 일으켰다. 혜종대의 정변이 그것이었다. 나주오씨 소생의 혜종이 태조의 각별한 후원 속에 즉위하자, 충주유씨 소생의 왕자인 왕요와 왕소, 즉 후일

---

39 하현강, 앞의 논문, 103쪽.

의 정종과 광종이 여기에 불만을 품과 왕위를 탈취하려는 과정에서 일어 났다. 혜종의 즉위 이전부터 혜종과 갈등을 빚을 소지를 갖추고 있던 그들은 태조 사후 태조의 사촌동생이었던 왕식렴과 결탁하여 혜종에 반기를 들었던 것이다. 태조의 측근이던 왕식렴마저 혜종의 적대세력에 가담했다는 사실은 태조의 나주에 대한 관심과 배려가 도리어 다른 지역 출신 호족들의 반감을 불러일으켰음을 의미한다. 여러 호족들의 귀부에 의해 성립한 것이 고려왕조였던 만큼 고려왕조의 성립에 기여한 호족들은 어느 한 지역의 출신에 의해 정치권력이 독점되는 것을 방관하지 않았던 것이다.

4. 나주의 위상 변화

혜종의 사후 중앙정계에서 나주세력의 영향력은 현저히 약화되었다. 혜종의 딸인 慶和宮夫人은 광종의 후비 가운데 가장 먼저 광종과 혼인했을 가능성이 큰 인물임에도 불구하고 정식 왕비가 되지 못했다. 그 뿐만 아니라, 이후 고려의 왕자 왕녀의 혼인도 나주오씨계를 제외한 충주유씨, 黃州 皇甫氏, 정주유씨 계열의 왕후족 사이에서만 이루어졌다.[40] 나주지역 출신들의 중앙정계 진출이 두드러지지 못했음은 물론이다. 따라서 나주의 현실적인 위상은 그 이전과 같지 않았다. 그러나 나주는 고려를 세우는데 있어서 그 토대가 된 지역으로 여전히 중시되었다. 거란의 침입을 당한 현종이 나주를 피난지로 선정한 것으로 짐작되는 일이다.

고려는 성종 때 거란의 침입을 받았다. 宋에 대한 공격을 목표로 하고 있던 거란은 송에 앞서 고려를 공격할 계획을 세우고, 蕭孫寧을 사령관으로 하여 고려에 침입하였다(제1차 침입, 993, 고려 성종 12). 고려는 徐熙

---

40 이태진, 「김치양 난의 성격」, 『한국사연구』 17, 1977, 84쪽.

의 뛰어난 외교에 힘입어 거란의 군대를 철수시켰을 뿐만 아니라, '江東六州'라고 부르는, 청천강 이북으로부터 압록강 이남의 280 리에 이르는 지역을 고려의 영토로 편입하였다.

이후 고려는 거란에 事大의 예를 취하면서도, 송과의 통교를 단절하지 않았다. 이에 거란을 불만을 가지고 있었다. 그리고 강동6주의 전략적 가치를 깨닫게 되면서, 그의 반환을 고려에 요구하였다. 고려가 강동6주의 군사력을 강화하고 거란의 요구를 거절하자, 거란은, 강조가 정변을 일으켜 목종을 폐하고 현종을 옹립한 것을 계기로, 강조의 죄를 묻는다는 점을 내세워 聖宗 자신이 직접 군대를 끌고 침입을 하여 왔다(제2차 침입, 1010, 현종 1).

고려는 참지정사 강조를 총사령관으로 삼아 거란에 맞섰으나 대패하고, 강조 등은 거란에 사로잡혀 죽음을 당했다. 이후 거란이 개경을 향해 남하하자 고려의 관리들은 항복을 의결하였다. 그러한 가운데 姜邯贊은 피난하여 후일을 도모할 것을 건의하였다. 현종은 그의 요구를 받아들여 피난을 결정하고, 后妃 및 蔡忠順 등과 함께 禁軍 50여 인의 호위를 받으며 천도를 단행하였다. 국왕 일행은 양주, 공주, 삼례를 거쳐 정월 13일 나주에 도착했다.

현종은 태조의 아들인 王郁이 경종의 비인 獻貞王后 황보씨와 사통해서 낳은 아들이었다. 왕욱의 모계에 관해서는 고려시대부터 이미 상반된 견해가 있어왔고, 오늘날 학자들의 의견도 일치하지 않고 있다. 즉 신라인 匝干 億廉의 딸인 神成王太后 김씨의 소생이라는 견해가 있는가 하면,[41] 大匡 元의 딸인 大良院夫人 이씨의 아들이라는 주장이 있는 것이다.[42] 한

---

41 하현강, 「고려시대의 역사계승의식」, 『이화사학연구』 8, 1976 ; 『한국중세사연구』, 385~386쪽 및 「고려전기의 왕실혼인에 대하여」, 『이대사원』 7, 1968 ; 『한국중세사연구』, 131~132 · 141~142쪽.

42 荻山秀雄, 「三國史記新羅紀結末の疑義」, 『東洋學報』 10의 3, 1920, 398~401쪽 및 이기백, 「『삼국사기』론」, 『문학과 지성』, 1976 겨울호 ; 『한국사학의 방향』, 일조각, 1995, 23~24쪽.

편 왕욱은 헌정왕후와 사통한 죄로 성종에 의해 泗水縣(사주;사천)에 유배되었다. 성종은 어린 현종을 왕욱의 유배지에 보내 그와 함께 지내게 했다.[43] 사주가 豊沛의 고을로 불린[44] 까닭이 여기에 있다. 풍패는 한 고조 劉邦의 고향으로 이는 곧 왕의 고향을 말한다. 현종은 왕욱의 유배지인 사천을 고향으로 삼았던 것이다.

현종은 즉위 직후 성종의 두 딸과 혼인하였다. 제1비 元貞王后 김씨는 성종과 善州 출신 金元崇의 딸 사이에서 태어났다. 그리고 제2비 元和王后 최씨는 경주최씨로 추정되는 崔行言의 외손녀였다. 현종은 이 두 비와 함께 나주로 피난했는데, 그가 父의 외가인 경주, 자신이 고향으로 삼은 사천, 그리고 妃의 외가가 있는 선산으로 가지 않고 나주로 피난한 이유가 궁금하다. 현종이 나주를 피난지로 선택한 것은 그곳에 가면 보호를 받을 수 있을 것으로 판단했기 때문일 것이다. 나주 및 나주지역 주민에 대한 고려왕실의 신뢰가 컸음을 반영한다. 나주가 고려왕조의 성립에 크게 기여한 지역임을 의식한데서 비롯된 결정이었다.[45]

나주에 이르는 동안 현종은 지방의 세력가들로부터 수모를 당하였다. 積城縣 丹棗驛에서는 武卒과 驛人이 왕의 임시 처소를 범하려 했는가 하면, 왕이 昌化縣에 이르렀을 때는 縣吏로부터 노골적인 야유를 받기도 했다. 창화현의 현리는 왕에게 자신의 이름과 얼굴을 알겠느냐고 물었고, 왕이 일부러 듣지 못한 척하자, 화를 냈다는 것이다.[46] 그리고 천안에서는 왕을 시종하던 관리인 柳宗과 金應仁 등이 도망했는가 하면, 왕이 삼례역에 이르렀을 때는 전주절도사 趙容謙이 왕에게 전주에서 유숙할 것을 협박하기도 했다.[47] 그러나 나주는 현종을 환대했던 듯하다. 현종이 金城山

---

43 『고려사』 권90, 종실전 1 태조 자 안종 욱전.

44 泗州 是豊沛之地(『고려사』 권78, 식화지1 전제 경리 현종 13년 2월).

45 변동명, 「고려왕조와 나주」, 『한국중세의 지역사회연구』, 학연문화사, 2002, 135~137쪽.

46 『고려사절요』 권3, 현종 원년 12월 辛未.

47 『고려사절요』 권3, 현종 2년 정월 壬午, 辛巳.

城에 머무르면서 거란의 침입에 대비하려 했다거나, 혹은 그가 개경으로 돌아갈 때 네 마리의 말이 끄는 수레를 타고 지나갔다는 駟馬橋에 얽힌 설화 같은 것으로 알 수 있다.[48]

현종이 나주에 도착하여 머무는 동안 거란은 철군하였다. 애초에 거란 군은 개경으로의 진격을 서둘러, 서북지방의 성들을 미처 함락시키지 못 했으므로, 개경을 함락한 후 보급로의 차단을 두려워하였다.[49] 그리고 송 이나 女眞으로부터의 공격에도 대비해야 했다. 송과의 연계를 꺼려하여 고려에 침입했던 만큼, 후방을 비워둔 채 고려와의 전쟁에 전념할 수도 없 었던 것이다. 이에 거란은 고려의 화전 제의를 받아들여, 현종의 入朝를 조건으로 물러갔다. 거란이 개경에서 철군했다는 보고를 받은 현종은 정 월 21일 나주를 떠나 전주, 공주를 거쳐 2월 23일 개경에 도착했다.

현종은 개경에 도착한 다음 나주에서도 八關會를 개최하도록 함으로써 나주가 수도인 개경에 버금가는 지위를 누릴 수 있도록 하였다.[50] 아울러 왕 9년 지방제도를 개편할 때 나주에 牧을 설치하였다. 나주목은 무안· 담양·곡성·낙안·남평 등 5곳의 屬郡과 11곳의 屬縣을 거느렸다. 고려 시대의 속군현에는 지방관이 파견되지 않는 것이 원칙이었다. 이들은 모 두 나주목의 지배를 받은 군현이었다. 그리고 2개의 鄕, 6곳의 部曲, 1곳 의 所가 나주에 예속되어 있었는데, 이들은 모두 나주목의 통치를 받는 특 수행정구역이었다. 나주 외에 전라도에 설치된 목으로는 전주목이 있었다. 따라서 오늘날의 전남지역에는 유일하게 나주에만 목을 설치했다. 나주는 고려시대 내내 오늘날 전남지방의 으뜸가는 행정치소였던 것이다.[51]

이후 나주는 지방에서 반란이 일어났을 때도 다른 지방처럼 반군에 협 조하지 않고 고려 중앙정부에 적극 협력하였다. 고종 23년(1236) 전라도

48 변동명, 「고려왕조와 나주」, 137쪽.
49 이병도, 『한국사』 중세편, 을유문화사, 1961, 192쪽.
50 변동명, 「고려왕조와 나주」, 137쪽.
51 변동명, 「고려후기의 금성산신과 무등산신」, 앞의 책, 44쪽.

原栗縣에서 李延年 등이 백제부흥운동을 일으켰을 때 그러하였다. 당시는 몽고의 침입을 피하여 고려 조정이 강화도로 천도한지 얼마 되지 않은 시기였다. 백제부흥운동군은 담양·광주·나주지역을 휩쓸면서 고려 조정의 통치력에 치명적인 타격을 입혔다. 백제부흥군의 위세에 크게 놀란 강화도의 고려조정은 金慶孫을 指揮使로 삼아 그에 대처하도록 하였다. 김경손은 아직 백제부흥운동군의 수중에 들어가지 않은 나주의 父老들을 모아놓고 '그대들의 고을은 御鄕(임금님의 고향)이니 다른 군을 따라 적에게 항복해서는 안 될 것이다'라고 울면서 호소하였다. 나주가 혜종의 외가로서 고려왕실과 밀접한 관계를 맺고 있음을 상기시키려는 발언이었다. 그리고 큰길 위에서 나주의 鎭山인 金城山의 신에게 제사를 드렸다. 나주의 주민들과 자신이 일체임을 과시하고자 함으로써 고려를 타도하려는 적과 힘을 다해 싸우게 하는 효과를 거둘 수 있다고 믿었을 것이다.[52] 결국 백제부흥군은 나주를 공격하다가 김경손의 관군에 패배함으로써 백제부흥운동은 종말을 고하였다.

원종 11년(1270) 고려정부의 개경환도에 불만을 품은 삼별초가 강화도에서 난을 일으켰다. 그들은 두 달 후 진도에 터를 잡고 세력 확장에 나섰다. 전라·경상도의 연해안 지역을 대부분 장악했으나 나주지역은 그들의 영향권에서 벗어나 있었다. 삼별초군이 나주를 공략하자, 금성산성에 立保해 있던 나주관민이 합세하여 그에 대항하였다. 그들은 7일간에 걸친 전투 끝에 삼별초군을 물리쳤다. 이후 나주는 고려정부가 진도의 삼별초정부를 공격하는 전진기지 역할을 수행하였다. 조정에서는 이에 대한 보답으로 충렬왕 3년(1277) 나주의 진산인 금성산의 산신을 우대하였다. 이는 나주의 위상을 강화시켜주는 일이었다.[53]

이처럼 백제부흥운동을 표방한 이연년의 난이나 삼별초의 난에 정부군에 협조한 것으로 미루어 보면, 중앙정부로부터 소외되었음에도 불구하고

---

52 변동명, 「무인정권시기의 백제부흥운동과 이연년」, 앞의 책, 64~65쪽.
53 변동명, 「고려후기의 금성산신과 무등산신」, 36~37쪽.

나주인들은 자신들이 고려왕조의 성립이나 후삼국통일에 크게 기여한 사실을 자각하고 이에 대해 자긍심을 가지고 있었던 듯하다. 한편 중앙의 관리들이 나주가 어향임을 강조한 것은 혜종의 외가였기 때문이기도 했지만, 나주가 고려왕실과 긴밀한 관계였음을 강조하기 위함이었다. 고려 중앙정부는 나주지역 출신 인물들이 중앙정계에 진출하는 것은 철저하게 견제하는 한편으로 나주가 어향임을 강조함으로써 나주가 고려왕실의 정신적 지주임을 강조하여 회유하는 양면성을 보였던 것이다. 사실 나주를 부인하는 것은 고려왕조를 부인한 것과 다를 바 없으므로 중앙정부로서도 나주에 일정한 대우를 하지 않을 수 없었을 것이다.

5. 맺는말

지금까지 나주오씨 소생의 혜종이 태조의 뒤를 이어 즉위하게 된 배경과 혜종대 정변의 경과와 원인, 그리고 현종의 나주 피난 등을 통해 고려시대 나주의 위상을 검토해 보았다. 이제까지의 검토에서 얻어진 결과는 대략 다음과 같다.

태조의 뒤를 이어 즉위한 인물은 나주 출신 장화왕후 오씨 소생의 혜종이었다. 25명에 달하는 태조의 왕자들 가운데 혜종이 후계자로 선택된 것은 나주가 고려의 건국과 후삼국통일에 크게 기여한 것과 관련이 있었다. 왕건은 나주를 정벌함으로써 궁예정권 아래에서 정치적 지위를 높였고, 군대에 대한 통솔력을 강화할 수 있었다. 그는 당시 남중국에 유학한 후 남해안으로 귀국한 선승들과 긴밀한 유대관계를 맺고 선승들과 연결된 지방호족들의 귀부를 받았다. 그리고 나주를 취함으로써 왕건은 대중국통로를 장악했다. 그리하여 많은 경제적 이익을 얻을 수 있었고, 오월에 대한 후백제와의 외교적 경쟁에서도 승리할 수 있었다. 한편 후백제의 견훤은 나주를 통해 고려에 귀부함으로써 고려 태조가 후삼국통일하는 계기가 마런해 주었다. 나주는 왕건의 제2의 세력근거지였던 것이다.

혜종이 즉위하자 다른 지역 출신의 왕자들이 불만을 품었다. 그 대표적인 존재는 충주유씨 소생의 왕요와 왕소였다. 그들은 서경에 주둔한 왕식렴을 개경으로 불러들여 실력으로 왕위를 탈취하였다. 그 과정에서 혜종이 죽음을 맞이하였고, 혜종의 후원자인 박술희와 왕규도 제거되었다. 태조의 측근이던 왕식렴마저 혜종의 적대세력에 가담했다는 사실은 태조의 나주에 대한 관심과 배려가 도리어 다른 지역 출신 호족들의 반감을 불러일으켰음을 의미한다. 여러 호족들의 귀부에 의해 성립한 것이 고려왕조였던 만큼 고려왕조의 성립에 기여한 호족들은 어느 한 지역의 출신에 의해 정치권력이 독점되는 것을 방관하지 않았던 것이다. 이러한 상황 아래에서 발생한 혜종대의 정변은 '왕위계승란'[54]이 아니라, 충주의 호족세력을 기반으로 삼은 왕요와 왕소가 혜종의 왕위를 쟁탈하려 한데서 발생한 '왕위쟁탈전'이었다고 해야 옳을 것이다.

혜종의 사후 중앙정계에서 나주세력의 영향력은 현저히 약화되었다. 그러나 나주는 고려를 세우는데 있어서 그 토대가 된 지역으로 여전히 중시되었다. 거란의 침입을 당한 현종이 나주로 피난한 것으로 짐작되는 일이다. 이후 나주에는 오늘날의 전남지역에는 유일하게 목이 설치되었다. 나주를 부인하는 것은 고려왕조를 부인한 것과 다를 바 없으므로 중앙정부로서도 나주에 일정한 대우를 하지 않을 수 없었을 것이다. 한편 나주인들은 중앙정부로부터 정치적인 소외를 당했음에도 불구하고, 자신들이 고려왕조의 성립이나 후삼국통일에 크게 기여한 사실을 자각하고 이에 대해 자긍심을 가지고 있었다. 무신정권시대의 백제부흥운동을 표방한 이연년의 난이나 삼별초의 난 당시, 정부군에 협조한 까닭이 여기에 있었다.

---

54 강희웅, 앞의 논문.

훈요십조의 변용과 그 쟁점

노기욱_전남대학교 인문대대학원 강사

김도영_전남대학교 인문대 박사과정

1. 훈요십조 왜 변용되었는가!

〈訓要十條〉[1]는 왕실 내 가훈의 성격을 갖는 것이기는 하지만 왕자로서

1 二十六年 夏四月 御內殿召大匡朴述希親授訓要曰 朕聞大舜耕歷山終受堯禪高帝起沛
澤遂興漢業 朕亦起自單平謬膺推戴 夏不畏熱冬不避寒焦身勞思十有九載統一三韓叨
居大寶二十五年 身已老矣 第恐後嗣縱情肆欲敗亂綱紀大可憂也 爰述訓要以傳諸後
庶幾朝披夕覽永爲龜鑑 其一曰 我國家大業必資諸佛護衛之力故創禪敎寺院差遣住持
焚修使各治其業 後世姦臣執政徇僧請謁各業寺社爭相換奪切宜禁之 其二曰 諸寺院
皆道詵推占山水順逆而開創 道詵云 吾所占定外妄加創造則損薄地德祚業不永 朕念
後世國王公候后妃朝臣各稱願堂或增創造則大可憂也 新羅之末競造浮屠衰損地德以
底於亡可不戒哉 其三曰 傳國以嫡雖曰常禮然丹朱不肖堯禪於舜實爲公心 若元子不
肖與其次子又不肖與其兄弟之衆所推戴者俾承大統其四曰 惟我東方舊慕唐風文物禮
樂悉遵其制 殊方異土人性各異不必苟同 契丹是禽獸之國風俗不同言語亦異衣冠制度
愼勿效焉 其五曰 朕賴三韓山川陰佑以成大業 西京水德調順爲我國地脉之根本大業
萬代之地 宜當四仲巡駐留過百日以致安寧 其六曰 朕所至願在於燃燈八關燃燈所以
事佛八關所以事天靈及五嶽名山大川龍神也 後世姦臣建白加減者切宜禁止 吾亦當初
誓心會日不犯國忌君臣同樂宜當敬依行之 其七曰 人君得臣民之心爲甚難 欲得其心
要在從諫遠讒而已從諫則聖讒言如蜜不信則讒自止 又使民以時輕徭薄賦知稼穡之艱

갖추어야 할 정책 운영의 방향과 관련해서도 중요한 의미를 갖는다. 그런데 태조는 943년 4월 죽기 한달전에 총애하던 重臣인 大匡 朴述熙를 내전으로 불러들여 〈훈요십조〉를 親授하였다고 『고려사』에 전한다.[2] 그 내용은 『고려사』 태조 세가 26년 4월조와 『고려사절요』 동년 동월조에 있다. 이 〈훈요십조〉 크게 두 부분으로 구성되어 있다.

앞부분은 서론이라고 할 수 있는 '信書'이며 뒷부분은 본론격인 10조의 '훈요'이다. 〈신서〉의 내용은 다음과 같다.

> "내 들으니 순임금은 역산(歷山)에서 농사를 지었으나 마침내 요 임금의 왕위를 받았으며 중국의 한고제(漢高帝)는 패택(沛澤)에서 일어나 드디어 한 나라의 왕업을 성취하였다고 한다. 나도 역시 한 개 의로운 평민으로서 그릇되게 여러 사람들의 추대를 받았다. 더위와 추위를 무릅쓰고 마음과 몸을 몹시 고달피 해가면서 19년 만에 국내를 통일하고, 외람스럽게 왕위에 있은 지가 25개년이나 되었고 몸도 벌써 늙었다. 후손들이 감정과 욕심에 사로잡혀 나라의 질서를 문란 시킬 듯 하니 이것이 크게 근심스럽다. 행여나 후사들이 방탕하여 기강을 문란하게 할까 두려워하여 〈훈요〉를 지어 전하노니, 조석으로 읽어 길이 귀감으로 삼으라."

〈훈요10조〉의 내용은 다음과 같다.

難則自得民心國富民安 古人云 芳餌之下必有懸魚重賞之下必有良將張弓之外必有避鳥垂仁之下必有良民 賞罰中則陰陽順矣 其八日 車峴以南公州江外山形地勢並趨背逆人心亦然彼下州郡人㕘與朝廷與王侯國戚婚姻得秉國政則或變亂國家或口統合之怨犯蹕生亂且其曾屬官寺奴婢津驛雜尺或投勢移免或附王侯宮院姦巧言語弄權亂政以致災變者必有之矣 雖其良民不宜使在位用事 其九日 百辟群僚之祿視國大小以爲定制不可增減 且古典云 以庸制祿官不以私 若以無功人及親戚私昵虛受天祿則不止下民怨謗其人亦不得長享福祿切宜戒之又以强惡之國爲隣安不可忘危 兵卒宜加護恤量除徭役每年秋閱勇銳出衆者隨宜加授 其十日 有國有家儆戒無虞博觀經史鑑古戒今 周公大聖無逸一篇進戒成王宜當圖揭出入觀省 十訓之終皆結中心藏之四字嗣王相傳爲寶.

훈요1조, 국가의 대업은 여러 부처의 호위를 받아야 하므로 禪·敎 사원을 개창한 것이니, 후세의 姦臣이 정권을 잡고 승려들의 간청에 따라 각기 사원을 경영, 쟁탈하지 못하게 하라.

훈요2조, 신설한 사원은 道詵이 산수의 順과 逆을 점쳐놓은 데 따라 세운 것이다. 그의 말에, "정해놓은 이외의 땅에 함부로 절을 세우면 지덕을 손상하고 왕업이 깊지 못하리라." 하였다. 후세의 국왕·公侯·后妃·조신 들이 각기 願堂을 세운다면 큰 걱정이다. 신라 말에 사탑을 다투어 세워 지덕을 손상하여 나라가 망한 것이니, 어찌 경계하지 아니하랴.

훈요3조, 왕위계승은 맏아들로 함이 상례이지만, 만일 맏아들이 불초할 때에는 둘째아들에게, 둘째아들이 그러할 때에는 그 형제 중에서 중망을 받는 자에게 대통을 잇게 하라.

훈요4조, 우리 동방은 예로부터 唐의 풍속을 숭상해 예악문물을 모두 거기에 좇고 있으나, 풍토와 人性이 다르므로 반드시 같이할 필요는 없다. (더욱이) 거란은 금수의 나라이므로 풍속과 말이 다르니 의관제도를 본받지 말라.

훈요5조, 나는 우리나라 산천의 신비력에 의해 통일의 대업을 이룩하였다. 西京(평양)의 水德은 순조로워 우리나라 지맥의 근본을 이루고 있어 길이 대업을 누릴 만한 곳이니, 四仲마다 巡狩하여 100일을 머물러 안녕(태평)을 이루게 하라.

훈요6조, 나의 소원은 연등(燃燈會)과 팔관(八關會)에 있는 바, 연·등·은 부처를 제사하고, 팔·관·은 하늘과 5악(岳)·명산·대천·龍神 등을 봉사하는 것이니, 후세의 간신이 神位와 의식절차의 加減을 건의하지 못하게 하라. 나도 마음속에 행여 會日이 國忌와 서로 마주치지 않기를 바라고 있으니, 군신이 동락하면서 제사를 경건히 행하라.

훈요7조, 임금이 신민의 마음을 얻는다는 것은 매우 어려우나, 그 요는 간언을 받아들이고 참소를 멀리하는 데 있으니, 간언을 좇으면 어진 임금이 되고, 참소가 비록 꿀과 같이 달지라도 이를 믿지 아니하면 참소는 그칠 것이다. 또, 백성을 부리되 때를 가려 하고 용역과 부세를 가벼이 하며 농사의 어려움을 안다면, 자연히 민심을 얻고 나라가 부강하고 백성이 편안할 것이다. 옛말에 "향긋한 미끼에는 반드시 고기가 매달리고, 후한 포상에는 좋은 장수가 생기며, 활을 벌리는 곳에는 새가 피하고, 인애를 베푸는 곳에는 양민이 있다"고 하지 아니하였는가. 상벌이 공평하면 음양도 고를 것이다.

훈요8조, 車嶺(車嶺) 이남, 公州江(錦江) 밖의 산형지세가 모두 本主를 背逆해 인심도 또한 그러하니, 저 아랫녘의 군민이 조정에 참여해 王侯・國戚과 혼인을 맺고 정권을 잡으면 혹 나라를 어지럽히거나, 혹 통합(후백제의 합병)의 원한을 품고 반역을 감행할 것이다. 또 일찍이 官奴婢나 진・津驛의 雜役에 속했던 자가 혹 세력가에 투신하여 요역을 면하거나, 혹 왕후・宮院에 붙어서 간교한 말을 하며 권세를 잡고 정사를 문란하게 해 재변을 일으키는 자가 있을 것이니, 비록 양민이라도 벼슬자리에 있어 용사하지 못하게 하라.

훈요9조, 무릇 신료들의 녹봉은 나라의 대소에 따라 정할 것이고 함부로 증감해서는 아니 된다. 또 고전에 말하기를 "녹은 성적으로써 하고 임관은 사정으로써 하지 말라"고 하였다. 만일 공적이 없는 사람이거나 친척과 가까운 자에게 까닭 없이 녹을 받게 하면 백성들의 원성뿐 아니라 그 사람 역시 복록을 오래 누리지 못할 것이니 극히 경계해야 한다. 또 이웃에 강폭한 나라가 있으면 편안한 때에도 위급을 잊어서는 아니 되며, 항상 병졸을 사랑하고 애달피 여겨 요역을 면하게 하고, 매년 추기 査閱 때에는 용맹한 자에게 마땅히 승진을 시킬지어다.

훈요10조, 국가를 가진 자는 항상 무사한 때를 경계할 것이며, 널리 經史를 섭렵해 예를 거울로 삼아 현실을 경계하라. 周公과 같은 대성도 〈無逸〉1편을 지어 成王에게 바쳤으니, 이를 써서 붙이고 출입할 때마다 보고 살피라.

그리고 십조의 끝에 일일이 '中心藏之(마음에 간직하라)'라는 네 글자가 쓰여 있는 것으로 보아, 고려왕실의 왕권강화를 위한 견해가 천명되었음을 알 수 있다.

5월에 태조는 정무를 정지하고 廉相, 王規, 朴守文 등의 대신을 배석시켰다. 그리고 태조는 다음과 같이 말하였다.

"한나라 文帝는 말하기를 천하 만물이 생겨나서 죽지 않는 것이 없으니 죽음은 천지의 이치요 만물의 자연이다. 어찌 너무 슬퍼하겠느냐고 하였으니 옛날 명철한 왕들은 마음을 이렇게 먹었던 것이다. 내가 병에 걸린 지 벌써 20여 일이 지났다. 죽는 것을 돌아가는 것처럼 생각하노니 무슨 근심이 있으랴? 한 문제의 말이 곧 나의 의사이다. 오래 동안 해결하지 못한 안팎 중요 사무들은 그대들이 태자 무와 함께 처리한 후 나에게 보고하라!"

〈훈요십조〉의 〈훈요십조〉구성은 서두의 신서와 본문에 해당하는 10조의 훈요로 되어 있다. 각 조항은 종교사상(1·2·6조), 지역성을 나타내는 車峴以南公州江外地勢背逆(8조), 대외관계(4·5·9조), 유교정치 사상(3·7·9·10조) 등으로 나누어진다.

서두는 태조 왕건의 기본적인 국가 통치 이념을 엿볼 수 있다. 그런데 〈훈요십조〉의 제8조, 즉 '차현이남공주강외지세배역'이라 하여 지역 차별과 같은 많은 논란을 가져왔다. 결과적으로 이 〈훈요십조〉 중 제8조는 정파에 따라 그 해석을 달리하는 결과를 낳게 되었다. 그렇다면 왜 왕건은 삼국통일의 초석을 이루고 정치적 고향인 나주인 등용과 현실정치 집권자들의 이념과 다른 8조 내용을 만들어졌는지 의문이다. 차령 이남의 땅은 고려를 지탱하는데 중요한 곡창지대임을 감안한다면 더욱 이는 납득하기 어렵다. 태조는 마지막 죽는 순간까지 나주출신 태자 왕무와 현실정치 집권자들을 신뢰하며 정무를 협력하도록 하였다.

태조 왕건은 錦城郡을 나주목으로 바꾸었다. 특히 왕위에 등극한 직후인 918년 9월 羅州道大行臺를 설치하고 전 광평성 시중 具鎭을 나주도대행대 시중으로 임명하여 파견하였다. 나주도대행대란 고려의 중앙정부와는 별도로 나주를 독립적으로 관리하는 특별 기구였다. 이처럼 나주를 다스리는 관리를 중앙의 최고관직인 '시중'이라 칭했던 것이나, 그 자리에 광평성의 시중을 파견한 것 등은 태조왕건의 정치적 관심이 나주에 집중된 것이다.

901년 나주지역이 친궁예 성향임을 알게 된,[3] 견훤은 나주의 남변지역을 공격하였다.[4] 그러자 영산강 유역의 호족 오다련 가문은 예성강을 중심으로 한 왕건과 해상세력으로 유대관계를 공고하게 하였다.[5] 왕건은 903년 나주에서 견훤세력을 축출하고 서남해 해상세력을 장악하였다. 이에 힘입어 918년 고려를 건국하고, 936년에 후삼국을 통합하였다. 이과정에서 정치적 동반자인 오다련 가문과 결합하여 장화왕후와 만났으며 그의 소생인 혜종을 낳았다.[6]

이러한 일련의 사실과 〈훈요십조〉의 8조 내용과 다르다는 문제로 '위조'인지 '진작'인지 논쟁이 되고 있다. 이 점에 대해 맨 먼저 今西龍은 〈훈요십조〉가 후대의 정치적 목적으로 본래의 목적과 다르게 변용되었다고 의문을 제기 하였다.[7] 하지만 이 같은 주장은 일제 학자가 제기한 위작설을 비판하며[8] 태조 왕건의 사상을 연구하려는 분위기에 의해 부인되었다.[9]

그러나 〈훈요십조〉의 납득되지 않는 부분에 대해 재검토가 이루어지면서,[10] 〈훈요십조〉가 후대에 왕과 신하들이 정치적 목적을 정당화하려는

---

3 『고려사』 권57, 지 11 지리 2, 나주목.

4 『삼국사기』 권50, 열전 10, 견훤.

5 문수진, 1987 「고려건국기의 나주세력」, 『성대사림』 4, 16쪽.

6 『고려사』 권88, 후비1, 장화왕후 오씨.

7 금서룡, 「신라승려도선에 종사하고(新羅僧道詵に就きて)」, 『동양학보』 2-2, 1912.
금서룡, 「고려태조훈요십조에 종사하고(高麗太祖訓要十條に就きて)」, 『동양학보』 8-3, 1918: 『고려사연구』, 근택서점, 1945(재판, 1970).

8 이병도, 「태조십훈요에 대한 신고찰과 거기에 나타난 지리도참」, 『고려시대의 연구』, 을유문화사, 1945(개정판, 1980)
김성준, 「십훈요와 고려 태조의 정치사상」, 『한국사상대계』 III, 대동문화연구원, 1979: 『한국중세정치법제사연구』, 1985.

9 김상기, 「고려 태조의 건국과 경륜(2)」, 『국사상의 제 문제』, 국편위, 1959.

10 민현구, 「고려 중기 삼국부흥운동의 역사적 의미」, 『한국사시민강좌』 5, 1989.
이재범, 「고려 태조의 훈요십조에 대한 재검토 -제8조를 중심으로-」, 『성대사림』 12·13, 1997.
김갑동, 「왕건의 훈요10조 재해석」, 『역사비평』 60, 2002.

전거로서 윤색되었을 가능성을 제기하였다.[11] 또, 〈훈요십조〉의 내용이 첨삭되었을 것으로 조심스럽게 반영하려는 경향이 대두되었다.[12] 다른 한 편으로 〈훈요십조〉가 현종을 옹립한 인물들에 의해 세상에 알려지고 그 내용이 정치적 의도가 반영된 것으로 인식하였다.[13]

따라서 본고는 〈훈요십조〉가 왜 변용되었는지, 왜 차현 이남 인물이 정치적으로 견제의 대상이 되었는지를 불교의 존폐문제와 지역적 문제를 통해 구체적으로 살펴보겠다. 당시의 훈요십조가 찬자의 의도와 다르게 시기를 달리하며 조작되어지는 과정을 살피고자 한다.

우선 2장에서는 사원의 치폐와 팔관회의 변동사항을 검토하여 훈요십조 어떻게 변용 되었는지를 추적하겠다. 그리고 3장에서는 왕건의 정치적 후원세력이 왜 배역인물로 견제되었는지 〈훈요십조〉 중의 8조를 분석하고자 한다. 이를 통해 왕건의 대 나주 인식을 살필 것이다. 이러한 검토로 〈훈요십조〉 이면에 흐르는 쟁점이 무엇인지 밝히게 되길 기대한다.

———

　　신호철, 「고려 태조의 후백제 유민정책과 '훈요 제8조'」, 『이화사학연구』 30, 　　2003.

11 문경현, 『고려 태조의 후삼국 통일 연구』, 형성출판사, 1987:『고려사연구』, 경북 　　대출판부, 2000.

　　신복룡, 「한국지역 감정의 역사적 백경 -호남 포비아를 중심으로-」, 『한국정치의 　　재성찰』, 한국정치학회, 1996.

　　김재영, 「지역패권과 지역 갈등 -지역주의 의식과 전북인-」, 『기획학술회의』, 한국 　　정치학회, 1997.

　　김도영, 「고려 태조의 훈요십조에 대한 재검토」, 『고려사 발표논문집』, 전남대사 　　학과고려사연구회, 2011.

12 신복룡, 『한국사 새로 보기』, 풀빛, 2001.

　　김당택, 『우리한국사』, 푸른역사, 2006.

　　김재영, 『호남의 한』, 한국학술정보, 2009.

13 채희숙, 「고려초 유학자출신 관료의 정치적 동향」, 전남대 박사학위논문, 2006, 　　117쪽.

2. 훈요십조의 소급과 부회의 이면성

〈훈요십조〉1조 · 2조 · 6조는 종교사상을 나타내고 있다. 이에 관한 내용을 살펴보면, 불교의 폐단을 지적하거나 원당의 지칭이 등장한다. 이러한 사건들은 〈훈요십조〉의 시기와 맞지 않는다는 것이다. 불교의 폐단 사례는 상당부분이 소급 적용되었다. 비보사탑설이 널리 유행하지 않았음에도 등장하는가하면 '국사 도선' 등의 후대에 도선의 명성이 높아졌던 시기가 반영되는 모순점이 있다. 팔관회와 연등회의 치폐와 준수를 당부하는 시기 또한, 현종에서 문종대 무렵으로 태조의 유훈이 재조명되는 사정과 무관하지 않다.

〈훈요십조〉내용 중 먼저 1조 · 2조 불교사상에 관한 논점을 살펴보겠다.

> 기1왈, 우리나라의 대업은 반드시 여러 부처의호위하는 힘을 얻은 것이다. 그러므로 선교의 사원을 창건하고 주지를 보내 불도를 닦게 하고[焚修] 각각 그 업을 다스리도록 하였다(하라). ㉠후세에 간신이 정권을 잡아 중의 청탁을 따라 각자 사원을 경영하면서 서로 바꾸고 빼앗으면 꼭 이를 금지해야 한다.
> 기2왈, ㉡모든 사원은 도선이 산수의 순역을 추점하여 개창한 것이다. 도선이 말하기를, "내가 점정한 외에 함부로 더 창건하면 지덕을 훼손시켜 왕업이 길지 못할 것이다"고 하였다. ㉢짐은 후세의 국왕 · 공후 · 후비 · 조신들이 각기 원당이라 칭하고 혹 더 창건한다면 큰 근심거리가 될까 염려된다. ㉣신라 말에 부도를 다투어 짓더니 지덕을 손상시켜 망하기에 이르렀으니 어찌 경계하지 않으랴.

금서룡은 이들 조항이 8조와 더불어 후세에 잘 시행되지 못하고 그것이 저촉된 사례가 있기 때문에 조작된 것으로 파악하였다.[14] 이에 대해 이병도는 후세의 준수 여부가 반드시 훈요의 진위 여부를 판단하는 유일한 기준이 아니라면서, 이들 조항뿐만 아니라 유훈 대부분이 준행되지 않았다고 하여 금서룡과는 상반된 주장을 하였다.[15]

　그렇다면 이들 조항의 검토를 통해 변용여부를 살필 수 있을 것이다. 즉 태조가 사원에 대한 통제 방침을 내린 것이 과연 그의 정치 이념과 부합하는 것인가를 검토할 필요가 있다. 태조가 불교에 혹신했음을 감안하면,[16] 그가 사원을 강력히 통제하려고 했다는 것은 쉽게 납득이 가지 않는다. 물론 태조가 동왕 4년(921)에 법회를 설치하여 승려들을 선발하였거나, 태조대에 사원을 새로 건립하자면서 都評省에 보고하였고 중앙에서는 해당 현에 보내진 入京使라는 직임을 지닌 사람의 보고를 참고하여 사원의 조성을 허락받아야 했다.[17] 그리고 태조 20년(937) 鵲岬寺에 雲門禪寺라는 사액을 내려 추인한 사례 등은 국가가 사원을 통제하려고 했음을 추정 할 수 있다.[18]

　그러나 제 2조에서 "신라 말에 부도를 다투어 짓더니 지덕을 손상시켜 망하기에 이르렀으니 어찌 경계하지 않으랴"(ㄹ)라고 한 것이 과연 태조의 인식이었을지는 의문이다. 실제 태조는 삼한 통합에 불교의 기여가 있었음을 피력하였다.

　　A-1. 어느 날 태조가 崔凝에게 말하기를 "예전에 신라가 9층탑을 조성하여 마침내 통일의 대업을 이루었소, 이제 개경에 7층탑을 세우고 서경에 9

---

14 금서룡, 앞의 책, 1970.

15 이병도, 앞의 책, 1980, 63~65쪽.

16 한기문, 「고려태조의 불교정책 -창건사원을 중심으로-」, 『대구사학』 22, 1983.
　　한기문, 「사원의 창건과 중창」, 『고려 사원의 구조와 기능』, 민족사, 1998, 22~47
　　쪽 참조.

17 「영풍 경청선원 자숙선사 능운탑비」, 『한국금석전문』 중세 상, 1984, 317쪽.

18 한기문, 「사원의 조직과 운영」, 『고려 사원의 구조와 기능』, 민족사, 1998,
　　110~111쪽.
　　이정신, 「고려태조의 건국이념의 형성과 국내외 정세」, 『한국사연구』 118, 2002,
　　47~49쪽.

층탑을 건립함으로써 부처의 공덕을 빌어 추악한 무리들을 없애고 삼한
을 통합하여 일가를 이루려고 하니, 경은 나를 위하여 발원하는 소를 지
으라"라고 하였다(『고려사』 권92, 최응전).

A-2. 애초 신라의 사신 金律이 개경으로 왔을 때 왕(태조)이 "신라에는 삼보,
즉 장륙금상, 9층탑 및 성제대가 있는데 삼보가 남아있는 한 나라가 망
하지 않는다고 들었다. 탑과 불상은 그대로 있으나 성제대는 남아있는
지 모르겠다."라고 물었다(『고려사』 권2, 태조 20년 5월).

A-3. 우리 동방에는 신라 말기부터 (불교를)받들어 섬김을 더욱 근실히 하여,
성안에 사찰이 민옥보다도 많았고, 그 중에 전우가 굉장히 높고 특별한
것은 지금까지도 오히려 남아 있으니, 당시 존숭하여 받듦이 지극하였
음을 상상하여 알 수 있다. 고려왕씨가 통합한 초기에 변함없이 그대로
시행하여 신비한 도움이 있기를 바라 이에 중외에 사사를 많이 설립하
였으니, 이른바 비보라는 것이 이것이다(권근, 『양촌집』 권12, 「연복사
탑중창기」).

태조는 신라가 황룡사 구층탑 건조로 통일을 이룬 점[19]에 착안하여 개
경과 서경에 각각 7층탑과 9층탑을 세워 삼한 통합의 염원을 구현하려고
했다(A-1). 그리고 삼보가 남아있는 한 나라가 망하지 않는다고 하여 신라
의 삼보를 국가 존망에 있어 중요한 보물로 인식하였다(A-2). 태조는 신라
가 불사활동에 결코 비판적인 입장을 갖고 있지 않았던 것이다. 그는 오히
려 경주중심의 불교교단 조직을 장차 개경에 그대로 재편하고자 한 듯한
데,[20] 이는 A-3에서 신라 말기부터 불교를 존숭하여 받듦이 지극하여, 고
려 초기에도 변함없이 그대로 시행하였다고 한 데서도 짐작할 수 있다. 따
라서 ㄹ은 태조의 인식으로 보기 힘들 것 같다.

물론 최응이 태조에게 "전쟁 중이고 나라가 초창인 어려운 때에 문덕을

---

19 신라에서는 황룡사구층탑을 건조로 말미암아 삼한을 통합하여 일가를 이루었음을
각별하게 여겼다(박거물, 「황룡사찰주본기」, 『역주 한국고대금석문3』, 가락국사적
개발연구원, 1992, 367~368쪽. "조사탑 … 과합삼한 이위일가 군신안락 지금뢰지
(造斯塔 … 果合三韓 以爲一家 君臣安樂 至今賴之)"

20 한기문, 「사원의 창건과 중창」 앞의 책, 34쪽.

닦아야지 부도나 음양으로 천하를 얻기 어렵다"라고 하며 간하자, 태조가
"이 말을 어찌 모르겠는가. 우리나라 산수는 영기한데 황벽한 곳에 개재
하기 때문에 토성이 불신을 좋아하여 복리를 얻으려고 하는데 지금 전쟁
이 그치지 않고 안위가 결정되지 않아 단석으로 두려워하여 어찌할 바를
모른다. 오직 불신의 음조와 산수의 영웅이 고식적인 효과라도 있을까 생
각했을 뿐이지 어찌 이로써 이국득민의 큰 길[대경]을 삼겠는가. 定亂居安
을 기다려 가히 풍속을 옮기고 교화를 아름답게 할 것이다(최자, 『보한집』
上)"라고 하였다.

이는 통일 이후에 태조의 불교에 대한 태도가 변화했을 여지가 있는 부
분이다. 『고려사절요』 태조 2년 3월조의 사론에서 '신라가 절을 지어 빨리
망했다'는 (태조의)그 경계의 말은 만년에 와서야 후회하고 깨달아서 한
것이라고 지적한 것에서도 이러한 가능성을 고려해 볼 수 있다. 그러나 태
조는 동왕 23년 7월 왕사 忠湛이 죽자 그를 위하여 원주 영봉산 흥법사에
탑을 세워 직접 비문을 지었으며, 그해 12월에는 개태사가 완성되자 대형
철 솥을 만들고 낙성 화엄법회를 열었다. 신흥사에는 공신당을 설치하고
동서의 벽에 삼한공신들의 초상을 걸고 하루 밤낮에 걸쳐 무차대회[21]를
열어 이를 매년 상례로 삼았다.[22]

태조는 통일 이후 말년까지도 불교에 더욱더 심취했으며, 불교를 강력
히 규제하려는 모습 또한 보이지 않았던 것이다. 결국, 위의 인용문에서
최응이 도참이나 불교보다는 유학을 통한 국가 운영의 필요성을 건의하자,
이를 태조가 동의하면서도 "불신의 음조와 산수의 영웅이 고식적인 효과
라도 있을까"라고 생각했다는 점은 국왕의 입장에서 어떠한 사상이라도

---

21 무차대회란, 현성, 습속, 남녀, 귀천을 차별하지 않고 모두 평등하게 널리 대중을
상대로 하여 재보시와 법보시를 행하는 의례이다. 수륙회와 함께 전쟁과 정변으
로 비참하게 죽은 영혼을 기원하는 의식으로 원혼의 저주를 막는 법회이다. 최승
로가 상소문을 올려 광종의 불교 정책을 신랄하게 비판하는 과정에서 무차수륙회
가 언급되기도 한다(『고려사』93, 최승로전).
22 『고려사』2, 태조 23년 7월 및 12월.

채택할 수 있다는 점을 암시해 주는 것이지,[23] 불교에 대한 태조의 입장에 근본적인 변화가 있었을 것이라 보기는 힘들 것이다.

그런데 최응이 불교에 대해 비판한 위의 『보한집』의 기록과 비슷한 내용이 尹紹宗 및 金子粹傳에서는 조금 달리 기술되고 있어 주목된다. 그중 윤소종이 공양왕에게 올린 상소문의 내용을 보면, "우리 태조는 오래된 폐해에 의하여 심각한 교훈을 받고 후대의 왕과 신하들이 사사로이 사찰을 짓는 것을 금하였습니다. 당시 태사 최응이 불법을 없앨 것을 청하니 태조는 '신라 말엽에 불교의 설이 사람들의 뇌리에 박혀 사람마다 생사와 화복이 모두 다 부처가 주는 것이라 여기고 있다. 지금 삼한이 겨우 통일되어 아직 인심이 안정되지 않았는데 만약 갑자기 불교를 없애면 반드시 반측이 생길 것이다.'라고 하고, 이에 훈요를 작성하여 '신라가 불교 행사를 많이 행하여 망하게 된 것은 마땅히 거울로 삼아야 한다.'고 하였습니다."[24]

최응과 태조의 불교에 대한 비판적인 입장이 더 강하게 드러나고 있음을 알 수 있다. 그리고 이것이 훈요십조 제2조의 ㉣구절의 작성으로 이어졌던 것으로 인식하고 있다.[25] 하지만 이 기록은 비판적으로 접근할 필요가 있다. 왜냐하면 최응이 태사가 되었다는 기록을 찾아 볼 수 없으며, 또한 삼한이 통일되기 전인 태조 15년에 이미 죽었기에[26] 불법을 없애자는 그의 건의는 시기적으로 볼 때 맞지 않기 때문이다. 위의 최응과 태조의 대화 내용은 『보한집』의 그것과 유사한 구조를 취하고 있는데, 윤소종은

---

23 김병인, 「한중교류다시보기 -예종대 대송관계를 중심으로-」, 『역사속의 교류와 문화(BK총서7)』, 엔터, 2011, 76쪽.

24 『고려사』120, 윤소종전.

25 다만 도선에 대해 언급하지 않은 것은 불교를 배척한데 따른 의도적인 조치이거나 혹은 구지 언급할 필요가 없었기 때문일 것이다. 『세종실록』30년 7월 22일 기사에도 '신라가 다투어 불사를 지어 망하게 되었다'라고 하여 ㉣의 내용만을 언급하고 있다.

26 『고려사』2, 태조 15년 11월.

김자수와 더불어 '척불운동'을 강화하는 전거자료로서 『보한집』의 기록을 윤색하여 인용한 것으로 여겨진다. 이러한 가능성을 고려한다면, '태조와 최응의 불교에 대한 논의'는 ㉣과 같은 불교에 대해 강력히 비판한 근거자료로 보기에 주저하게 된다.

사실 ㉣의 내용은 태조 보다는 오히려 최승로, 김부식의 불교에 대한 입장과 유사한 것이다. 이는 최승로가 그의 상소문에서 "신라말 불경과 불상은 모두 금·은을 사용하여 사치의 정도가 지나쳤으므로 마침내 멸망하기에 이르렀습니다."[27]라고 한 점과, 김부식이 경순왕 9년 10월조의 사론에서 "신라가 부도의 법을 받들어 그 폐해를 알지 못하고 여항에는 탑묘가 벌여서고 평민들은 사찰로 도망하여 승려가 되었으니 병농은 점점 줄어들고 국가는 날로 쇠하여 가니 어찌 난망치 아니할 수 있으랴"[28]라고 지적한 것에서 짐작 할 수 있다. 따라서 '신라가 다투어 불사를 지어 망하게 되었다'는 식의 표현은 태조의 인식과 맞지 않을뿐더러 태조 이후 불교사업을 더욱 크게 일으키는 등 불교적 분위기가 고조된 고려 초의 상황과도 부합하지 않는 것이다. 더구나 성종대 최승로의 불교에 대한 혹독한 비판이 있기 전까지, 고려 초에 불교에 대해 혹독한 비판을 가한 인물을 찾아보기 힘들다는 점에서도 제2조 말미의 기록은 성종대나 그 이후의 산물일 가능성이 높다.[29]

이렇듯 ㉣이 후대의 조작된 것이라고 한다면, '사원의 통제(㉠·㉢)'와 관련된 내용의 조작 가능성 또한 검토해야 할 것이다. 이와 관련하여 다음의 기록이 주목된다.

B-1. 문하성에서 아뢰기를 … "성조(태조)께서 사원을 창건한 것은 한편으로는 삼한을 통합한 바람을 성취한 것에 보답하는 것이고, 한편으로는 산

---

27 『고려사』93, 최승로전.
28 『삼국사기』12, 경순왕 9년 10월.
29 이러한 추정이 타당하다고 한다면, 윤소종, 김자수가 제2조의 ㉣과 유사한 내용을 언급한 것 역시 조작된 자료를 바탕으로 한 것일 것이다.

천에 위배된 것을 제압하려던 것입니다. 지금 신사(홍왕사)를 더 지으려
고 하면 급하지 않은 역사가 백성을 수고롭게 하여 원망이 여기저기서
일어나고 산천의 기맥을 훼상하여, 재해가 반드시 생겨서 귀신과 사람
이 모두 노할 것이니, 이것은 태평을 이루는 도가 아닙니다"하니, (왕
이)허락하지 않았다(『고려사절요』 권4, 문종 9년 10월).

B-2. 태조 신성왕의 훈요에서는 "국사 도선이 국내 산천의 순역을 살펴 사원
을 창건할 만한 땅에는 모두 세웠으니, 후세의 왕 및 공후·귀척·후
비·신료들이 다투어 원찰을 수리함으로써 지덕을 훼손하지 말라"고 하
였습니다(『고려사절요』 권4, 문종 10년 2월).

위의 기록들은, 문종이 태조 이래 대대로 불사를 창건하여 복된 경사를
받게 되었다고 하면서 홍왕사의 창건 명령을 내리자 이를 반대하는 명분
으로서 태조의 권위를 빌린 사례들이다. 문하성 소속 관리들은 태조의 사
원을 창건한 것은 삼한의 통일과 비보사찰를 짓기 위함일 뿐이며, 신사로
오히려 백성의 부담이 가중되고 산천의 기맥이 훼손된다는 이유를 들어
홍왕사의 창건에 반대하였는데(B-1), 제1조와 제2조에서 보인 태조의 강력
히 사원 규제방침과는 다른 시각을 보이고 있다.

특히 최유선이 제2조를 거의 그대로 인용하여[30] 홍왕사의 창건에 반대
한 것과(B-2) 매우 대조적인 것을 알 수 있는데, 이는 당시 문하성에서 훈
요십조를 접하지 않았을 것임을 짐작케 한다. 훈요십조의 존재를 알았다
면, 이들 또한 제2조를 들어 홍왕사의 창건에 반대하는 것이 자연스럽기
때문이다. 앞서 언급한 김자수와 윤소종의 사례를 통해 알 수 있듯이 제2
조는 사원의 창건을 반대하는 좋은 명분이 되었기에 더욱 그러하다.

B-1의 기록을 토대로 한다면, 태조는 ㉠, ㉢과 같은 강력한 사원 규제
방침을 내리지 않았을 것으로 보인다. 이는 다음의 기록들에서도 보다 분

---

30 다만, 제2조의 ㉣은 인용하지 않고 있는데, 이는 ㉣의 내용이 후대에 첨가된 데서
비롯된 것일 수도 있지만, 그의 취사선택에 따른 인용이었을 가능성이 더 높지 않
나 싶다.

명히 드러난다.

   C-1. (명종 26년 5월) 祖聖代에서는 반드시 산천의 순역을 고려하여 부도사를 창건함으로써 그 지세에 순응시켜 안치시켰는데 후대의 장수나 재상들과 무례한 승려 등이 산천의 길흉을 묻지 않고 소위 원당이라는 절을 세워서 지맥을 손상하여 재변이 자주 발생하고 있으니 바라건대 폐하는 음양관을 시켜 검토하여 비보 이외는 모두 남김없이 철거시켜 뒷사람들에게 뚜렷한 본을 보여 주십시오(『고려사』 권129, 최충헌전).

   C-2. (한)강이 조목별로 진언하기를, … 선왕께서 그 지겸을 살피시어 탑묘를 세웠는데, 뒷사람들이 자기 생각대로 옛 것을 폐하고 새로 창건한 것이 많아 고찰이 다 허물어졌으니, 마땅히 유사에게 명하여 옛 절을 중수하게 하시면 나라의 복록이 연장될 수 있을 것입니다(『고려사절요』 권21, 충렬왕 22년 2월).

   C-3. 충선왕 즉위하여 하교하기를, 첫째 태조께서 선교의 사원을 창건할 때에는 모두 지겸에 서로 호응하여 설치한 것인데 이제 와서는 양반들이 사사로이 원당을 세워 지덕을 훼손시킬 뿐만 아니라 사원의 주지와 공모하여 거의 다 뇌물을 주고 비법적으로 얻으니 이를 금지 해야겠다(『고려사』 권84, 지38, 형법1, 공식, 직제).

   C-4. 전 전의부정 金貅이 왕에게 글을 올리기를, "태조(고려)가 창업한 후 산수의 순역을 보고 지맥의 단속을 살펴서 사원을 창건했으며 불을 만들어 주고 백성과 땅을 주어서 복을 빌고 화를 물리쳤습니다. 이것은 삼한의 업의 기본입니다. 그런데 근년에 와서 무식한 중들이 창업의 의를 돌보지 않고 그 백성과 땅을 수탈하여 자기 것으로서 경영하였습니다. 그리하여 위로는 부처를 공양하지 않고 밑으로는 중들을 부양하지 않습니다. … 아! 성조(태조)가 창업할 때의 깊은 지혜가 어린유생의 계책만 못하겠습니까. 전하는 위로 성조의 원대한 염원을 받들어 절을 다시 수축하고 땅과 사람을 주어서 불교를 일으키기를 바랍니다"(『고려사』 권46, 공양왕 3년 6월).

   C의 기록들은, 태조가 '산수의 순역' 내지는 '지세'를 살펴 사원을 세웠다는 점과, 후대에 와서 이러한 태조의 지침을 무시하고 마음대로 사원을

지어 폐단이 일어났음을 공통적으로 지적하고 있다. 하지만 이들 기록은 명종~공양왕 때의 각종 사원 남설의 폐단을 지적하면서도 후세에 사원을 마음대로 짓는 것을 경계한 태조의 유훈(㉠, ㉢)은 언급하지 않고 있다. 태조의 유훈이 자신들의 입장을 관철시키는데 더할 나위 없이 좋은 전거가 되었을 것인데도 말이다. C-4에서는 오히려 "전하는 위로 성조(태조)의 원대한 염원을 받들어 절을 다시 수축하고 땅과 사람을 주어서 불교를 일으키기를 바랍니다"라고 하여 오히려 태조의 권위를 빌어 불교를 권장하고 있다.31 이는 이 당시 윤소종과 김자수가 태조의 유훈을 들어 불교의 폐단을 지적한 것과 매우 대조적인 것이다.

　C-1·3의 기록에 비추어 볼 때, ㉢에서 "짐은 후세의 국왕·공후·후비·조신들이 각기 원당이라 칭하고 혹 더 창건한다면 큰 근심거리가 될까 염려된다"라고 하여 원당·원찰의 건립을 억제하고자 한 것은 후대의 인식이 분명한 것 같다. 고려 초에 원당의 문제를 본격적으로 제기한 사람은 최승로였는데,32 그의 상소문에서 "세속에서는 선을 심는다는 명목으로 각기 원하는 바에 따라 불우를 영조하니 그 수가 매우 많습니다. 또 중외의 승도가 사사로이 거주하는 곳으로 하고자 영조하기를 다투어…"33라고 지적한 바 있다. 여기서 불우영조와 승도들이 사사로이 거주하는 곳으로 사원을 영조한 것은 모두 원당으로 지칭할 수 있다.34 고려시대에 원당을 처음 창건한 이가 광종이었다는 점과35 그리고 공후·후비들의 원당경영이 태조 이후에 주로 나타난 것으로 여겨지는 점도36 ㉢이 후대의 산

31　원종이 선지를 내려 "우리나라는 태조 이래로 오직 불교의 가르침에 의존해 왔으며, 그 내밀한 보호로 국가의 기업을 연장해 왔다.…"(『고려사』26, 원종 5년 7월)라고 한 점도 이와 관련하여 참고가 된다.

32　한기문, 「사원의 원당으로서의 기능」 앞의 책, 334쪽.

33　『고려사』93, 최승로전.

34　한기문, 「사원의 원당으로서의 기능」 앞의 책, 334쪽.

35　한기문, 「사원의 원당으로서의 기능」 앞의 책, 252쪽. 광종은 동왕 2년 봉은사(태조)와 불일사(신명왕후), 동왕 5년 숭선사(신명왕후) 등의 왕실원당을 세웠다(『고려사』 권2, 광종 2년 및 5년).

물일 가능성을 짐작하게 한다.[37]

그렇다면 태조는 사원의 남설 자체를 경계하지 않은 것일까. 후대의 자손들에게 경계의 차원에서 남겼을 가능성은 없는 것일까. 다음의 기록은 이를 해명하는데 도움이 된다.

> D-1. 삼가 생각하건대, 우리 태조께서 삼한을 통일하자, 왕실과 나라에 유익한 일들을 거행하지 않는 것이 없이 하셨는데, 불가는 다스리는 도를 돕고 포악한 무리를 감화시킨다 하여, 승도들은 일반 백성에 넣지 않고 그 교리를 천명하도록 하였으며, 무릇 탑묘를 세울 적에는 반드시 그 산천이 음양과 순역에 부합되는지를 살펴 알맞게 조화되고 훌륭한 곳이라야 지었고, 양씨[38]처럼 죄를 두려워하고 복을 사모하여 부처에게 아첨하지는 않았다(『익재집』 권6, 「개국율사 중수기」).
>
> D-2. 조왕대 선교의 사원을 창건한 것은 지덕을 도와 나라에 이롭게 하려는 의도였는데 지금은 많이 허물어지고 그 빈터만이 남아 있다. 그 가운데 현재 토지를 보유 하고 있는 사원은 조를, 노비를 소유하고 있는 사원은 용을 각각 거두어들여서 중수하는 준비를 하라. 또 태조의 신서를 준수하여 사람들이 마음대로 사원을 짓는 행위를 금할 것이며 중이 되려는 자는 반드시 도첩을 소지하게 하고 개인집에 거주하지 못하게 하라(『고려사』 권38, 공민왕 원년 2월).

──────

36 고려시대 공후·후비들의 원당 경영에 대해서는 한기문, 「사원의 원당으로서의 기능」 앞의 책, 240~241쪽 참조.

37 한편 한기문에 따르면, 원당은 신라 중대의 왕실에서 조상숭배의 시설로 중시되면서 점차 귀족층으로 확산되어 공신이나 유혁한 귀족의 원당경영이 이루어지고 육두품층에도 나타났으며, 하대로 접어들면서 원당 경영이 활발해졌다고 한다. 따라서 그는 고려 태조가 이러한 원당의 난립을 신라멸망의 중요한 원인으로 지적하였음은 많은 시사를 준다고 하였다(한기문, 「사원의 원당으로서의 기능」 앞의 책, 274~275쪽). 그러나 최승로가 '원당 문제'를 본격적으로 제기하고 사료B-1·3에서 이 문제를 비교적 소상히 지적한 것을 보면, ⓒ에서 지적한 원당의 난립 문제는 고려 당대의 사정이 반영된 것으로 여겨진다.

38 양 무제 소연을 가리키는데, 그는 불도를 신봉하여 많은 절과 탑을 세웠다.

D-1·2의 기록 또한 앞서 언급한 C의 기록들과 같은 맥락, 즉 비보사원의 명목 아래에서 태조의 사원 창건 이유를 설명하고 있다. 하지만 태조가 지나치게 불교에 혹신하지 않았다고 하거나(D-1), 공민왕이 태조의 신서를 통해 마음대로 사원을 짓는 것을 경계한 것(D-2)에 주목해 볼 때, 태조가 사원의 남설을 경계했을 가능성도 고려해 볼 수 있을 것이다. 태조 이래 사원이 비보사라는 관념적 추인에 의해 공인되고, 각 사원의 경제나 운영자에 대한 현황 파악이 태조 때부터 지방관원을 통해 진행되었다는 것에서도[39] 이를 뒷받침한다. 하지만 태조의 비보사사 관념은 고려 건국의 정당성을 확보하기 위해 마련한 것으로, 이후 역대 왕들이 사원수를 제한하기 위하여 강조한 것과[40] 사뭇 다른 성격을 갖는 것이다.

D-2의 기록은 "(사원의)중수하는 준비를 하라"고 하면서도 신서를 통해 사원의 남설을 경계하는 이중적인 모습을 보인 것이다. 그런데 공민왕이 인용한 이 신서가 훈요십조를 지칭하는 것인가는 분명치 않다. 이 문제는 이제현과 이달충 언급한 신서(서)십조, 그리고 병란으로 분실된 것을 崔齊顔이 崔沆의 집에서 찾아내어 소장해 두었다가 바쳤다고 하는 신서훈요[41] 등과 함께 검증되어야 하므로 후술하기로 하고, 다만 여기에서는 이 기록의 문맥상, 훈요십조와 같은 강력한 사원 규제 방침을 담고 있지 않고 있음을 지적해 두기로 한다.

요컨대, 태조가 불교를 숭상·권장하면서도 한편으로는 산수의 순역을 고려한 비보사원 이외의 사원들에 대해서는 건립을 억제한 것은 태조의 불교에 대한 입장과 부합하는 것이지만, 제1조의 ㉠과 제2조의 ㉢은 태조 당대의 모습이라기보다는 이후에 발생한 불교의 폐단 사례가 소급 적용된 것으로 여겨진다.

39 한기문, 「사원의 조직과 운영」 앞의 책, 112쪽 참조.
40 한기문, 「고려시대 비보사사의 성립과 운영」, 『한국중세사연구』 21, 2006, 262~263 ·288쪽.
41 『고려사』93, 최승로 부 최제안전.

제2조 ⓛ의 조작 가능성이 어떤 것인지를 살펴보겠다.

제2조의 도선에 대한 기록은 금서룡이 '위작설'을 주장하게 된 시발점이 된 것이다. 그는 효공왕 2년(898)년 전라도 희양현 백계산 옥룡사에서 적멸한 도선의 명성이 신라말이나 고려초에 있어서는 결코 후세에 있어서와 같이 큰 것이 아니었으며, 따라서 2조에 모든 사원은 도선이 산수의 순역을 추점하여 개창한 것이라 하여 도선을 추앙하고 있는 것은 사실과 맞지 않는다고 보았다.[42] 이 같은 주장의 배경에는 도선에 관한 각종 기록들이 모두 인종 이후에 편찬[43]된 것임에 기인한다.

즉, 신비와 윤색이 많아 그 사료적 가치가 의심되는 것들이 많기 때문에 나말여초에 도선의 명성이 어느 정도였는지, 그리고 그가 태조 왕건과는 어떤 관계였는지 등을 확인할 수 있는 당대의 직접적인 자료가 없는데서 비롯된 것이다. 하지만 이병도는 의종 때 崔惟淸이 지은「白雞山玉龍寺贈諡先覺國師碑銘並序」(『동문선』117)의 내용이 상세하고 비교적 신빙성이 있다고 하면서, 이 기록에서 나타난 도선의 행적, 예컨대 헌강왕이 그를 불러 도를 듣고 크게 예우한바 있다거나, 만년에 도선이 옥룡사로 돌아가자 그의 도를 듣기 위해 제자들이 사방에서 구름 같이 몰려들었다고 한 점, 그리고 효공왕 2년 그가 죽자 왕이 요공선사라는 시호를 내려주었다는 점 등을 들어 도선의 명성이 이미 신라 말에 떨치고 있었던 것으로 추정하였다. 또한 도선과 같은 영암출신인 崔知夢이나 慶甫로부터 도선의 명성을 태조 왕건도 전해 들었을 것으로 보았다.[44] 이후 이 견해는 '진작설'을 주장하는 연구자들에 의해 그대로 받아들여졌다.

사실 도선의 명성 고하 여부를 떠나, 그가 지정한 곳 이외에는 사원을 함부로 짓지 말라는 조치를 태조가 내렸을지는 의문이다. 앞서 살핀 B-1

---

42 금서룡, 앞의 책, 1970.

43 최병헌,「도선의 생애와 나말선초의 풍수리지설」,『한국사연구』11, 1975, 104쪽 참조.

44 이병도, 앞의 책, 62~63

과 C, D의 기록들, 특히 C-1과 C-4에서 태조대의 사원이 산수의 순역을 고려하여 설치된 것이라고 한 것은 제2조의 "모든 사원은 도선이 산수의 순역을 추점하여 개창한 것이다(ⓛ)"라는 기록을 연상케 함에도, 이것이 도선 혹은 그의 사상에 근거한 것이라는 점은 명시하지 않고 있다.[45] 물론 산수의 순역을 고려했다는 표현 자체가 도선의 사상에 근거한 것임을 간접적으로 언급한 것일 수도 있다.

그것은 태조가 동왕 18년 술가의 말을 따라 개국사를 창건한 것이나,[46] 그가 후삼국 쟁패 과정에서 전국을 다니면서 전략적 판단을 위한 지리를 파악하는데 있어 그 지역 사원과 지세를 잘 파악한 그 소속 승려의 도움이 있었다는 점, 그리고 그에게 '비요'를 제공하여 조계종의 500선우를 크게 열게 한 哲師가[47] 대 사원관계의 정비를 자문한 측근 승려였을 것으로 짐작되는 점,[48] 등은 도선의 저술을 참고했을 가능성도 있다. 그러나 태조의 사원 개창이 반드시 도선의 비보사탑설[49]에 의거한 것인가에 대한 의구심을 갖게 한다.[50]

---

45 이외에도 보우가 공민왕에게 "부득이하거든 태조가 창건한 절만 수축하고 새로 세우는 것을 삼가라"(『고려사』38, 공민왕 원년 5월)라고 한 점을 들 수 있다.

46 『익재집』 권6, 「개국률사 중수기」. 이 기록에서는 태조가 개국사 창건 시기를 청태 18년으로 기술하고 있으나, 청태 18년은 당폐제의 연호로 고려 광종 2년이 된다, 아마도 청태 18년은 태조 18년의 오기인 듯싶다(한기문, 앞의 책, 39쪽).

47 이규보, 「대안사동전방(大安寺同前牓)」, 『동국이상국집』25.

48 한기문, 앞의 논문, 2006, 263~264쪽.

49 도선의 비보사탑설에 대해서는 이병도, 앞의 책; 최병헌, 앞의 논문; 서윤길, 「도선과 그의 비보사상」, 『한국불교학』1, 1975: 「도선 비보 사상의 연원」, 『불교학보』13, 1976; 양은용, 「도선국사 비보사탑설의 연구」, 『선각국사 도선의 신연구』, 영암군, 1988을 참조.

50 이병도는 태조가 개창한 비보사원이 신라 말기의 지리설, 그 중에서도 도선밀기 등의 이론에서 영향 받은 것은 의심할 것은 아니겠으나, 태조 시대의 제사원, 특히 개경에 있는 사원이 과연 모두 도선이 점정한 지점에서 개창하였을 것인가는 의문이라고 하면서도, 이것이 실제보다 좀 지나치게 말한 것이라 생각되기에 이 훈요 전체를 의심하거나 태조의 지리사상을 부인해서는 안 된다고 하였다(앞의

신라말 사원 배치와 창건이 도선이 활약한 9세기 후반에 비보사상으로서 지방 세력에 의해 이루어진 것으로만 볼 수 없다는 지적은 이러한 의구심을 가중한다. 즉, 사찰 입지의 사상적 관념은 불국토사상, 산악숭배의 영지 관념, 불교적 세계관인 수미산 관념, 진호국가의 관념, 수도의 개발과 정비라는 현실적 고려 등이 작용한 것이기에 비보사상이라 명명하기 쉽지 않다는 것인데,[51] 이는 바꾸어 말하면 신라 말에 이른바 도선의 비보사탑설이 널리 유행하지 않았음을 반증하는 것이기도 하다. 이런 상황에서 태조는 도선의 풍수사상에 경도되지 않았을 것으로 보인다. A-3에서 권근이 "고려왕씨가 통합한 초기에 (신라가 불교를 존숭한 것을)변함없이 그대로 시행하여 신비한 도움이 있기를 바라 이에 중외에 사사를 많이 설립하였으니, 이른바 비보라는 것이 이것이다"라고 한 것에서도 고려 초의 비보사원이 도선의 사상에서 비롯되지 않은 것임을 짐작할 수 있을 것 같다.

그런데 다음의 기록을 보면 태조가 도선의 사상에 근거하여 사원을 창건했을 가능성을 시사해 준다.

E-1. 멀리 생각건대, 성조(태조)께서 이 법문을 숭봉하고 도선의 비언을 채택해 광제의 사찰을 창건하여, 보장을 선양하고 항구한 규모를 깊이 남겨 주셨다. 후세에 이르러 마음이 해이하여 선왕의 본뜻을 어겼으니, 자비하신 부처도 그러한데 하늘의 감계를 어찌하리까(이규보, 『동국이상국전집』 권41, 「광제사안택법석소(광제사안택법석소)」).

E-2. (공양왕 3년 7월) 대사헌 趙浚 등이 왕에게 글을 올려 이르기를, "여덟째, 사사전. 조성(태조) 이래 5대사, 10대사 등의 국가 비보소는 개성에 있는 것들에 대해서는 능급하고, 외방에 있는 것은 시지를 준다. 『도선밀기』에 기록된 이외의 것, 즉 신라, 백제, 고구려가 창건한 사찰 및 새로 지은 사사에는 주지 않는다"(『고려사』 권78, 지, 식화, 전제)

책, 78쪽).
51 한기문, 앞의 논문, 2006, 257~261쪽 참조.

E-3. (현)석규가 말하기를, "고려 태조 또한 성덕한 임금이었으나, 창업한 초기에 도선의 비보의 설을 신용하여 (자손에게) 남긴 계책이 좋지 못하였기 때문에 후세의 자손이 모두 이와 같았습니다"(『성종실록』 권52, 성종 6년 2월 8일 정해).

E-4. 고려는 도선의 설을 이용하여 산천의 순역을 추점하여 사사를 개창하고, 사람들이 사사로이 스스로 창조하여 지덕을 손상하는 것을 금하도록 하였는데 이를 비보소라 하였다.52(『용비어천가』 권10, 107장)

　태조가 도선의 비언을 채택해 광제의 사찰을 창건했다거나(E-1), 조준 등이 태조 이래의 5대사, 10대사가 국가비보소 내지 『도선밀기』에 기록된 이외의 사찰에 대한 경제적 기반을 억제하고자 한 것은(E-2) 태조의 사원 개창이 도선의 비보사상과 무관하지 않은 것임을 추정케 한다. 도선이 지었다고 하는 6록, 즉 『옥룡비기』를 태조가 숭상했다고 하는 이색의 지적도53 이를 뒷받침한다. 하지만 이들 기록만으로 제2조의 ㉡을 태조의 유훈이라고 단정할 수만은 없을 것 같다. E-3·4는 비록 『고려사』의 기록을 참고한 것이기는 하나,54 제2조의 ㉡과 매우 흡사한 내용을 전한다. 도선 및 도선의 각종 비기류의 자료를 인용한 사례가 자주 산견되는 고려시대의 경우에도 ㉡의 내용을 보다 직접적으로 인용한 사례가 등장할 법한데

---

52 "고려용도선지설 추점산천순역 개창사사 금인사자창조 이손지덕명지 왈비보소(高麗用道詵之說推占山川順逆開創寺社禁人私自創造以損地德名之曰神補所)". 이와 거의 같은 내용이 『성호사설』 권15, 「사찰도첩(寺刹度牒)」에도 나온다. 하지만 여기에는 "밀기자 고려용도선지설 추점산천역순 개창사사. 금인사자창叛조 이손지덕 명지왈비보소(密記者 高麗用道詵之說 推占山川逆順 開創寺社. 禁人私自叛造 以損地德 名之曰神補所)"라고 하여 『용비어천가』의 기록을 약간 수정한 듯싶다.

53 이색, 『목은집』 권33, 「조의환경」.

54 E-3·4는 『고려사』에 전하는 훈요십조를 참고한 것으로 보인다. 물론 당시가 조선 초기임을 감안하면 고려시대의 저본 자료를 참고했을 가능성도 전면 배제할 수는 없을 것이다. 그러나 E-3의 경우, 당시 왕과 신하들이 『고려사』를 강하는 자리에서 서로 오간 내용을 전한 것이다, 그렇다면 E-4 또한 『고려사』의 기록을 참고했을 것으로 보인다.

도 그렇지 않았다는 것은 이에 대한 변용 및 조작의 의혹을 떨치기 어렵게 한다.

물론 B-2에서 최유선이 제2조의 ⓛ, ⓒ과 거의 유사한 내용을 인용하기도 하였지만, ⓒ이 조작된 것으로 여겨진다는 점에서 최유선은 조작된 형태의 제2조를 참고했던 것으로 보인다. 그렇다면 이규보, 조준, 이색 등의 경우에도 조작된 자료 내지는 이에 대한 전문을 참작하였을 가능성을 배제할 수 없게 된다.

이색의『목은집』을 보면, 태조의 유훈에 대해 잘못 기술한 것을 알 수 있다. 그는 "삼경을 순주하게 하신 우리 태조의 교훈이여 동방을 만세토록 보전케 하려 하심이라. 하늘이 성군을 내어 유훈을 받들게 하였는데…55라고 하였지만, 제5조에서는 "마땅히 사중월[2·5·8·11]에는 (서경에)순주하여 백일이 넘도록 머물러 안녕을 이르게 하라"라고 하였을 뿐이다. 태조 때 서경을, 성종과 현종 때 동경을, 문종 때 남경을 각각 둠으로써 삼경제가 이루어진 것을 보면, 태조가 후세에 무슨 이유로 삼경을 순주하도록 했을까 하는 의문이 든다. 이외에도 이색은 "육록은 천왕의 가르침이요, 삼소는 곧 성조의 글이다"56라고 하였지만, 태조의 유훈에는 삼소에 대한 언급이 없다.

그런데 金謂磾가 인용한『도선기』에 "고려 땅에 삼경이 있으니 송악은 중경이고 목멱양은 남경이며, 평양은 서경이다. 11·12·1·2월은 중경에, 3·4·5·6월은 남경에, 7·8·9·10월은 서경에 각각 머무르면 36개국이 와서 조공할 것이다"57라고 한데서 삼경을 순주하라는 비교적 구체적인 내용을 확인 할 수 있다. 삼소에 대한 기록 또한 도선의 각종 비기를 인용하여 삼소에 대해 자주 언급할 정도라면, 최소한 태조와 삼소의 관계에 대

---

55 순주삼경아성모 심기만세보동우 천생성주준유훈(巡駐三京我聖謨 心期萬世保東隅 天生聖主遵遺訓)(이색, 『목은집』33).

56 육록천왕훈 삼소성조서(六錄天王訓 三蘇聖祖書)(『목은집』 권12).

57 『고려사』122, 김위제전.

해서 언급이 있어야 함에도 그렇지 않았다는 점에 의구심을 갖게 된다. 물론 이를 단순히 이색의 착오로 단정할 수만은 없을 것이다. 왜냐하면 이색이 실제로 '태조의 글', '태조의 교훈'이라고 불리는 자료 내지는 전문을 바탕으로 기록했을 가능성도 고려해야 하기 때문이다.

이색이 6록, 즉 『옥룡비기』를 여러 차례 탐독한 점을 볼 때, 그는 삼경을 순주하라는 도선의 주장을 태조의 교훈으로 오인한 듯하다. 서경의 순주시기에 대해서 김위제가 인용한 도선기와 제5조의 내용이 서로 모순되는 것을 알 수 있는데, 이 또한 도선과 관련된 기록 중에는 태조의 입장과 상충되는 면도 있다. 예컨대, 제5조에서는 "마땅히 사중월[2·5·8·11]에는 (서경에)순주하여 백일이 넘도록 머물러 안녕을 이르게 하라"라고 하였는데, 김위제가 인용한 『도선(비)기』에는 "고려 땅에 삼경(三京)이 있으니 송악은 중경이고 목멱양은 남경이며, 평양은 서경이다. 11·12·1·2월은 중경에, 3·4·5·6월은 남경에, 7·8·9·10월은 서경에 각각 머무르면 36개국이 와서 조공할 것이다"[58]라고 되어 있어 서경에 머무는 시기에 대해 서로 모순되게 기록한 점을 들 수 있다.[59] 그런데 여기서 『목은집』

---

58 『고려사』122, 김위제전.

59 또한 이와 관련해서, 이익이 "사람들이 '우리나라에는 푸른 빛깔과 검은 빛깔을 숭상해야 알맞다는 말은 도선으로부터 나왔는데 고려 태조가 도선을 숭배하고 믿기를 지극히 한 때문이다'한다. 그러나 그의 훈요십조에는 풍수와 불사에 대한 말이 반쯤 차지했는데 이 빛깔에 대해서는 한 마디도 언급되지 않았다. 충렬왕 원년(1275)에 太史局에서, '동방은 목위이므로 푸른 빛깔을 숭상해야 알맞는데 이 흰 것은 금입니다. … 이 흰 빛깔은 금하도록 하소서'하자, 그대로 따르도록 하였고, 역시 도선의 말은 한 마디도 언급되지 않았다. … 내가 사책에 나타난 바를 자세히 상고해 보니 태조 이후부터 그런 말이 점점 자세하게 되었다. 무슨 이유로 그 전에는 이 도선의 말을 증거한 이가 하나도 없었을까? 추측컨대 『옥룡기』에 적힌 말은 나중에 와서 더 보탠 것이 많은 듯하다"(『성호사설』권21, 「백의」)라고 한 점도 참고가 된다. 물론 이와 반대로, 관후서에서 "삼가 『도선밀기』를 살펴보면, '산이 드물면 높은 누각을 짓고 산이 많으면 낮은 집을 지으라'고 했는데 … 우리나라는 산이 많기 때문에 높은 집을 지으면 반드시 지기를 훼손하는 결과를

을 보면 태조가 삼경을 순주하라는 유훈을 남긴 것으로 기록하고 있다.

이외에도 이러한 모순은 각종 도선의 여러 비기들이 후대에 윤색 된데서 비롯된 것일 것이다. 사실 도선의 택지 상지에 관한 문자는 고려 중기에 지은 김관의의 『편년통록』이외에는 찾아보기 어렵다.[60] 도선의 '풍수상지법'이 『고려사』에 첫 등장한 것은 문종대 비보 연기를 위하여 장원정을 창건할 때 「송악명당기」란 비기를 든 사례이며, 이후 숙종 원년 8월 남경천도를 건의한 김위제가 『도선비기』, 『도선답산가』를 인용하면서는 도선이 점점 유명해져 그의 풍수지리서가 세상에 유행했고 또 그의 권위는 절대적인 것이 되었다.[61] 따라서 제2조에 도선이 등장한 것도 후대에 소급 부회된 결과라 할 수 있다. B-2에서 도선을 '국사 도선'(제2조에는 도선)으로 잘못 표기한 것도, 후대에 도선의 명성이 높아졌음을 반영한 것이다.

제6조의 논의 사항은 팔관회와 연등회의 치폐에 관한 것이다.

> 기6왈, 짐이 지극히 원하는 바는 연등과 팔관에 있다. 연등은 부처를 섬기는 것이요, 팔관은 천령, 오악, 명산, 대천, 용신을 섬기는 것이다. 후세에 간신이 가감할 것을 건의하더라도 꼭 그것을 금지시켜라. 나도 처음부터 마음에 다짐하여 회일에는 국기를 범하지 않았고 임금과 신하가 함께 즐겼으니, 마땅히 삼가 이에 의하여 행할 것이다.

금서룡은 성종 때 팔관회가 폐지되었던 것을 현종 원년 11월 최항의 청

불러올 것입니다. 그 때문에 "태조 이래로 대궐 안은 물론 민가에서까지 모든 집을 높이짓지 못하게 했던 것입니다"(『고려사』28, 충렬왕 3년 7월)라고 한 것은 최승로의 상소문에서 태조가 궁실을 낮게 지어 겨우 비바람을 가리고자 했다는 것과(『고려사』93, 최승로전) 일면 상통하는 측면도 있다.

60 문경현, 앞의 책, 2000, 294쪽.

61 문경현, 앞의 책, 2000, 294~295쪽. 이외에도 충렬왕 때의 「도선밀기」, 공민왕때의 「옥룡기」 등을 들 수 있다. 『고려사』에 등장하는, 도선이 썼다고 하는 각종 비기들은 고려중기 이후부터 집중적으로 나타나지만, 대부분 후대에 부풀리고 과장한 가탁일 가능성이 높기 때문에 그 원형을 알 수 없다.

으로 복구되었다고 하여 이 조항 또한 조작에 혐의를 두었다.[62] 즉, 제6조
에서 "후세에 간신이 (팔관회와 연등회)가감할 것을 건의하더라도 꼭 그
것을 금지시켜라"고 한 내용은, 성종 때 팔관회와 연등회가 폐지되고 이
것들이 현종 때 다시 복구되는[63] 사정이 반영된 것이라는 것이다.

이에 대해 이병도는 팔관회의 여행이 이미 태조에 의하여 시작된 이상,
그것이 일시 중지되었다고 해서 제6조를 태조의 유훈이 아니라는 이유가
될 수 없다고 하였다.[64] 김상기 역시 성종 초로부터 한 때에 팔관회와 연
등회가 중지된 일이 있었으나 이는 유교정책을 勵行되던 성종으로 말미암
아 일시적으로 중단된 것에 불과한 것으로 보았다.[65] 한편, 최근 채희숙은
현종 옹립의 핵심인물인 최항이 팔관회의 복설을 주장한 것은 현종초의
민심수습을 위한 특별한 대책이 필요했기 때문이며, 또한 이때부터 팔관
회에 '詣祖眞儀'가 도입되었는데, 이는 태조의 권위를 이용하여 현종의 즉
위를 합리화하려고 했던 의도가 반영된 것으로, 결국 이것은 대량원군(현
종)이 태조의 유일한 손자라는 명분을 내세운 것과 같은 의미를 지닌 것
으로 이해하였다.[66]

제6조의 기록만으로는 이것이 태조 당대의 사정이 반영된 것인가, 그렇
지 않은가의 여부를 판단하기에는 많은 어려움이 있다. 때문에 이 문제 역
시 태조대의 팔관회와 연등회를 직접 언급한 사례를 통해 그 조작 여부를
추정할 필요가 있다.

> E-1. 유사가 태조의 옛 제도에 의하여 2월 보름날을 연등절로 정하기를 청하
> 므로, 왕이 그 청을 듣지 않을 수 없어 좇았더니, 다음해에 다시 상원을
> (연등절로)쓰게 하였다(『고려사절요』 권12, 명종 2년 2월).

---

62 금서룡, 앞의 책, 1970, 57쪽 및 59쪽.
63 『고려사절요』3, 현종원년 윤2월 및 11월.
64 이병도, 앞의 책, 1980, 69쪽.
65 김상기, 앞의 책, 76쪽.
66 채희숙, 앞의 학위논문, 113~114쪽

E-2. 11월에 팔관회를 열고 왕이 구정에서 풍악을 관람하였는데 태후의 소상
달이므로 하례만은 생략하였다. 처음에 예관이 아뢰기를, "중동(11월)은
곧 태후의 기제 달이니 맹동(10월)에 팔관회의례를 행하기를 청합니다."
하므로, 왕이 재상에게 물으니 참지정사 문극겸이 아뢰기를, "태조께서
팔관회를 설치한 것은 대개 신기를 위한 것이오니, 뒷세상에서 다른 일
때문에 이를 앞당기거나 늦출 수 없는 것입니다. 더구나 태조께서 신명
에게 기도하기를, '원컨대 대대로 중동에는 국기가 없도록 하여 주소서.
만약 불행히 국기가 있으면 국운이 다 되어 가는가 의심하겠습니다.'라
고 하셨습니다. 그러므로 삼국을 통합한 이후로 중동에는 국기가 없었
는데 이제 국기가 있으니 이는 나라의 재앙이며, 또 맹동에 팔관회를 연
다면 진실로 태조의 본 뜻이 아니므로 예관의 아뢴 말을 허락할 수 없습
니다."하니, 그 말을 따랐다(『고려사절요』 권13, 명종 14년 11월).

현종대에 2월 보름을 연등회의 항정일로 정한[67] 이래 인종 대까지 연등
회는 특별한 경우를 제외하고는 모두 2월 보름에 행해졌다.[68] 하지만 의종
때는 2월이 인종의 忌月이라는 이유로 연등회의 시행 날짜를 정월로 고치
고 이를 고정시켰다.[69] 그러나 그것도 잠시, 명종 때에는 태조의 옛 제도
에 의거하여 연등절을 다시 2월 보름으로 변경하였다(E-1). 그런데 이해가
되지 않은 것은 태조대의 연등회는 정월에 실시되었다는 점이다. 물론 이
기록이 잘못되었을 가능성도 있다. 그러나 "다음해에 다시 상원을 (연등
절로)쓰게 하였다"(E-1)고 한 것처럼 실제로 명종 3년에 연등회가 다시 정
월에 열렸다는 점에서 이 기록은 그대로 믿어도 좋을 것이다. 명종대에는
동왕 6년 2월, 동왕 14년 4월과 같은 특별한 사정에 의한 임시적인 조치
외에는 모두 정월에 연등회가 열렸다.[70]

---

67 『고려사』4, 현종 2년 2월.
68 문종 2년과 문종 32년에는 연등회의 날짜가 한식과 겹쳐 각각 2월 16일과 2월 12
일에 개최하였다.
69 『고려사』17 의종 즉위년 12월.
70 명종 14년에는 국상국휼, 왕태후 임씨의 별세로 상원의 행사를 임시로 중지했
다가 이해 4월에 실시했다. 명종 6년 2월에 연등회가 열린 이유는 기록에 나타나

그렇다면 최충렬 등은 왜 태조대의 연등절을 잘못 인식하였을까하는 의문이 든다. 최충렬은 팔관회를 태조의 뜻에 따라 11월에 실시되어야 한다고 하여(E-2) 태조대의 팔관절을 정확히 인식하고 있었다. 그런 그가 연등절을 정월이 아닌 2월로 알고 있었다는 점은 쉽게 납득이가지 않는다. 아마도 이러한 착오는 현종 때 연등회가 부활하면서 2월을 그 항정일로 삼고, 이후 그것이 인종 때까지 130년간 줄곧 지켜졌던 것에서 비롯된 것 같다. 참고로 팔관회는 태조 이후 줄곧 11월에 실시되었다.[71]

E-2에서 문극겸이 태조의 표현을 인용한 내용 중에 "태조께서 신명에게 기도하기를, '원컨대 대대로 중동에는 국기가 없도록 하여 주소서. 만약 불행히 국기가 있으면 국운이 다 되는가 의심하겠습니다.'라고 한 점은 제6조에서 "나도 처음부터 마음에 다짐하여 회일에는 국기를 범하지 않았고 임금과 신하가 함께 즐겼으니, 마땅히 삼가 이에 의하여 행할 것이다"라고 한 것과 매우 유사한 것이다. 이와 더불어 태조가 친히 지은 「개태사화엄법회소」에서 "일체제불·제존보살·나한·성중 등의 불교와 일월성신·천룡팔부·악진해독·명산대천 및 천지일체영기 등의 도교에 귀의하여 널리 비추길 청한다."[72] 라고 한 것이다. 이 역시 제6조에서 "연등은 부처를 섬기는 것이요, 팔관은 천령, 오악, 명산, 대천, 용신을 섬기는 것이다."라고 한 것을 연상케 한다. 이러한 유사성에 주목해 볼 때, 태조는 팔관회와 연등회의 준수하며 이를 국기가 없도록 시행할 것을 당부하는 내용의 유훈을 남겼을 것으로 보인다.

한편 연등회와 팔관회는 정종대에 이르러 상원연등회와 중동팔관회에 규정된 의례절차와 원형이 마련되었다.[73] 특히 연등회의 경우, 정종 4년

지 않았지만, 이 역시 부득이한 사정 때문이었을 것이다.

71 물론 예외로 정지된 경우도 있었는데, 팔관회가 폐지된 성종 때와 충선왕 즉위년과 3년, 충숙왕 6년, 우왕 3년에 각각 열리지 않았다.

72 최해, 『동인지문사육』 권9, 「신성왕친제 개태사화엄법회소(神聖王親製 開泰寺華嚴法會疏)」

73 안지원, 「연등호의 의례 내용과 사회적 성격」, 『고려의 불교의례와 문화』, 서울대

(1038) 2월 왕이 봉은사에 가서 태조의 진영을 참배하고 등석에 반드시 왕이 친히 영전으로 가서 분향하는 것을 상례로 한[74] 이후 역대 왕들은 모두 대회일 전날의 소회일 저녁에 태조의 원당인 봉은사에 가서 그 사당에 참배하였는데, 이로부터 부처에 대한 공양이라는 연등회의 본래적인 성격이 건국자 태조에 대한 예배라는 국가적, 정치적 의의를 아울러 지니게 되었다.[75]

병란으로 분실 된 〈훈요십조〉는 최제안(?~1046, 문종 즉위년)이 최항(?~1024)의 집에서 얻어 바침으로써 세상에 전해지게 되었다고 한다. 그런데 최제안은 현종~문종까지 4대왕을 보필한 인물로, 〈훈요십조〉의 연등회와 팔관회 준수를 당부하는 시기에 맞물려 있는 점이 조작 시점으로 지목된다. 연등회가 이렇게 태조에 대한 예배의 날로 정해진 데에는 현종에서 문종대 무렵에 연등회와 팔관회의 준수를 당부하는 태조의 유훈이 재조명되는 사정과 무관하지 않기 때문이다.

3. 훈요십조 지역성과 정략적 변용

『고려사』에서 〈훈요십조〉는 두 번 언급 되었다. 하나는 태조가 박술희에게 훈요십조를 내리는 대목이며, 두번째는 열전 최유선 조에 최유선이 훈요십조를 들어 문종이 절을 짓는 것을 막고자 했다는 내용이다. 그런데 〈훈요십조〉의 발견 경위는 의심스러운 문제가 제기되고 있다. 〈훈요십조〉는 戰亂으로 잃었는데 최제안이 崔沆의 집에서 얻어 간직하여 두었다가 바치니 이로 인하여 세상에 전하게 되었다.[76] 그렇다면 최제안이 왜 최

출판부, 20011(개정판), 71~72쪽 참조.
74 『고려사』6, 정종 4년 2월.
75 이궁계임(二宮啓任), 「고려조의 상원 연등회에 대해(高麗朝の上元燃燈會について)」, 『조선학보』12, 1958, 113쪽.

항의 집에 갔으며, 최항이 어떠한 경로로 〈신서〉·〈훈요〉를 소장하게 되었는가 의심스럽다. 최항이 소장한 〈훈요십조〉는 宮中秘傳의 헌장이므로 부본이 있을 수 없다. 그럼에도 어떻게 개인이 원본을 私藏하였는지, 왜 그것을 왕실에 바치지 않았는지도 의문이다.

뿐만 아니라 역사를 편찬하는 찬자가 '병란'이라고 적고 있다. 이는 그 의미가 권신 康兆의 난인지 아니면, 그 이듬해에 개경까지 쳐들어온 거란의 入寇인지 모호한 표현을 쓰고 있다.

훈요십조의 제 8조의 '차현 이남 공주강 외 지역' 인물의 배제에 대해 오늘날까지 논쟁이 되고 있다.[77] 이 지역은 차령과 금강을 북쪽 경계선으로 해서 그 아래의 남쪽 전 지역을 포괄하는 곳이다. 즉 부여, 공주, 대전, 논산, 금산, 옥천 등 금강 남쪽에 있는 충청도 일부 지역과 전라남북도 전역이 해당된다.

그러나 오씨와 최지몽의 연고지인 나주와 영암은 일찍부터 왕건이 후백제의 배후를 목적으로 개척했던 고려의 남방 거점이었다. 또, 〈훈요십조〉가 만들어진 시기 실제로 전라도 지역 사람들이 일선 정치현장에서 맹렬하게 포진되어 있었다. 삼한의 통일에 힘을 실어준 나주호족, 장화왕후, 태자 왕무, 영암인 태사 최지몽, 영광 김심언, 고려 개국 1등 공신 곡성인 신숭겸, 삼한공신 대광 금성인 나총례, 한찬 염장, 순천인 동산원부인 박씨, 동산원부인 박씨의 아버지인 순천인 박영규[78], 4대 광종부터 8대 헌종까지 제왕들을 보필한 전주인 유방헌, 고창인 장연우 등도 전라도 출신이었다.[79] 승려로 도선, 형미, 윤다, 경보, 경유 등도 전라도 출신이다. 이외

---

76 『고려사』 권93, 최승로전.
77 『고려사』, 태조 26년 4월.
78 『삼국사기』50, 열전10, 견훤.
79 이기백, 「신라통일기 및 고려초기의 유교적 정치이념」, 『대동문화연구』 6·7합집, 1970.
　김당택, 「최승로의 상서문에 보이는 광종대의 후생과 경종 원년 전시과」, 『고려광종연구』, 일조각, 1981.

에도 『고려사』에서 반역 인물로 桓宣吉・伊昕巖 지목하였는데 이들은 나
주지방 호족과는 거리가 멀다.

이와 같은 정치 일선의 거의 명사 인물이 태조의 〈훈요십조〉 제 8조에
서 말했던 '차현 이남 공주강 외' 출신으로 고려정부에서 각별한 대우를
받았었다. 918년 왕건을 도와 배현경, 신숭겸, 홍유 등과 함께 고려 건국
에 공을 세운 卜智謙도 차현 이남 충남 당진 출신이다.

태조의 〈훈요십조〉를 전달 받은 충신 朴述熙도 차령 이남의 충남 唐津
郡 沔川面 출신이다. 921년(태조 4) 태조가 莊和王后의 소생인 맏아들 무
(惠宗)를 태자로 세우려고 오래된 상자에 沸黃袍를 담아 오씨에게 주었다.
오씨가 이것을 박술희에게 보이니, 그는 태조의 뜻을 알고 무를 태자로 삼
을 것을 청하였다. 박술희는 당진의 호족의 막강한 세력을 가지고 혜종의
무력적 기반이 되었다. 태조시기 인사들을 보면 전라도 인사를 적극적으
로 기용하고 있었다.

그러자 혜종의 이복동생 왕요는 정치적인 확대를 모색하면서 朴述熙(朴
述希)를 제일 먼저 제거하고, 거병한 왕규의 난을 진압하고 정종을 왕위에
올렸다. 이는 왕요 일파에게 박술희는 반대세력으로 가장 위협적인 존재
였음을 말한다.

고려정치 전반적인 면에 걸쳐 광범위하게 다룬 문서는 최제안의 조부인
崔承老(927~989)의 시무책 28조이다.[80] 최승로는 태조를 필두로 惠宗, 定
宗, 光宗, 景宗, 成宗에 이르기까지 다섯 왕을 섬겼다. 그런데 최승로 시무
책에는 〈훈요십조〉 내용이 언급되지 않고 있다.

그 뿐만 아니라 태조의 〈훈요십조〉은 후인들이 꼭 지켜야 할 덕목임에
도, 왜 100여년이 지나도록 모를 수가 있었을까? 더욱이 그 발견 시기가
『고려사』 편찬과, 『고려사』를 집필하던 세력인 최항의 집에서 발견되었는
지? 그리고 〈훈요십조〉를 바친 인물 모두가 왜 최씨와 관련된 인척인지

오성, 「고려 광종대의 과거합격자」, 『고려광종연구』, 일조각, 1981.
80 『삼국유사』, 삼소관음 중생사.

문제가 제기된다.

최제안은 최승로의 손자였으며, 〈훈요십조〉를 보관했다는 최항은 최언휘의 손자이다. 최유선은 최충의 아들이었다.

이러한 일련의 이유만으로도 〈훈요십조〉가 밀실에서 변조되었다고 단정할 수 있다. 그렇다면 〈훈요십조〉 자체는 진본이라지만 그 내용에 있어서 시기를 달리하며 일부가 정략적으로 조작된 것임을 반증하는 것이다. 이는 삼한통일과 덕목을 강조한 태조가 특정지역을 배제하기는 쉽지 않았다는 것이다.

'車峴以南 公州江外 地勢背逆'를 담고 있는 8조에 대해 검토하겠다.

기8왈, ㉠차현이남 공주강외는 산형지세가 모두 배역으로 달리니 인심도 그러하니 그 아래 주군 사람들이 조정에 참여하거나 왕후 국척과 혼인하여 국정을 잡게 되면 혹은 국가에 변란을 일으키거나 혹은 통합의 원을 품고 국왕의 행차를 범하여 난을 일으킬 것이다. ㉡또 일찍이 그 관사의 노비나 진·역의 잡척에 속한 자들이 혹은 세력가들에 투탁하여 이면하고 혹은 왕후궁원에 붙어 말은 간교하게 하고 권세를 부려 정치를 어지럽게 함으로써 재변을 일으키는 자가 반드시 있을 것이니. 비록 그 량민일지라도 마땅히 벼슬자리를 두어 일을 보게 하지 말라.[81]

제8조의 기록은 크게 차현이남 공주강외의 사람들을 등용하지 말라는 것과(㉠), 이 지방 사람들로 관사의 노비와 진·역의 잡척들 중 권세를 부

---

[81] 기팔왈, 차현이남, 공주강외, 산형지세, 등추배역, 인심역연, 피하주군인, 속여조정, 여왕후국척, 혼인, 득병국정, 칙혹변란국가, 혹병통합지원, 범어생란, 차기중속관사노비, 진역잡척, 혹투세이면, 혹부왕후궁원, 간교언어, 롱권란정, 이치사변자, 필유지의, 수기량민, 부의사재위용사(其八日, 車峴以南, 公州江外, 山形地勢, 橙趨背逆, 人心亦然, 彼下州郡人, 束輿朝廷, 與王侯國戚, 婚姻, 得秉國政, 則或變亂國家, 或甁統合之怨, 犯魚生亂, 且其曾屬官寺奴婢, 津驛雜尺, 或投勢移免, 或附王侯宮院, 姦巧言語, 弄權亂政, 以致徙變者, 必有之矣, 雖其良民, 不宜使在位用事).

려 정치를 어지럽게 하는 자를 경계하는 내용으로(ⓛ) 나눌 수 있다. 여기서 위작설을 제기하는 부분은 현종 원년 거란의 침입으로 나주로 피난 가던 현종이 전주절도사 趙容謙으로부터 위협을 당한 사실이 반영된 것으로 보고 있다.

> F-1. (현종 2년 정월) 임오일에 삼례역에 이르니 전주절도사 조용겸이 야인의 옷차림으로 임금의 행차를 맞이하였다. 朴暹이 아뢰기를, "전주는 곧 옛 백제로서 태조께서도 미워하셨으니 주상께서는 행차하지 마옵소서"라고 하니, 왕이 그렇게 여겨 바로 장곡역에 이르러 유숙하였다. 이날 저녁에 용겸이 왕을 협박해서 그곳에 머물게 하고 왕을 빙자하여 위세를 부리고자 하여 전운사 李載·순검사 崔濈·전중소감 柳僧虔과 더불어 흰 표지를 冠에 꽂고 북을 치고 소리 지르며 나아갔다. 지채문이 사람을 시켜 문을 닫고 굳게 지키니 적이 감히 들어오지 못하였다 … 정해일에 왕이 노령을 넘어 나주에 들어갔다. … 경자일에 왕이 전주에 이르러 7일 동안 머물었다(『고려사절요』권3, 현종 2년 2월).
>
> F-2. (현종 2년)8월에 형부에서 아뢰기를, "조용겸·유승건·이재·최즙·崔成義·林卓은 주상께서 남쪽으로 행차하실 때에 행궁을 놀라게 하였으니 제명하고 귀양 보내기를 청합니다."라고 하니, 그 말을 따랐다(『고려사절요』3, 현종 2년 8월).

F-1의에서 전주 절도사 조용겸이 남쪽으로 피난 중에 있던 현종의 행차를 위협하고 범하려고 했던 것을 알 수 있는데, 이는 제 8조에서 "통합의 원을 품고 국왕의 행차를 범하여 난을 일으킬 것이다"라고 한 것과 매우 유사한 것이다. 그런데 현종은 '조용겸 등의 위협'을 당하기에 앞서 이미 단조역에서 무졸 堅英과 역인으로부터 행궁에 위협을 느낀바 있으며, 또 창화현에 이르렀을 때에는 아전이 난리를 일으키려고 하는 등에 여러 고초를 겪었다. 그럼에도 형부에서는 조용겸 등의 무리들만 제명하고 귀양을 보내라는 청을 올렸는데(F-2), 이는 그만큼 조용겸 등의 행궁을 범하려고 했던 일을 위협적으로 느꼈던 데서 비롯된 것일 것이다.

하지만 박섬이 "전주는 곧 옛 백제로서 태조께서도 미워하셨으니 주상
께서는 행차하지 마옵소서."(F-1)라고 한 것으로 보아 후백제지역에 대한
좋지 않은 감정이 작용했을 가능성도 배제할 수 없을 것이다. 박섬은 현종
원년 11월 거란이 침입했을 때, 개경에 있던 자신의 가족을 데리고 고향인
무안현으로 가다가 남쪽으로 피난하다 현종을 나주까지 호종하였다. 여기
에서 박섬은 조용겸의 무례한 행동을 비판하고 현종을 안정시키기 위해
과장된 표현을 사용하였을 것이다. 왜냐하면 조용겸 등의 위협에도 불구
하고 현종은 전주에 7일 동안이나 머물렀기 때문이다. 즉, 태조 때 전주를
중심으로 한 후백제 지역에 대해 반감을 갖지 않았던 것이다.

이는 곧 '차현이남 공주강외'라는 위치에 오늘날의 전라도 지역이 제외
됨을 의미하는 것이라 생각된다. 그리고 공주강 바깥지역을 특별히 지목
했던 것은 혹 공주절도가 김은부가 왕의 피난 당시 베푼 환대 조치와 그
의 딸이 왕비로 맞아들였던 사정과 관련 지어볼 필요가 있다.

> G-1. 옛날에 나의 시조(고려 태조)가 후계 자손들에게 훈계하기를 '무릇 이
> 천류들은 그 종자가 따로 있으니 신중히 취급하여 이 천류들을 양민으
> 로 만들지 말 것이다. 만약 양민으로 만들어 준다면 나중에는 반드시
> 벼슬살이를 하게 될 것이며 점차 요직을 요구하게 되어 국가를 어지럽
> 게 할 음모를 꾸밀 것이니 만약 이 훈계를 어긴다면 사직이 위태로울
> 것이다'라고 하였다. 이로부터 우리나라의 법률에는 누구든지 8대의 호
> 적에서 천유와 관계가 없어야만 벼슬을 할 수 있으며, 무릇 천유로서
> 아비나 어미나 어느 한편이 천하면 곧 천인으로 되며, 설사 그 상전이
> 해방시켜 주어서 양민으로 되었다 하더라도 그의 소생인 자손들은 도루
> 천인으로 돌려보내게 되는 법이며, 또 그 상전의 후손이 끊어졌을 경우
> 에도 역시 상전의 친족에게 속한 것으로 인정하고 있는바 이와 같은 제
> 도는 그들을 끝까지 양민으로 만들지 않기 위한 것이다. 혹 도망하거나
> 누락되어 양민으로 되는 것을 우려하여 비록 이렇게 세세한 데까지 방
> 지하고 있지마는 그래도 천인들이 틈을 타서 간악한 짓을 하거나 혹은
> 권세에 아부하고 훈공에 의탁하여 함부로 권력을 써서 화복을 좌우하며

국가에 대하여 반란을 음모하다가 스스로 멸망한 자들이 많이 있으니 더욱 조상의 훈계를 어기기 어렵다는 것을 알게 되며, 간사한 무리들의 책동을 막아 낼 수 없지 않을까 우려하고 있다(『고려사』31, 충렬왕 26년 10월).

G-2. 지문하성사 申淑은 간관들을 인솔하고 상소하기를 "정함의 선조는 태조가 창업할 그때 명령을 거역하고 신하로 되지 않았으므로 잡아 가두고 노예로 편입시켰습니다. 이렇게 종류를 구분하여 둠으로써 조정에서 자리를 차지하지 못하게 하였는데 이제 정함을 현관 요직에 임명하여 태조의 공신 후손들이 도리어 역도의 후손 앞에서 종노릇을 하게 되었으니 이것은 태조가 법제를 확립하고 왕통을 후세에 전한 뜻에 위반되는 것이니 정함의 관직을 삭탈할 것이며 또 정함과 한 도당이 되어 있는 자도 서인으로 만들 것을 바랍니다."라고 하였다(『고려사』122, 정함전).

G-3. 본래 양수척은 태조가 백제를 공격할 때에도 제어하기 어렵던 사람들의 후손인데 본시 貫籍도 부역도 모르며 즐겨 水草를 따라서 유랑 생활을 하면서 사냥이나 하고 버들 그릇을 엮어서 팔아먹는 것으로 생업을 삼았다.[82]

이상의 검토로 태조 왕건이 차현이남 백제 땅과 백제 인을 배제하였다고 단정할 만 한 점을 찾기 어렵다. 그리고 삼한의 통일에 힘을 실어준 나주호족, 장화왕후, 태자 왕무, 태사 최지몽, 신숭겸, 박영규 한찬 염장 등이 모두 차령 이남의 지역의 인물이다.

그렇다면 태조와 반대되는 인물은 누구인가? 『고려사』에서 桓宣吉·伊昕巖 등이 반역인물로 나타난다.[83] 환선길은 그 아우 환향식(香湜)과 함께 태조를 섬겨 왕조 창업에 공로가 있었다. 태조가 환선길을 마군 장군으로 임명하고 심복으로 믿으면서 항상 精銳軍을 영솔하고 대궐에서 숙위하게 하였다. 그런데 어느 날 그의 부인이 말하기를 "당신은 재주와 용력이 남보다 뛰어나며, 또 사졸들도 복종하고 큰 공훈도 세웠는데 정권은 남의 수

---

82 『고려사』103, 열전16.
83 『고려사』127 열전40, 반역1.

중에 있으니 분한 일이 아닌가요?"라고 하였다.

환선길은 마음속으로 그렇게 여기고 은밀히 兵士들과 결탁하며 틈을 엿보아서 반란을 일으키려 하였다. 馬軍將 卜智謙이 이것을 알고 밀고했으나 태조는 그 행동을 믿지 않았다. 태조가 궁전에 좌정하고 학사 몇 사람들과 국정을 토의하고 있던 날, 환선길이 그의 병사 50여 명과 함께 병기를 가지고 동편 낭하로부터 안뜰로 몰려들어 곧바로 습격하려 하였으므로, 태조가 지팡이를 짚고 일어서서 목소리를 돋우어 꾸짖어 말하기를

"내가 비록 너희들의 힘으로 이 자리에 앉아 있으나 이것이 어찌 하늘의 뜻이 아니랴! 천명이 이미 결정되었는데 네가 감히 그럴 수 있느냐!"라고 하였다. 환선길은 태조의 음성과 안색이 태연한 것을 보고 伏兵이 있는 것으로 의심하고 그 무리와 함께 밖으로 달아 나갔으므로 호위 군사들이 추격하여 毬庭에서 전부 잡아 죽였다. 그의 아우 환향식은 뒤따라 와서 일이 실패된 것을 알고 도망쳤으나 추격해서 잡아 죽였다.

또 徇軍吏 林春吉이란 자는 靑州 사람인데 동향 사람 裵恩規 季川 사람 康吉阿次 昧谷 사람 景琮과 함께 반역을 음모하고 청주로 돌아가려 하였으므로 복지겸의 보고에 의하여 태조가 사람을 시켜 체포하여 신문하니 모두 다 복죄하였다. 이에 모두 禁錮하였으나 그 중 배총규는 음모가 누설되었음을 알고 도망갔다. 그래서 그 일당을 전부 죽이고자 했으나 청주 사람 玄律이 왕에게 말하기를 "경종의 누이가 바로 매곡 城主 공직의 처이다. 그 성은 대단히 견고해서 함락시키기 곤란하고 또 적 지구에 인접되어 있으므로 만약 경종을 죽이면 공직이 반드시 배반할 것이니 용서해서 회유하는 것이 좋겠다"라고 하였다. 그래서 태조가 그 의견을 좇으려 하였으나 馬軍 대장군 廉湘進이 말하기를

"내가 들으니 경종이 일찍이 마군 箕達에게 말하기를 내 누이의 어린 아들이 지금 서울에 있는데 그들이 서로 떨어져 있는 것을 생각하면 애처로워 견디지 못하겠고 게다가 시국을 보니 어지러워서 반드시 모여 살 수 있을 것 같지도 않으니 기회를 엿보다가 그 애를 데리고 도망쳐 돌아가야

하겠다라고 하였으니 경종이 모반한 것을 보니 과연 그 말이 빈말이 아니었다."라고 하였다. 태조가 크게 깨닫고 그를 죽이게 하였다.

이흔암은 활 쏘고 말 타는 것이 業이고 다른 재주도 없고 識見도 없었다. 이득에 눈이 밝고 직위에 욕심 많은 자로서 弓裔를 섬겨 교활한 수작으로 등용되었다. 그리고 궁예 말년에는 군사를 거느리고 熊州를 습격 점령하고 있다가 태조가 즉위한 소식을 듣고 가슴속에 야심을 품고 부르지도 않았는데 자진하여 왔는바 그 수하의 병사들은 대부분이 도망쳤으며 웅주는 다시 百濟의 영토로 되었다.

韓粲 守義刑臺令 염장이 이흔암과 이웃에 살면서 그 음모를 알고 태조에게 상세히 보고하였다.[84] 이에 대하여 태조는 말하기를 "이흔암이 진수하던 초소를 임의로 버리고 옴으로써 변방 강토를 상실하였으니 그 죄야말로 용서할 수 없다. 그러나 나와는 어깨를 나란히 하고 한 주인을 섬겼으며 평소의 정분도 있으니 죽일 수 없으며 또 아직은 반역의 형적이 노출되지 않았으니 그 자도 반드시 무슨 핑계가 있을 것이다"라고 하였으므로 염장은 은밀히 사람을 보내서 그 동정을 살필 것을 청했다.

이에 태조가 내인을 염장의 집으로 보내서 장막 속에서 동정을 정찰케 하였는데 이흔암의 처 桓氏가 변소에 와서 사람이 없을 줄만 알고 긴 한숨을 짓고는 "우리 남편의 일이 만약 순조롭게 되지 못하면 나도 화를 받을 것이다"라고 말하며 집으로 들어갔다. 내인이 이 정형을 회보했더니 드디어 옥에 가두고 자백을 받은 다음 백관들로 하여금 그 죄를 토의하게 했다. 모두가 말하기를 "죽여야 한다."라고 하였으므로 태조가 친히 이흔암을 책망하여 말하기를 "네가 평소부터 흉악한 마음을 품고 있었으니 네 스스로 죄에 빠진 것이다. 그리고 국법이란 천하의 공유물이니 사정으로 그것을 꺾을 수는 없다"라고 하였다.

반역 인물로 지목된 환선길·이흔암 역시 나주지방 호족과는 거리가 먼 인물이다.

---

84 고려사127열전40반역1 이흔암

이는 훈요십조의 자체는 진본이라지만 시기를 달리하며 일부 조항이 정략적으로 조작된 것임을 알 수 있다. 이 삼국을 통일하는 데는 서해안 호족들의 힘이 모두 기틀이 되었다.

4. 훈요십조 정체성과 배제의 그 쟁점

〈훈요십조〉 중 제8조의 내용을 살펴보면 다음과 같다.

"차현 이남과 공주 금강 이외의 지역은 산형과 지세가 모두 배역하는 형세이며 인심 또한 그러하다. 그 아래 고을의 인물들이 조정에 참여하여 황후 척족들과 혼인하여 국정을 쥐게 되면 국가를 변란 속에 빠지게 하거나 고려에 통합된 원한을 품고 난을 일으킬 가능성이 크다. 또한 일찍이 관청의 노비나 역이나 나루 등에서 천역에 몸을 담던 무리들도 혹은 권세가에부터 역을 면하고 신분을 바꾸고 왕실이나 궁궐에 붙어살며 말을 간교하게 하여 신분을 바꾸고 왕실이나 궁궐에 붙어살며 말을 간교하게 하여 권세를 희롱하고 정사를 어지럽혀 재난을 일으키는 자가 반드시 있을 것이다. 비록 양민이라 할지라도 마땅히 벼슬자리에 두어 일을 보게 하지 말라."

여기에서 차현이남 사람이라 함은 충청도와 전라도를 거의 포괄하는 지역인들이다. 이는 지역적 배제의 저의가 명확하게 드러나 있을 뿐만 아니라 의도적이고 악의적으로 조작된 내용으로 가득하다.

'양민이라 할지라도 마땅히 벼슬자리에 두어 일을 보게 하지 말라'는 태조 왕건의 이 같은 유언은 여러 정황으로 보아 석연치 않다. 태조왕건의 통합국가 건설과는 거리가 먼 〈유훈〉이기 때문에 더욱 그러하다.

〈훈요십조〉는 "태조 왕건이 서기 943년 4월 내전에서 박술희를 불러 자손들을 경계하고 깨우치기 위해 내렸다."고 되어 있다. 이 사실은 고려시대의 관찬 『정사』인 『고려사』 세가편의 태조 26편 서기 943년 기사에 수록되어 있으므로 대부분의 사람들에게는 아무 의심 없이 태조 왕건이 직접 만든 것으로 기정사실화 하고 있다. 그런데 『고려사』의 최승로전에는 훈요십조의 발견 경위를 다음과 같이 밝히고 있다.

"태조가 만든 〈훈요십조〉는 병란으로 불타 없어졌는데 최제안이 우연히 최항의 집에 소장되어 있음을 발견하고 현종에게 바침으로써 세상에 전해지게 되었다."는 것이다.

〈훈요십조〉는 "발견 과정과 시기 등을 살펴볼 때 정치적 필요에 의해 개조 혹은 첨가 되었을 가능성이 있다."고 일제식민학자 금서룡이 문제를 제기하고 나섰다. 그의 주장은 "왕건의 훈요십조 내용은 고려 초기의 시대 상황보다는 현종 때 이후 문벌 귀족중심의 정치 정세에 알맞은 내용과 성격을 지니고 있고 발견의 시기와 경위가 현종때인 점을 비춰볼 때 그 내용을 고쳤거나 위서일 가능성이 있다."는 것이다.

〈훈요십조〉의 10조항을 모두 살펴보면 시기를 달리하며 지속적으로 부분 변조된 위서임을 알 수 있다.

첫째, 〈훈요십조〉 1조·2조·6조는 종교사상을 나타내고 있다. 이에 관한 내용을 살펴보면, 불교의 폐단을 지적하거나 원당의 지칭이 등장한다. 이러한 사건들은 〈훈요십조〉의 시기와 맞지 않는 것이다. 불교의 폐단 사례는 상당부분이 소급 적용되었다. 비보사탑설이 널리 유행하지 않았음에도 등장하는가하면 '국사 도선' 등의 후대에 도선의 명성이 높아졌던 시기가 반영되는 모순점이 있다. 팔관회와 연등회의 치폐와 준수를 당부하는 시기 또한, 현종에서 문종대 무렵으로 태조의 유훈이 재조명되는 사정과 무관하지 않다.

또한 도선의 영향력이 강조되고 있는 2, 4, 5조의 내용은 실제 고려 초기의 상황이라기보다는 뒷날의 풍수도참사상이 가미되었다는 점이다. '국사도선'이라는 표현도 훗날 도선의 명성이 가미된 표현이다.

둘째, 4조의 내용 중 거란을 모방하는 사례를 경계한 것은 태조 왕건 당시 상황이라기보다는 후대의 사실이다.

셋째, 8조에 대해서는 감정적인 의식이 짙게 깔려 국가를 경영할 군주의 글이라고 믿어지지 않는다. 이는 훈요십조의 쟁점에서 새로운 인식을 요구한 부분이다.

실제 태조 왕건은 왕위에 등극한 직후인 918년 9월 나주도대행대를 설치하고 전 광평성 시중 구진을 나주도대행대 시중으로 임명하였다. 이 역시 차현이남의 배제보다는 차현 이남의 인사를 중시한 결과였다. 태조 왕건의 적극적인 구애로 나주의 호족 오다련 가문과 결합하고 장화왕후와 혼인하여 태자 왕무를 낳았다. 이러한 일련의 사실은 고려 왕실의 정치적의 강력한 기반이 나주호족을 중심으로 차현이남 세력이었음을 말한다. 실제 태조 왕건은 인재등용 과정에서 차현 이남의 인사를 적극 배치하였다.

넷째, 최제안의 조부인 최승로가 서기 981년 성종에게 시무책 28조를 건의했는데 훈요십조에 대하여 언급되지 않았다. 〈훈요십조〉의 최초 발견자가 최승로의 손자 최제안이라는 점은 매우 흥미롭다. 그의 조부는 최승로 고려의 최고의 재상 이였음에도 〈훈요십조〉를 전혀 알지 못했다는 것은 발견 경위와 장소가 더 의심받는 이유이다. 당시 최승로는 6대에 걸쳐 왕을 보좌한 인물이다.

다섯째, 왜 왕가의 문서가 최씨가의 사서로 발견되었는가? 〈훈요십조〉는 궁중비전의 헌장이므로 부본이 있을 수 없다. 그럼에도 어떻게 개인이 원본을 사장하고, 그것을 왕실에 바치지 않았다는 것은 위서였기 때문이었다. 그 뿐만 아니라 태조의 〈훈요십조〉은 후인들이 꼭 지켜야 할 덕목임에도, 왜 100여 년이 지나도록 모를 수가 있었을까? 이는 〈훈요십조〉가 특정인에 의해 조작되고 변용되어 고려사 편찬시기에 등장한 것이다.

이를 종합해서 살펴보면 〈훈요십조〉는 고려 초기 『정서』에서 후대로 접어들면서 정치체제가 불안정하면서 그 중심에 서 있는 차현이남의 세력과 반대세력간의 갈등 과정에서 파생된 정략적이고 조직적인 『위서』로 변용된 것이다.

영산강 유역의 왕건 관련 설화

박종오_목포대학교 도서문화연구원 HK연구교수

1. 기록과 기억의 역사

역사는 기록된 역사와 말해지는 역사가 있다. 오늘날 역사인식에 있어 '글로 기록된 것'은 절대적인 중요성을 지니고 있지만, 글로 기록되지 않은 것은 그다지 신빙성을 인정받지 못하고 있는 것이 현실이다. 역사의 밑바탕을 구성하고 있었던 일반 민중은 '글'을 갖지 못하였지만, 대신에 '이야기'를 통해 지난날을 기억하였다. 이러한 점에서 전설은 민중의 '말해지는 역사'라고 할 수 있다. 말해지는 역사는 기억된 역사이기도 하면서, 민간 속에 민중의 지식으로 구비 전승되는 속성을 지닌다. 기억되는 역사의 성향은 편향적이기 쉬운 역사 기록자의 태도와 달리 구비전승집단의 의취에 맞게끔 오랜 시간을 두고 정제되는 가운데 일련의 상징적 유형화가 이루어진다[1].

인간의 경험이 어떤 형태로 간직되었다가 나중에 재생 또는 再認·재구성되어 나타나는 현상을 기억(memory)이라 한다. 개인적인 삶의 경험이나 역사적인 사실 등을 다른 사람에게 전달하기 위해서는 문자나 구연을

---

1 나경수, 「한국에서의 장보고 신격화 -완도의 송징과 장보고 담론-」, 『도서문화』 27집, 목포대학교도서문화연구원, 2006, 212쪽.

통해 기록하여야 한다: 이렇게 문자로 사실 그대로를 기록한 문학을 기록문학(記錄文學)이라 하고, 말로 전해지는 문학을 구비문학이라 한다. 구비문학은 구전문학, 구술문학 등으로도 불린다.

구비문학 중에서 설화는 한 민족 사이에 전해오는 이야기를 총칭하는 것으로 크게 신화·전설·민담으로 나눠볼 수 있다. 이중에서 전설은 실제 있었던 일처럼 전하는 이야기이다. 신화나 민담과는 달리 사실에 근거를 두고 전하는 이야기이기에 전설을 향유하는 사람들은 실제로 있었던 일이라고 믿고 받아들이려 한다. 전근대시기 우리의 많은 역사책은 왕이나 귀족, 양반 관리 등 소수 지배층을 중심으로 기술되어 있는데, 이는 왕조국가의 통치 이데올로기의 일환으로 성립되었기 때문일 것이다. 따라서 역사를 기저에서 움직여온 민중의 생활과 역할은 배제되거나 오해·왜곡되어 있다. 이러한 점에서 전설의 역사적 기능은 주목할 만하다[2].

그런데 전설에서의 민중영웅의 형상화가 한편으로는 사실의 의도적 왜곡일 수도 있다. 전설에 나오는 사건이 실제 일인가 아닌가라고 묻는다면 후자 쪽의 답이 많을 수 있다. 이런 점에서 事實(일차적인 삶)과 寫實(모방)에 대한 구분과 이해가 필요하다. 설화는 문학의 영역이 그렇듯, 寫實의 문제를 다룬다. 사실의 형상화인 것이다. 그러나 전설은 와전되고 왜곡된 역사가 아니다. 전설을 통해 문헌에 남아 있지 않은 역사적 사실의 재구성과 재해석이 이루어질 수 있고, 사실의 전설적 전환을 통해 드러난 민중의 역사의식을 규명해볼 수 있다[3].

객관적으로 볼 때 전설의 내용은 쉽게 믿기 어려운 것들이 많다. 글로 기록된 역사적 사실과 어긋난 것들이 많고, 심지어 시대나 인물이 바뀌기까지 한다. 이는 전설이 기억해야 할 핵심적 진실을 가장 강렬하면서도 기

---

2 박종오, 「지키지 못해 보냈지만, 영영 보낸 건 아니라네」, 『한국문학의 이해』, 한국문학의 이해 편찬위원회, 태학사, 2010, 64~65쪽.

3 이경엽, 「〈아기장수 전설〉의 전승의미 -전설과 역사의 관계」, 『사람 사는 이야기』 제8호, 월간 사람사는이야기, 1992.

억하기 좋은 서사로 함축하고 있기 때문이다. 전설은 실제적 사실, 즉 역사적 사실을 민중의 입장에서 재해석하고 재창조한 것이기 때문에 문헌에 남아 있지 않은 역사적 사실의 재구성과 재해석이 이루어질 수 있고, 사실의 전설적 전환을 통해 드러난 민중의 역사의식을 규명해볼 수 있다.

王建(877~943)은 역사적인 인물이며, 그가 영산강의 지배권을 확보함으로써 후삼국을 통일하는 기반을 다진 것 또한 역사적인 事實이다. 이러한 역사적 사실에 대해 민중들은 어떻게 생각하고 있으며, 이러한 설화자료가 갖는 의미는 무엇인지에 대해 그 의미를 해석해 보고자 榮山江을 중심으로 구전되고 있는 고려 왕건과 관련된 설화자료를 살펴보고자 한다.

2. 榮山江과 王建

전남지역을 곡성군 옥과면 설산에서부터 해남군 송지면 갈두항까지 직선으로 그어 보면 두 개의 지형으로 대별해 볼 수 있다. 즉 이선의 서부는 북부의 노령산지를 제외하면 영산강 주변의 넓은 평야지대를 이루고 있고, 영산강의 본류와 그 지맥들이 형성한 비옥한 평야와 일부 구릉성 산지로 되어 있어서 농경과 산업의 중심지가 되고 있다. 한편 이 선의 동북부지역은 소백산맥과 그 지맥들이 뻗어 있고, 그 사이를 섬진강과 그 지류들이 뚫고 흘러서 수많은 고산준령들이 동부산지를 형성하여 서부의 평야와 좋은 대조를 이룬다[4].

전남의 지형이 이렇게 크게 둘로 나눠질 수 있듯이 곡성의 설산에서 해남의 두륜산까지 자를 대고 지도 위에 직선을 그으면, 영락없이 두 개의 문화권으로 나뉜다. 자연적 조건에 의해 문화가 결정됨을 감안하면 동부는 섬진강이, 서부는 영산강이 흐르고 있어, 섬진강 문화권과 영산강 문화

---

4 지춘상, 『전남의 민요』, 전라남도, 1988, 11~12쪽.

권으로 대별되기도 한다. 여기에 하나를 더한다면 그것은 도서해안 문화
권이다.

榮山江은 담양군 龍面 龍湫峰(560m)에서 발원하여 담양·광주·나주·
영암 등지를 지나 영산강 하굿둑을 통하여 황해로 흘러든다. 영산강 주변
의 넓은 평야지대를 이루고 있어 주로 논농사가 많이 이루어지고 있다.
'혼자서 가만히 생각해 보니 호남은 나라의 울타리이므로 만약 호남이 없
으면 나라도 없을 것입니다'[5]라는 李舜臣(1545~1598)의 말처럼 국가를 지
킬 수 있었던 軍糧 생산의 기반이 될 수 있을 정도로 너른 들을 가지고 있
으며, 내륙 깊숙이 배가 들어올 수 있어 내륙과 해상을 연결하는 주요한
군사적 길목이다.

영산강이라는 명칭이 언제부터 사용되는지는 알 수 없으나, 기록들을
살펴보면 다음과 같은 것들이 있다.

"영산은 폐현이다. 흑산도 사람이 육지로 나와 남포에 살아서 영산현이라 일
컬었는데, 공민왕이 승격시켜 군을 만들었다."[6]

"영산창은 금강진 언덕에 있으니 곧 영산현이다."[7]

"능주 등 다섯 고을의 전세를 포구로 내보내면서 나주 영산강 4, 50리 되는
지역을 내버려 두고 멀리 3, 4일 길의 법성포로 수송하게 하니, 백성들의 폐
단을 민망히 여길 만합니다. 원하건대 비국으로 하여금 의논하여 처리하게
하소서."[8]

---

5 '竊想湖南國家之保障 若無湖南是無國家.',『李忠武公亂中日記』「(附)書簡帖」
6 '榮山廢縣 黑山島人出陸僑寓稱榮山縣恭愍時陞爲郡',『練藜室記述』 別集,「地理典
故」,「州郡」
7 '榮山倉 在錦江津岸卽榮山縣也.',『新增東國輿地勝覽』「全羅道」「羅州牧」
8 "綾州等五邑田稅出浦也, 捨羅州榮山江四五十里之地, 遠輸於法聖浦三四日之程, 民
弊可悶. 願令備局議處.",『朝鮮王朝實錄』,「英祖實錄」 一年, 三月 二十五日.

처음의 기록은 '흑산도 사람이 육지로 나와 南浦에 살아서 영산현(榮山縣)이라 일컬었는데, 공민왕이 승격시켜 군을 만들었다.'는 것이다. 고려 공민왕 때 왜구의 잦은 출몰로 골머리를 앓던 조정은 약탈 대상이던 흑산도와 그 앞섬 영산도 주민들을 이곳에 강제 이주시키고 섬을 비워 두는 空島政策을 취했다. 그들이 정착해 살던 곳은 고향의 이름을 따 영산현이 되었고, 나중에는 그들이 거슬러온 강의 이름을 영산강으로 부르게 되었을 가능성이 있다.

다음의 기록은 조선의 漕倉 가운데 하나인 榮山倉이 영산현에 설치되어 있었다는 것이다. 영산창은 조선 전기에 나주에 설치한 조창으로 조선 전기 아홉 개의 지방창고 가운데 하나였다. 나주·순천·강진·광산·진도·낙안·광양·화순·남평·동복·홍양·무안·능성·영암·보성·장흥·해남 등 열일곱 개 읍의 세곡을 모았다가 서울로 운송하였다. 그런데, 목포에서 전라·충청도 연해안을 거쳐 경기도 연해안에 이르는 뱃길이 험하여 도중에 조운선이 침몰하는 사고가 자주 일어나 1512년(중종 7)에는 영산창을 혁파하고 法聖倉으로 이관하였다. 영산창이 나주에 있었다면 당연히 그 일대에는 사람들의 왕래가 빈번했을 것이고, 그래서 그 주변의 강 이름을 "영산강"이라고 부르게 되었을 가능성이 많다.

마지막 기록은 英祖(1694~1776) 때 '獻納 鄭宅河(1693~1741)가 上疏'하는 기록이다. 영산창을 혁파하고 法聖倉으로 이관한 후 전세를 운반하는 백성들의 고초를 이야기한 것으로 여기에 영산강이라는 명칭이 명확하게 등장한다.

이상의 기록들을 볼 때 영산강이라는 명칭은 그 연원이 오래되었음을 알 수 있다. 영산강의 명칭 유래에 대한 설화도 전해오는데, 그 내용은 다음과 같다.

나주 고을에 자기에게는 진짜로 근심이 없다고 생각하는 정씨 성을 가진 노인이 살고 있었다. 정노인에게 자녀가 5명이 있었다. 그는 5남매를 다 출가

시켰다. 아들은 모두 효자요, 며느리는 모두 효부였다. 딸도 그랬고 사위도 그랬다. 의식주도 남부럽지 않았다. 정노인은 그저 흡족하였다. 가는 곳마다 융숭한 대접을 받으니 정노인에게 있어서는 그 무엇 하나 부러울 것이 없었다. 이러한 소문은 금세 그 고을에 퍼졌고 다시 다음 고을로 전해졌다. 이 말은 고을 원님에게까지 전해졌다. 원님은 근심과 걱정으로 머리가 무겁고 마음이 편한 날이 하루도 없는데 평민으로서 조금도 근심걱정이 없다니 말이 되는 가. 어느 날 원님은 "걱정을 모르고 산다는 노인을 불러들여라" 명하고는, 혼잣말로 '사람이 살아가는데 근심걱정이 없다니 말이나 될 소리냐?'하면서 정노인을 기다렸다. 얼마 후 정노인이 불려왔다.

"그래 그대는 참으로 근심이 없단 말인가?"

"황송하오나 그렇습니다."

정노인은 지금까지 지내온 자초지종을 쭉 말했다. 이야기를 듣고 난 원님은 진실로 탄복하고 칭찬하였다.

"과연 기특한 일이로다. 내 기념으로 소중히 여기고 있는 구슬을 줄 것이니 잘 보관할지어다. 이 구슬은 단 하나뿐인데, 내가 보고 싶을 때에는 그대를 부를 것이니 가지고 오기를 바라노라."

이리하여 정노인은 원님에게 구슬을 선물로 받고 물러나왔다.

정노인을 내보낸 후 원님은 즉시 종자를 불러 분부를 내렸다. 원님의 명을 받은 종자는 급히 정노인의 뒤를 따라 나갔다. 정노인은 얼마를 가다가 나루를 건너게 되었다. 나루터에 나타난 종자는 뱃사공의 귀에다 대고 무엇인가를 소곤거리고 나서 돈을 손에 쥐어주고 어디론지 사라져 버렸다. 정노인이 배에 오르자 사공은 배를 저어가면서 말을 걸었다.

"노인장 얼마나 기쁘시오?"

"뭐가 말이오!"

"발 없는 말이 천리 간다고 노인장이 원님으로부터 상을 받은 것을 누가 모를 줄 아시오?"

그러면서 사공이 구슬을 보여줄 것을 원했다. 정노인은 가슴이 섬 했으나 사공의 인상으로 보아 그리 악의가 없다고 생각하고 배가 중간쯤 갈 때에 주머니 속 깊숙이 간직한 구슬을 꺼내서 손바닥 위에 굴려 보았다. 사공은 정노인의 손에 있는 구슬을 찬찬히 들여다보고서 이리저리 살펴보더니 비틀비틀하다가 쓰러지면서 그만 구슬을 물속에 빠뜨려버렸다. 사공은 깊은 물속을 몇 번이고 들어가 보았으나 찾을 길이 없었다. 정노인의 표정은 이루 말할 수 없었다.

집에 돌아온 정노인은 생전 처음으로 근심걱정으로 몸겨눕고 말았다. 자식들과 며느리들이 연유가 무엇이냐고 물어도 대답 없이 그저 묵묵부답이었다. 집안에 먹구름이 끼기 시작했다.

한편, 사공이 정노인의 구슬을 강 속에 빠뜨렸다는 소식이 곧 사령을 통해 원님에게 전해졌다. 원님은 곧 종자를 시켜 하사하신 구슬을 한 달 안에 가지고 등대하라는 명을 전했다. 이러한 전갈을 받은 정노인은 곡기를 끊고 죽을 날만을 기다리고 있었다.

이때 잉어장수가 찾아와 팔다 남은 잉어 한 마리를 사가라고 했다. 며느리는 잉어를 보자 시아버님께 대접하고 싶은 생각이 들어 잉어를 사서 간장을 발라 맛있게 구워 밥상을 보아 시아버님께 들고 들어왔다. 그러자 정노인은 며느리의 정성에 감복하여 밥상을 대하고 젓가락으로 잉어를 뜯자 이 어찌된 일이란 말인가? 정노인은 너무도 신기해서 어안이 벙벙했다. 그도 그럴 것이 강을 건널 때 빠뜨렸던 구슬이 잉어 뱃속에서 나온 것이다. 정노인은 구슬을 원님에게 내놓으니 이번에는 원님이 깜짝 놀랐다(분명히 강물 속에 빠뜨렸다는 구슬을 가지고 오다니).

"이 구슬을 잃어버린 적이 없는가?"

원님이 묻자 정노인은 자초지종을 사실대로 고했다. 그 말에 감복한 원님은 과연 당신은 하늘이 낸 분이오! 하고 자기가 부러 일을 꾸몄다는 사실을 정노인에게 이야기하고 후한 상을 내렸다. 기쁨을 참지 못하고 집으로 돌아온 정노인은 잉어를 잡았다는 광탄 강가에 글방을 세우고 아이들을 가르치기로 했다. 그리고 그 서당이름을 잉어를 사온 며느리의 이름을 따서 영산서원이라고 지었는데 그때부터 이 강을 영산강이라고 부르게 되었다고 한다.(『담양 설화』)

위의 이야기는 세상 걱정 없이 편안하게 살고 있던 나주의 정노인이 구슬 때문에 근심하지만, 시아버지를 생각한 며느리의 효성 덕택에 잃어버린 구슬을 찾았다는 내용으로, 잉어를 사온 며느리의 이름을 따서 영산강이라고 불렀다는 것이다. 이 이야기를 보면 영산강이라는 강의 어원을 설명하는데 있어 명확한 의미를 전달하지는 못한다. 그럼에도 불구하고 이 이야기에서는 나주라는 지명과 편안한 노인, 그리고 며느리의 효성이 결부되어 있어 결국 하늘이 도움을 주었다는 내용으로 갈무리함으로써 영산강 유역의 사람들이 아무런 걱정 없이 편안하게 삶을 영위하기를 바라는 소망을 강의 명칭과 결부시켜 이야기하고 있는 것으로 볼 수 있다.

영산강에는 또한 역사적인 인물과 관련된 많은 이야기들이 전해온다. 영산강과 관련된 대표적인 역사적인 인물로는 南平文氏 집안의 시조로 알려진 文多省(?~?), 道詵(827~898), 甄萱(867~936), 王建, 崔知夢(907~987), 진각국사 慧諶(1178~1234), 柳希春(1513~1577), 李舜臣, 林悌(1549~1587), 羅崇大(?~?) 등이다.

이 중에서 전쟁과 관련되어 영산강지역에 많이 전파되는 이야기는 후삼국에서 고려 초와 관련된 인물들에 관한 이야기들이 특히 많다. 그 중에서도 영산강 유역은 후백제의 견훤세력과 고려의 왕건 세력이 권력적 기반을 다투던 곳이었기에 이에 관한 이야기들이 많이 전해져 오고 있다.

甄萱(867~936)은 후백제의 초대 왕(재위 900~935)으로 중국과 국교를 맺고, 궁예의 후고구려와 충돌하며 세력 확장에 힘썼던 인물로 후에 고려 왕건에게 투항했다. 왕건에게 자신의 아들인 신검을 토벌할 것을 요청하고 결국 스스로 후백제를 멸망시킨 인물이다. 견훤에 대한 설화는 그의 출생담에 관한 것인데, 견훤이 장성군 진원면 지역의 부잣집에서 출생한 인물이라고 이야기하고 있다.

진원면 진원리 고산마을에 신라 말기 무렵 한 부잣집 가정에 처녀가 시집을 보내려고 하였으나 한사코 가지 않겠다고 하므로 그 연유를 따져 물은 즉 처녀 말이 "밤이면 이목구비가 준수한 청년이 나타나서 그만 동침을 하고 말았다"고 하는지라 이에 놀란 부모들은 그럴듯한 집안이면 정혼을 하고자 지켜보기로 하고는 청년이 나타나기를 기다리는데 과연 밤이 깊어지자 청년이 나타나 딸과 사랑의 운우를 나누고 새벽이 되자 문을 열고 나오므로 붙잡아 물어 보려하였으나 순식간에 사라져 버리므로 이는 청년이 분명 사람이 아닌 어떤 화신이라고 단정하고 딸에게 다음날 또 나타나면 도포자락에 명주실 한

꾸리를 꿰어 바늘을 매라고 일렀다.

그날 밤 처녀는 아버지가 시키는 대로 바늘을 겉옷 자락에 꿰어놓고 이튿날 아침에 명주실을 따라가 보니 장군굴 속에 커다란 거미의 발에 명주실이 달린 바늘이 박혀 있었다.

그 후로 청년은 나타나지 않았고 처녀는 태기가 있어 옥동자를 출산하게 되는데 점점 자라면서 하는 짓이 거무와 같아 거무(일명 불태산) 정기를 받은 거무의 화신이라고 모두 말하였다.

이 아이가 성장하여 신라의 裨將이 되었고 드디어는 후백제를 세워 왕이 되었는데 원래 진훤이라는 이름이 '견훤'으로 바뀌었다고 하는 전설이 전해오고 있다.(장성군 홈페이지)

이 이야기는 견훤을 거무(거미)의 자식이라고 이야기하고 있으며 그 이름도 '진훤'이라는 이름에서 '견훤'으로 바꾼 것이라 이야기하고 있다. 이러한 이야기가 장성지역에 남아 있는 원인으로는 이 지역이 견훤의 주둔지였으며, 궁예와의 격전지였기 때문일 것이다.

견훤과 더불어 이야기되고 있는 또 다른 인물로 왕건이 있다. 고려의 태조인 왕건은 뛰어난 정치력과 덕망으로 고려왕조의 창업과 후삼국 통일의 위업을 이룬 인물이다. 왕건은 松嶽 출신으로, 아버지는 金城太守 隆이고, 어머니는 韓氏이다. 후삼국시대에 弓裔가 크게 세력을 떨치자 왕륭은 송악군 沙粲으로서 자신의 郡을 들어 궁예에게 歸附하여 금성태수로 임명되었다. 아버지를 따라 궁예의 휘하에 들어간 왕건은 勃禦塹城 城主가 되었으며, 898년에는 정기대감이 되었다. 그 뒤 왕건은 여러 전선에서 공을 세워 승진을 거듭하면서 차츰 자신의 세력을 쌓아나갔다. 900년에 廣州·忠州·靑州(지금의 淸州) 및 唐城(지금의 화성)·槐壤(지금의 괴산) 등 여러 군현을 경략하여 그 공으로 阿粲의 위계를 받았다[9].

903년 수군을 거느리고 전라도지방으로 진출하여 錦城(지금의 나주) 등

---

9 『브리테니커 백과』「인물」「태조(太祖, 왕건)」. 이하의 왕건 관련 내용은 여기에서 인용함.

전남기념물 제93호 '완사천'

10여 군현을 빼앗아 궁예의 영토를 확장하여 閼粲으로 승진했다[10]. 이후 왕건은 909년에 영산강 하류지역에 인접한 도서지역을 장악하였다.

궁예가 세력이 강대해짐에 따라 난폭한 행동을 자행하여 민심을 잃자 918년 6월 洪儒·裵玄慶·申崇謙·卜智謙 등과 함께 정변을 일으켜 궁예를 몰아내고 철원의 布政殿에서 즉위하여 국호를 高麗, 연호를 天授라고 했다. 이듬해에는 개성으로 도읍을 옮기고 관제를 개혁하여 국가의 토대를 닦았다.

태조는 일부 무인 중간세력, 일반 병졸, 민중의 지지와 호응을 받아 왕위에 올랐으나 궁예의 옛 영역 내의 호족세력이나 집권층 내부의 정치세

---

10 "천복(天復—중국 당나라 소종 연호) 3년 계해(903) 3월에 태조는 수군을 거느리고 서해로부터 광주(光州) 지경에 이르러 금성군(錦城郡)을 공격하여 이를 함락시키고, 10여 개의 군, 현을 공격하여 이를 쟁취하였다. 이어 금성을 나주(羅州)로 고치고 군사를 나누어 수비하게 한 후 개선하였다. …중략… 궁예도 역시 그를 기특하게 여겨 벼슬을 높이어 알찬(閼粲)으로 임명하였다". "天復三年 癸亥 三月 率舟師自西海抵光州界攻錦城郡拔之擊取十餘郡縣仍改錦城爲羅州分軍戌之而還 〈中略〉裔亦奇之進階爲閼粲." 『高麗史』 卷一 「太祖」 一.

력 중에는 태조에게 불만을 품거나 반발한 세력도 적지 않았다. 따라서 고려 건국 초기 태조의 당면 과제는 정치적 안정과 민심수습을 이루는 것이었다.

태조는 온건한 방법으로 정치적 안정을 꾀했는데, 지방 각처에서 독자적인 무력과 경제기반을 가지고 독립적 상태를 유지하던 호족들을 극진히 회유하여 포섭했다. 나아가 각 지방의 유력한 호족 및 호족출신 관료의 딸들과 혼인하고, 유력자에게 王氏 성을 하사하였다.

태조는 신라와는 우호관계를 유지하면서 후백제와는 무력으로 맞섰다. 처음에는 군사적인 열세로 후백제에게 계속 패했으나, 930년 古昌(지금의 안동)싸움에서 큰 승리를 거두면서 주도권을 장악했다. 그 뒤 935년에 투항해온 경순왕을 맞아 평화적으로 신라를 병합했으며, 936년에는 후백제를 멸망시켜 마침내 후삼국을 통일했다.

3. 왕건 관련 설화와 그 의미

왕건은 역사적 인물이면서 동시에 설화의 주인공이다. 그의 조상들에 대한 설화는 『고려사』世系에 실려 있다. 그 내용을 보면 신이한 행적이 많이 나오는데 이는 혈통의 비범함과 고려 건국의 당위성을 부여하기 위한 목적과 관련 있다. 그리고 왕건의 역사적 행적이 전하는 곳에는 그와 관련된 전설이 많이 전승된다. 대표적인 자료는 나주 완사천에 얽힌 소위 '浣紗泉' 전설, '夢灘의 유래', '破軍橋의 유래' 등이다.

왕건과 나주는 밀접한 관련이 있는 곳이다. 왕건은 각 지역 토호들의 도움을 받아 세력을 확대하고 그것에 힘입어 후백제 견훤을 제압해서 고려를 건국할 수 있었다. 나주 일대는 이런 왕건에게 특히 중요시 되던 곳이다. 최고 라이벌인 후백제 견훤의 근거지이자 배후 지역을 장악할 수 있기 때문이었다. 왕건과 오씨 처녀의 만남에 대한 '완사천' 전설은 이런 역사적 배경과 관련 있다.

완사천은 나주시 송월동에 있는 샘으로 1986년도에 전남기념물 제93호로 지정되었다. 나주시청 앞 300m 지점 국도 13호선 주변에 있는 완사천은 원래 작은 옹달샘이었는데 택지 조성으로 현재의 모습을 갖추었다. 완사천은 샘과 버들잎, 물 긷는 처녀와 나그네가 주제가 되는 전설 가운데 하나로 고려 태조 왕건과 관계된 전설로 유명하다.

이 완사천이 있는 동네의 이름은 興龍洞인데, 왕을 용에 비유하면서 혜종이 태어난 동네란 의미가 된다. 이곳 완사천 위에는 惠宗과 莊和王后 오씨를 기리는 興龍寺란 절이 있었고, 절 안에 惠宗의 소상을 모신 惠宗祠가 있었다. 그러나 조선 세종 11년(1429) 정월 張得修가 혜종의 소상과 진영을 옥교자에 모시고 2월 6일 서울로 떠났다는 錦城日記의 기록으로 보아 조선 초기에 없어졌고, 지금은 국립중앙 박물관으로 옮겨진 서문 석등이 바로 이 흥룡사의 석등이라는 일설이 남아 있다. 완사천 샘가에는 나주 오씨 문중에서 세운 장화왕후 기념비가 서 있다[11].

왕건과 장화왕후와의 만남에 관한 기록이 『高麗史』와 『新增東國輿地勝覽』에 남아 있는데 그 내용은 각각 다음과 같다.

> 莊和 왕후 吳씨는 나주 사람이었다. 조부는 오부돈(富伅)이고 부친은 多憐君이니 대대로 이 州의 木浦에서 살았다. 다련군은 沙干 連位의 딸 덕교에게 장가들어 后를 낳았다.
> 일찍이 后의 꿈에 포구에서 용이 와서 뱃속으로 들어가므로 놀라 꿈을 깨고 이 꿈을 부모에게 이야기하니 부모도 기이하게 여겼다.
> 얼마 후에 태조가 水軍 장군으로서 羅州를 진수하였는데 배를 목포에 정박시키고 시냇물 위를 바라보니 오색구름이 떠 있었다.
> 가서 본즉 왕후가 빨래하고 있으므로 태조가 그를 불러서 이성 관계를 맺었는데 그의 가문이 한미한 탓으로 임신시키지 않으려고 피임 방법을 취하여 정액을 자리에 배설하였다. 후는 즉시 그것을 흡수하였으므로 드디어 임신되

어 아들을 낳았는바 그가 惠宗이다.

그런데 그의 낯에 자리 무늬가 있었다 하며 세상에서는 혜종을 "주름살 임금"이라고 불렀다. 항상 잠자리에 물을 부어 두었으며 또 큰 병에 물을 담아 두고 팔을 씻으며 놀기를 즐겼다하니 참으로 용의 아들이었다.

나이 7세가 되자 태조는 그가 왕위를 계승할 덕성을 가졌음을 알았으나 어머니의 출신이 미천해서 왕위를 계승하지 못할까 염려하고 낡은 옷상자에 석류 빛 황포(왕이 입는 옷)를 덮어 왕후에게 주었다.

후는 이것을 大匡 박술희에게 보였더니 박술희는 태조의 의도를 알아차리고 왕위 계승자로서 정할 것을 청하였다. 후가 죽으니 시호를 장화왕후라고 하였다[12].

【불우】興龍寺 금강진 북쪽에 있다. 고려 태조 莊和王后 吳氏의 조부는 富伅이요, 아버지는 다련군인데, 대대로 주의 木浦에 살고 있었다. 다련군은 사간 연위의 딸 덕교를 아내로 맞아 장화왕후를 낳았다.

장화왕후가 일찍이 꿈을 꾸는데, 바다의 용이 품안으로 들어왔다. 놀라 깨어 부모에게 이야기하니, 모두 이상하게 여겼다.

얼마 안 되어 태조가 水軍將軍으로 나주에 와 鎭守할 때, 목포에 배를 정박시키고 물위를 바라보니 오색의 구름이 서려 있어서 태조가 그리로 가보니 장화왕후가 빨래를 하고 있었다. 태조가 그 여자를 불러 동침하는데 미천한 신분이라고 임신을 시키지 않으려고 精液을 자리에 쏟았더니, 왕후가 곧 빨아 먹었다. 드디어 임신하여 아들을 낳으니 이가 惠宗이다.

얼굴에 자리 무늬가 있으므로 세상에서는 襵主(주름살 임금)라 한다.

그 자리에 큰 절을 세워 홍룡사라 하고, 앞에 있는 샘을 浣絲泉이라 하니, 속설에 오씨가 빨래하던 샘이라 한다[13].

---

12 "莊和王后吳氏羅州人祖富伅父多憐君世家州之木浦 多憐君娶沙干連位女德交生后 后嘗夢浦龍來入腹中驚覺以語父母共奇之 未幾太祖以水軍將軍出鎭羅州泊舟木浦望見川上有五色雲氣至則后浣布太祖召幸之以側微不欲有娠宣于寢席后卽吸之遂有娠生子是爲惠宗 面有席紋世謂之襵主 常以水灌寢席又以大甁貯水洗臂不厭眞龍子也 年七歲太祖知有繼統之德恐母微不得嗣位以故笥盛柘黃袍賜后示大匡朴述熙述熙揣知其意請立爲正胤 后薨諡莊和王后.",『高麗史』八十八,「列傳」卷第一,「莊和王后吳氏」

위의 두 기록은 왕건이 장화왕후를 만나 혜종(912~945)을 갖게 되는 과정에 대해 설명을 담고 있다. 이 기록에서 『고려사』의 중요 내용을 단락별로 정리해 보면 다음과 같다.

㉠ 장화왕후의 꿈에 포구에서(혹은 바다의) 용이 품안으로 들어왔다.
㉡ 태조가 오색구름이 서려 있는 곳을 보았고, 빨래를 하고 있는 장화왕후를 만났다.
㉢ 태조가 미천한 가문이라 임신을 시키지 않으려고 정액을 자리에 배설하였다.
㉣ 왕후가 그것을 흡수하여 임신을 하였다.
㉤ 얼굴에 자리 무늬가 있는 혜종이 태어났다.
㉥ 태조가 왕위를 계승할 덕성을 알아차리고 왕이 입는 옷을 덮어 왕후에게 주었다.
㉦ 후는 이것을 박술희에게 보여 왕위 계승자가 되었다.

위의 기록에서 보면 장화왕후가 꿈에 龍을 품었고, 태조가 오색구름이 서려 있는 곳을 찾아가 왕후를 만난다. 여기서 용은 왕건을 상징하고 있다. 용은 王者나 위인과 같은 위대하고 훌륭한 존재로 비유된다. 따라서 꿈속에서 용을 만났다는 설정은 둘의 만남을 필연 혹은 운명이라는 관점에서 보고 있는 것이다.

그런데 여기서 주목해볼 점이 있는데, 왕건이 왕후와 성관계를 맺으면서 왕후의 집안이 미천하기 때문에 임신을 시키지 않으려고 정액을 자리에 배설했다는 것이다. 후에 왕은 혜종의 덕성을 알아보고 왕의 옷을 전해 줌으로써 왕위 계승자로 인정하게 된다. 혜종은 921년 박술희 등의 도움

---

13 "興龍寺 在錦江津北高麗太祖莊和王后吳氏祖富伅父多憐君世家州之木浦多憐君娶沙干連位女德交生后 后嘗夢浦龍來入腹中驚覺以語父母共奇之未幾太祖以水軍將軍 出鎭羅州泊舟木浦望見川上有五色雲氣至則后浣布太祖召幸之以側微不欲有娠宣于寢席后卽吸之遂有娠生子是爲惠宗面有席紋世謂之福主於其地建大寺曰興龍寺前有泉名浣絲泉說云卽吳氏浣布之泉.", 『新增東國輿地勝覽』, 「全羅道」, 「羅州牧」.

으로 태자로 책봉된 뒤, 태조를 따라 후백제를 쳐서 공을 세웠다. 943년 태조가 죽자 왕으로 즉위하였으나, 나주 오씨 집안의 세력은 권력이나 군사력을 갖지 못했으며 이러한 출신 배경으로 혜종은 후에 왕위쟁탈전에 휘말리게 되었다[14].

이런 점들을 생각해 보면 나주 오씨 집안은 나주지역을 기반으로 후백제 견훤의 근거지이자 배후 지역을 장악할 수 있었지만, 정치적 싸움에서는 충주 지역 호족이었던 충주 유씨 집안에 밀릴 수밖에 없었다. 결국 왕건이 죽은 후에는 정치적 권력이 충주 유씨 집안으로 넘어갔고, 역사가 승리자의 기록임을 감안하면 자연스럽게 나주 오씨 집안에 대한 평가는 절하될 수밖에 없다.

그런 점에서 왕과 왕후의 만남은 필연적이었지만, 왕은 결코 후손을 바라지 않았으며, 혜종은 왕의 의지와 상관없이 태어난 것으로 만들 수밖에 없었을 것이다. 다만, 왕건은 혜종의 총명함을 알아보았기에 책략을 사용하여 혜종을 태자로 만든 것이라는 점을 강조하고 있는 것이다. 결국 이 이야기는 왕건을 용으로 상징화 시키고 맏아들에 대한 아버지로서의 의리를 보여줌으로써 왕건을 높이고 있다. 반면에 장화왕후로 대변되는 나주 오씨 세력은 왕의 의지를 따르지 않고 밖으로 배출된 정액을 흡수함으로

---

14 이복동생인 요(堯 : 뒤의 정종)와 소(昭 : 뒤의 광종)가 왕위를 엿보았는데, 이 둘은 태조의 제3비 신명순왕후 유씨의 소생으로 충주 지역 호족이었던 유경달(劉兢達)의 외손이었으며 충주 유씨는 혼인을 통해 여러 세력과 밀접한 관계를 유지하고 있었다. 요와 소가 왕위에 도전하고 있음을 눈치 챈 왕규는 945년(혜종 2) 이 사실을 왕에게 알렸으나 혜종은 요·소를 벌하지 않았다. 혜종이 요·소에게 아무런 조치를 취하지 않자 불만을 품은 왕규는 왕을 제거하고 자신의 외손자인 광주원군(廣州院君)을 왕으로 세우려고 하였다. 이러한 왕권다툼 속에서 혜종은 이러지도 저러지도 못하다가 945년 병으로 죽었다. 이어 이복동생 요가 왕위에 올랐는데, 혜종의 유언에 따라 왕위를 계승한 것이 아니라 사료에는 스스로 군신의 추대를 받아 왕위에 오른 것으로 나와 있어 혜종이 병으로 죽었는지, 아니면 살해된 것인지에 대해서는 여전히 의문이 제기되고 있다. 두산백과사전 엔싸이버 (http://www.encyber.com).

써 자신의 욕심을 채우는 집단으로 설정되고 있는 것이다.

이와는 달리 영산강 유역에서 전해지는 왕건과 장화왕후와의 만남을 다룬 '완사천' 설화는 기록과는 조금 다른 모습으로 전해지고 있다.

낙안. 거시기 그 부인이 낙안서 요리로 이사했다고 그러드라만이라.

(조사자 : 아 원래 낙안이었대요?)

예 원래 나주 오씨가 아니고, 낙안 오씬디. 낙안서 요리 이사 왔는디 자기 아버지 자함은 다련씨라고 내가 요로코 들었습니다. 오다련.

오다련의 따님이 저녁에 꿈을 꾸니까 시청 앞에 가서 시암 하나 안 있습디여. 완사천이라고. 완사천에서 꿈을 꾸니까 완사천에서 용이 올라가드라요. 그래서 그 용을, 아 용 이전에 해가, 그 전에는 요새 세상에는 모도 부인네들이나 처녀들은 다 거시기 양복입고 그러니께 남자들 같이롬 바지입지마는, 거 전에는 다 치마저고리들 아닙니까? 자기 치마 속으로 들어 가드래요. 그래서 그러한 참 예별난 꿈을 깨어나니까

'그 날에 머시기라도 있을 것이다.'

하래는 완사천에 가서 빨래를 허고 한나절이 지내도 뭔 소식이 없고 그렁께, 또 오후에 또 빨랫감을 가지고 고리 왔었드래요. 그래 거기서 빨래를 하니까. 지내가는, 지내가는 것이라는 것 보담도 그 곳을 군이들 말 타는, 말타가지고 가는 발자국 소리가 이상스럽게 나서

"옳다구나."

하니까, 에 어느 큰 대장이 말에서 내리면서

"물이 멕혀서 물 한 그릇 달라."

고 이러코 해서 물을 준 것이 서로 피차간에 지인이 되야서, 그날 저녁에 서로 합방을 해가지고 잉태를 해서 출산한 것이 고려 이대 왕 혜종을 탄생해서 그 동네 이름이 흥룡이다 그래서, 흥룡 마을이라고 하는 것이 생겼다고 하는 것입니다. 흥룡동.

···중략···

그러치만은 그 분이 등극을 한지 불과 이년에, 그것은 왕자들이 요런 거까지는 무슨 말이 전해져 가지고는, 그러찮아도 왕자의 난이 있었든갑드라요. 직접적으로 무기를 들고 직접 싸우잖아요. 암투라 해가지고요. 사약으로 해서 죽이고. 그러코 해서 혜종이 등극한지 불과 이년만에 에, 나주서 태어나서

가지고 서울로 자기 아버지 만나러 갔다가 갖은 고통을 다 당하면서 에, 배극
렴이라고 하는 고려 개국공신이 있어요. 그 냥반네 집이 가서 배극렴 그 양
반의 몸종 노릇을 하다시피 해가지고 내중에 배극렴 그 냥반하고 서로 피차
간 허심을 털어놓고 얘기할 수 있는 자리가 될 때에

"나주골 사는 아무개요. 내 아버지는 지금 현재 뭐시냐 왕으로 계신 태조
대왕이시오." 긍께,

"무조건 허고 태조 대왕이 느그 아버지라고 한다고 헌다며는 어처코해서
그 냥반이 신임을 할 수 있다냐?"

"어머님하고 합방할 적에 예장을 써준 것이 있었다고 한다 합니다." 예장
이라고. 예전 예 자하고 글 장자 하고요.

"예장을 써논 것이 있습니다."

"예장이라고 한다 하면 내봐 봐라."

그렇게 합방할 적 당시 때에 태조대왕이 거 혼서지 뜻과 같은 이런 정도로
예장을 써, 예장을 써서 줬었드래요. 그렇게 그 부인이 그 놈을 받고사 몸
을 허락을 했어. 예장없이,

"나도 양반집으 자식인데. 에 이렇게 대장군께서 남으집 처녀의 정조까지
도 유린해서야 일생을 통해서 나에게 한을 줘야 될 것이요? 그러니 우리가
양반이 되든 사람이 되든 간에 인간과 인간끼리 서로 처음으로 만날 때는 어
떤 표적을 줘야 나도 내몸을 대장한테, 대장군한테 허락을 할 수 아가 있지
않습니까? 나는 일생을 통해서 대장군하고 한번 이로코 해서 갈리든지 같이
살든지, 않다 해도 내일생을 통해서 나는 홀로 살 그런 처진디 만일에 서로
합방을 해가지고 속에 애기라도 들어서게 된다 하면 남아 같으면은 이름이라
도 여따가 적어 주시오. 남아 출생을 하게 되면 아버지가 지어 주신 이름이
라도 그대로 부르게끔 하고 여식 같으면은 일생을 나는 독신으로 생활을 할
랍니다. 그러니 내 일생을 아주 이 오늘날 저녁으로, 아주 운명을 결정하는
저녁에 예장조차 없이 허락할 수가 있습니까?"

그래서 예장을 받아놨드래요.

혜왕 어머니께서. 그래서, 아믄요. 우리가 풍수지리법으로 해서 얘기가 나
온다 하며는 쪼끔 모자란 인물도 과대 이렇게 과대 이렇게 했을란가 모르겠
으나 그러한 넉넉한 부인이기 때문에 그런 넉넉한 아들을 낳다고 나는 생각
해요. 네. 그래서 나 혼자만 얘기 할랑께 내말을 듣기 위해서 오셔놓게 얘기
합니다만.

(조사자 : 아니요. 너무나 재밌어요. 저 처음 드는 얘기라서.)

아 그러세요. 그래서 거 합방 허락을 했답니다요. 그래서 그러코 해서는 가브렀는디. 잉태가 있어서 열달만에 낳다한 것이 아들을 낳거든요.

그래서 한 댓살에는 총명했었드래요. 혜왕께서. 한번 들으면 잊지 않고 명랑하고 포용력 있고.(「왕건과 혜종」『나주의 설화』)

위의 이야기는 왕의 탄생과 혜종의 등극까지에 대한 이야기로 이를 재구성해 보면 다음과 같다.

　㉠ 오다련의 따님 꿈에 완사천의 용이 품안으로 들어왔다.
　㉡ 대장군이 빨래를 하고 있는 오다련의 따님을 만나 인연을 맺는다.
　㉢ 오다련의 따님이 합방하기 전 예장을 요구한다.
　㉣ 왕이 예장을 써준 후 동침을 한다.
　㉤ 열 달 후 혜종이 태어났다.
　㉥ 혜종이 아버지를 찾기 위해 개국공신의 집으로 들어간다.
　㉦ 예장을 보여준다(왕위 계승자가 되었다).

위의 이야기를 앞선 『고려사』의 기록과 비교해보면 극명한 차이를 보이는 부분이 있는데, 바로 ㉢과 ㉣ 단락이다.

앞선 기록에서는 '태조가 미천한 가문이라 임신을 시키지 않으려고 정액을 자리에 배설하였지만, 왕후가 그것을 흡수하여 임신'을 하게 된다. 반면에 설화에서는 '오다련의 따님이 합방하기 전 예장을 요구하고, 왕이 예장을 써준 후 동침을' 한다. 다시 말해 기록에는 왕이 전혀 후세를 가지고자 하는 마음이 없었는데, 왕후 혼자서 아이를 갖기 위해 노력을 하는 것으로 표현하였지만, 설화에서는 오히려 오다련의 따님이 동침하기 전 혼서지와 같은 효력을 갖는 것을 요구하고 이에 왕이 예장을 써 준 후 동침을 하는 것으로 되어 있다.

㉥과 ㉦ 단락에 있어서도 차이를 보이는데, 기록에서는 '태조가 왕위를 계승할 덕성을 알아차리고 왕이 입는 옷을 덮어 왕후에게 주었으며, 이를

박술희가 왕의 의도를 눈치 채고 왕의 계승자로 삼도록 한 것'에 반해, 설화에서는 '혜종이 아버지를 찾기 위해 스스로 개국공신의 집으로 들어간 후 왕이 준 예장을 보여줌'으로써 왕위 계승자가 된다.

이를 종합해 보면 왕건을 용으로 상징화 시켜 높은 존재로 인식하고 있으며, 또한 오다련의 따님의 총명함을 드러내고 있다. 아울러 혜종을 스스로 자신의 운명을 개척하는 인물로 표현하고 있다.

거가 홍룡동이라고 거 홍룡동 아닙니까? 어째 홍룡동이냐면 옛날에 홍룡군이 고리 피난을 나왔어요. 거기 사람들 이야기여. 그 동제 사람. 피난을 나와가지고 이 옛날에는 왕권다툼이 심했소. 그래서 인자 홍룡군이 고리 피난을 나와 가지고 은신해가꼬 있는디, 그 내려다 보니까 장흥안에 우물. 지금도 그 우물이 있다게. 우물에서 쫙 빛이 비치거든. 그렁께
"저걸 가 봐라."
그랬어. 내시보러. 저것을, 내시보다 가 바라 했것쩨. 갔다 오더니
"무엇이 있냐." 그려.
"어떠 아낙네 하나가 거기서 물을 길을라고 있뜨라."
고 그래하고.
"오라."
해서 그래서 그 아낙네 보고 오라 해다가 그 날 저녁에 동침을 했다는 것이여. 그리고 나서 그 후에 왕으로 등극을 했어. 그 홍룡군이 그래서 여기를 홍룡동이라 했어. 등극을 했는데 거기서 자식을 낳는데 자식이 찾아 갔어. 아버지라고 찾아 갔어. 거 인자 아버지라고. 거 왕이 어디 행차를 하는디 길을 막고 그러라더구만. 길을 막고 그렁께, 웃짝을 활짝 벗어서 인자 등거리를 보인께 등거리가서 거 왕골자리. 왕골자리표가 탁 박어져가꼬 있거덩. 옛날에는 왕골자리 많이 안 폈나? 왕골자리가 탁 되가꼬. 임금 왕자가 탁 거그 찍어져가꼬 있거덩. 그래서 그 때부터서 이 그 자리를 왕골자리라 했어. 임금 왕자 빼골자 王骨자리. 그 왕골자리라는 이름이 그 때부터 나왔다는 말이 있어. 그 전설 같은 이야기 아니냐. 허허허.
(조사자 : 저기 영산포에서 짜는 왕골자리란 그 돗자리 말씀하시는 거예요?)
어 옛날에는 그 자리가 아니고. 꼬아가꼬.

(부인 : 이렇게 통통한 왕골 있어. 돗자리.)

껍딱만 떠다가 함평서 많이 짜는 거 거 자리를 많이 했거덩.

(조사자 : 예.)

(부인 : 그 때 옛날에도 거 왕골자리 왕골자리 그랬거덩.)

(조사자 : 예. 왕골자리 많이 들었는데요.)

그래서 그 때부터 왕골자리라고 이름이 붙여졌다 그런 말이 있어.

(조사자 : 예.)

흑룡동에 거그 전설이여.

(조사자 : 그러니까 그 흑룡군이란 분이 왕건인 거예요? 고려 왕건이요?)

거기 사람들 이야기, 흑룡동 사람들이 거 지금도 그 양반 살아 있이유. 한 팔십 됐는디 그 이야기를 잘 하시는디 거 사둔 어른 말이여. 형섭이 큰집이 한날을 그런 이야기를 허드만. 공학이 참 충분하신 분이그든.

(장주환 : 거기 완사천인가 뭐하는 데요?)

거 있어. 거 완사천 샘이요. 그 샘인가봐. 그 샘이.

(조사자 : 거기는 보니까 왕건이 와서 그렇게 했다고 쓰여 있드라구요.)

그렇게 예. 이 흥룡군이 거기에 와가지고 등극을 해서 인쟈 왕이 되았서. 등극을 했으니 왕이 되얏서요. 그렇게 왕건 왔다고 인쟈 그렇게 하겠지라.(「왕골자리의 유래」『나주의 설화』)

위의 이야기는 완사천의 설화이면서도 역사적 기록과는 달리 얼굴에 왕골자리의 표식 대신 등에 표식이 있는 것으로 이야기하고 있다. 또한 왕건과 장화왕후와의 동침부분도 소략되어 나타난다. 대신에 혜종의 몸에 나타난 임금 王子 표식은 후에 왕건의 자식임을 입증하는 증표로 활용되고 있다. 이에 '왕골'이라는 명칭이 여기에서 유래되었다고 이야기하고 있다. 다시 말하면 역사적 기록이 얼굴에 나타난 왕골자리 표식으로 주름살 임금이라고 표현하면서 왕건이 자리에 쏟아버린 정액을 흡수하여 자식을 낳았다는 점을 부각시킨 반면 이 이야기는 오히려 왕골자리에 대한 이야기를 혜종이 왕이 될 수밖에 없는 결정적 증거물로 표현하고 있다. 바꾸어 이야기하면 혜종의 등극을 이미 왕이 될 수밖에 없는 정해진 운명으로 인식하고 있는 것이다.

'버들잎 화소'를 담은 장화왕후 설화 조각상

위의 이야기와는 달리 소위 '버들잎 화소'를 바탕으로 한 또 다른 이야기도 전한다.

왕건이 몽탄지역을 차지하려고 와서 정찰을 하다가 목이 말랐다. 그때 마침 한 우물이 있어 가서 보니까, 한 처녀가 있어 물을 좀 달라고 하니 물에 버들잎을 따 가지고 물그릇에 띄워 주었다. 목이 말라 죽겠는데 왜 그러느냐고 묻자, 지금 매우 목이 마르신 모양인데, 이럴 때일수록 빨리 마시면 체한다고 하였다. 그 처녀의 현명함과 미모에 마음이 들어 단순히 하룻밤의 객고를 풀고자 하였으나 그 처녀의 아버지의 관상이 장부같고 큰 인물같이 보여 혼례도 없이 하루밤을 지내게 되었다.

그런데 그날 밤 왕건은 하루밤의 노리개쯤으로 상대하여 사정을 하지 않으려고 하였다. 사정할 때가 되면 빼고, 사정할 때가 되면 빼고 그랬는데, 이 처녀는 기를 써서 그거를 받으려 하였다. 왕건의 씨를 받아야 부인이 될 수 있다는 생각이 들었다. 결국 온 밤 동안 그렇게 하다가 왕건이 져 가지고 씨를 받게 되었다.

다음날 떠날 때 처녀는 신표를 부탁했고, 왕건은 치마폭에 '너에게 정을 준다'라고 썼다. 그 처녀는 그 날 하룻밤의 일로 태기가 있었고, 아들을 낳았다.

왕건은 개성에 있었고 너무 멀어 그냥 거기서 살았다. 좀 커서 보내야겠다고 생각했다. 그러나 '아비없는 자식'이란 말을 계속 들었다. 반면에 왕건은 여러 지역을 돌아다니면서 각 지역의 호족들과 정략결혼을 하였다. 아들은 계속 놀림을 당하고 어머니는 어쩔 수 없이 신표인 치마폭을 주면서 아버지를 만나라고 하였다. 그러나 아버지는 임금이라 하면서 걱정을 한다. 누가 임금의 아들이라면 믿을 수 없다는 것이다. 그리하여 그는 구중궁궐을 드나드는 대신에게 접근하여 대신 집에서 일을 거들었다. 그 후 대신의 신임을 얻자 사실을 고하고, 그는 대신에게 임금을 독대할 수 있도록 부탁하고 결국은 임금을 만나게 되었다. 임금은 자신의 아들을 몰라보고 아버지가 아니라고 하자, 치마폭의 글씨를 보여 주고 아들로 인정을 받게 된다. 그는 궁궐에서 살게 되었고, 어머니를 모시게 된다. 아들의 지혜로 임금의 첫째 부인으로 어머니를 모시게 되고, 그는 첫째 아들로 세자로 책봉하게 된다. 결국 어머니는 정부인이 되었으며, 혜종이 되었다는 것이다.(『전설의 현장을 찾아서』)

위의 이야기에 등장하는 것이 소위 말하는 '버들잎 화소'이다. 이야기 속에서 왕건은, 버들잎을 띄운 물을 얻어 마시고 오씨 처녀의 지혜로움에 감탄해 인연을 맺게 되었다고 한다. 물바가지에 띄운 버들잎이 두 사람의 극적인 만남 그 한가운데 자리 잡고 있다. 그런데 버들잎을 따서 마실 물을 떠주는 이야기는 왕건 설화에만 나오지 않는다. 그래서 그 설화들과 더불어 의미를 살펴볼 필요가 있다. 버들잎 화소가 등장하는 설화로는 우리나라의 농경기원신화라 할 수 있는 〈세경본풀이〉와 왕건, 이성계, 이장곤 등의 인물담을 들 수 있다.

이러한 버들잎 화소는 여성의 지혜로움과 현명함을 드러내 보이는 역할을 수행한다. 남자가 목이 말라 물을 청하자 여자는 남자가 물을 빨리 마시지 못하도록 물바가지에 버들잎을 띄워 준다. 이는 급하게 물을 마시다가 체할 것을 염려한 행동으로 지혜로운 여성이라는 점을 부각시키는 역할을 한다. 이러한 지혜는 생면부지의 두 남녀가 남녀 간의 결연을 가능하게 하는 촉매제로 작용한다.

위의 이야기에서도 오씨 부인이 가진 지혜로움이나 현명함은 왕건의 높

은 신분에 대응된다. 오씨 부인의 집안은 부유했을지는 모르나 한미한 집
안이었다. 대신 여자가 가진 지혜로움과 현명함은 집안의 한미함을 보상
하고 있다. 또한 오씨 부인은 왕건의 아이를 갖고자 적극적인 태도를 취하
며, 아들을 왕건에게 보내 아들임을 인정받게 하고 나중에 두 번째 왕인
혜종으로 등극하게 하는 등 당찬 면모를 보여주고 있다.

이상에서 살펴본 '浣紗泉' 전설 외에도 영산강 유역에는 왕건과 관련하
여 '夢灘의 유래'와 '破軍橋의 유래' 등의 이야기가 전한다.

몽탄강은 무안군 몽탄면과 나주군 동강면을 연결하는 영산강 하류를 말
하며 이 몽탄강 하류의 전승지를 파군천이라 한다. 이 파군천을 이은 다리
가 파군교다. 지금 나주군 동강면 옥정리에 몽송마을은 하몽탄이라고 하
고 무안군 몽탄면 몽강리는 상몽탄이라 부른다. 몽탄과 파군교의 유래를
담은 설화는 다음과 같다.

옛날에 몽탄강이 어째 생겼냐하면 몽탄, 몽탄면이 생기고 인자 몽탄강이 생
긴거여.
몽탄 이름자가 꿈 몽자, 꿈 몽자 여울 탄자. 그렇게 그것이 모다 하긴 하는
데, 내력이 꿈을 꿔서, 꿈을 꿔 가지고, 그래가지고 여 보니까, 이 딱
깨어나 보니까, 몽탄이라고 하는 것이 나타나 부렀어. 근께 꿈을 꿀 때 무
슨 꿈을 꾸었은께 몽탄강이라고 했을거 아니여. 그런께 꿈 몽자, 여울 탄자
그러제.
요새로 멀 허자면 버슬이 좀 있는 사람이 피난을 대니는디, 저 나주서 길이
맥혀 버린께 못 왔어. 그런께, 선몽대길을, 강 건너 가서 하룻밤 쉬어라, 그
래서 인자 꿈에 선몽이 되었다 해서, 꿈 몽자 여울 탄자 꿈에 여웠다 했어.
그러니까 요것이 이씨 조선 500년. 이씨 조선 500년 때 그것이 이렇게 된거
여. 어? 이씨조선 500년 때 영산강이 된거여 알았어?(「몽탄강 4」『남도민속
연구』7)

그런디 몽탄이란 디는 그것도 맞는디. 인자 어느 그 왕건이가 인자 어느 군
사를 디꼬, 영산강 여그 영산강을 건널라고 허니까, 영산강이 맥혀 갖고 있기

파군교

때문에. 도로 후진, 후퇴를 하잖아. 후퇴를 허니까, 어느 도승이, 도사, 이 도사가 꿈에 선몽을 했다 이 말이여. 이것은 강이 아니고 여울이다. 여울이니까 건널 수가 있다 그말이여. 여울이니까 건널 수가 잇잖아. 어. 여울이니까 이것을 건네라. 그래 갖고, 건너가지고, 꿈에 말허자면 꿈 몽자거든 여그 몽탄이, 꿈 몽자 탄식할 탄. 꿈에 그래서 요 말을 해가지고서 그래가지고 몽탄이라는 전설이 있었제.(「몽탄강과 왕건」『남도민속연구』7)

나주 동강면에서, 나주 동간면에서 그 때 후백제 뭐시기 헐 때에, 에 그 영산, 아니라 여어 평야 영산강이제. 여그를 건너 가지고, 그때 이쪽에 적군이 있던 모야이여. 그래가지고 요쪽에서 인자 지금 말허면 후백제 뭐시기 헐 때에 적군이 파했다 이 말이여. 그 지금 말허면 명산 저수지, 그 중간에 다리가 있어. 그래서 파군교라 이렇게 딱 이름이 지어 갖고 있제. 파군교. 파군교가 말허자면, 파군교를 다리를, 아이, 거기서 군사가 파했다고 해서 파군교라고 해서 그 다리를 불렀다 이말이제. 군사가 여그서 파했다 그 말이여. 그래서 파군교여 파군교. 저 밑의 저수지.(「파군교 5」『남도민속연구』7)

몽강이라고. 근께 꿈 몽자에다 물 강이거든. 그란께 임진왜란 때 이순신 장군이 꿈에 현몽이 들었어요. 이 물이 말라 부렀다. 말라 부린께, 이순신 장군이 인자 꿈에 끝까지 몰라 부렀어. 그래 갖고 이순신 장군이 인자 쳐들어 왔어. 백제를. 신라가 백제 쳐들어 왔어 지금. 그러니까 이순신 장군이, 신라가 백제를 침입할 때, 역사여 잉. 근께, 꿈에, 꿈 몽자거는, 몽자가 꿈 몽자에다. 여그 저 물 강이라고. 그런데 꿈에 이순신 장군이 다 묵었넌디, 여가 백제 땅이여 원래, 여가 백제제. 그래 고구려가 옆에 있고. 고구려 먹어 불고 백제 쳐들어 온디. 이순신 장군이 쩌그 나주 건너서, 이 건너서 잠을 자는디, 여그가 암만 물이 많해서 못 건너와요. 잉. 강이라. 그래서 꿈에, 그 사라이 꿈을 꿔고 본께, 이 물이 몰랐다 그말이여 꿈에. 꿈 끝에 물이 딱 몰라부러. 그래서 꿈 몽자, 꿈 몽자여 이것이. 꿈에 물이 보탔다 뜻이여. 그래서 흐를 탄자가, 그래 몽탄이거든. 흐를 탄다거든. 물강잔디, 그래서 여가 몽강이여. (조사자 : 꿈에 물리 몰라서 이순신이 건넜나요?) 응. 몰랐제. 이순신 장군이 그래 건너 갖고 침략했제. 그게 역사 있제. 그래가지고 암만 백제가 다 묵어 부렀제. 아 저 이순신 장군하고 신라가. 그래 갖고 삼국통일을 했제. (조사자 : 파군교는요?) 파군교는, 전부다 침략하다가 우리가 이겼다고 파군이 되아부렀어. 그래서 파군교여. (조사자 : 그 다리가 우리가 이겼다고 파하자 그래서 파군교에요?). 그래가지고 파군이 되야서 파산, 구래서 파군교여 이름이. 그란디 파군교라는 것은 전장이 거가서 만기가 되었어. 그래서 그것이 파군교여. 그것이 옛날에 말이 그래. (「몽탄강과 이순신과 파군교」『남도민속연구』7)

무안의 몽탄강은 왕건이 견훤과 싸우면서 지금의 몽탄강 부근에서 포위돼 위기에 처하자, 그날 밤 꿈에 영산강 신(혹은 노인)이 나타나 '강물이 빠졌으니 빨리 피하라'고 하여서 영산강 건너편으로 군사를 이끌고 피한 후에 견훤군을 유인하여 깨뜨리고 승리하여서 강 이름을 몽탄강이라 하였다고 하는 지명설화이다. 영산강이 바다와 연결되어 있던 때에는 몽탄강의 조류가 바다와 밀접한 관련을 가지고 있어서 물이 들고 날기를 반복하였던 것을 이 이야기를 통해서 알 수가 있다. 왕건 관련 몽탄강 이야기는 무안군의 파군천, 파군교, 두 대산의 이야기와 연결되어 왕건이 견훤을 물리치는 의병전술까지 부연된다.

요약해 보자면 몽탄이라는 곳은 견훤의 군사들에게 포위당해 위험에 처한 왕건이 '꿈에 나타난 노인의 도움으로 강을 건넌 곳'이라는 의미를, 파

몽탄대교와 영산강

군교는 고려 태조가 견훤군을 맞아 대파시킨 후 여기에서 '군사들이 파한 곳(끝마친 곳)'이란 의미를 담아 붙여진 이름이라는 것이다.

앞에서도 언급 했지만, 전설의 내용은 쉽게 믿기 어려운 것들이 많으며 심지어 시대나 인물이 바뀌기까지 한다. 앞의 〈몽탄강과 이순신과 파군교〉의 이야기에서는 왕건을 이순신으로 바꾸어 이야기하고 있다. 이는 전설이 기억해야 할 핵심적 진실을 가장 강렬하면서도 기억하기 좋은 서사로 함축하고 있기 때문이다.

사실 전라도는 시대별로 생각해 보면 백제에 편입된 영산강과 서남해안 일대의 마한세력, 통일신라시대에 합병된 백제, 고려에 병합된 후백제, 조선개국에 소극적이었던 전라도 고려세력, 조선 말기까지도 반골적인 야당 성향으로 남아있던 대다수의 호남지식인들, 이들은 모두 각 시대의 역사적인 주도세력은 아닌, 좀 더 확실히 말한다면 패자 편이었고 비주류로서 소외와 한을 가진 지역이다.[15]

특히 호남의 역사(문화)기원인 마한문화권은 백제문화권과는 다른 독자성을 지니면서 발전해 왔으며, 백제가 융성할 때도 백제 안에 있으면서도 전남지역은 백제 안에 들지 못하고 권력의 주변부로서 국가의 혜택은 전

15 최협 엮음,『호남사회의 이해』, 풀빛, 1996, 64쪽

혀 누리지 못했고 결국 문화적 고유성만 상실하고 말았다. 그 후 역사적으로 볼 때도 호남지역에서의 정치적 지도자의 위치에 나갈 수 있는 사람이 수적으로 적었고 능력 발휘 기회조차 주어지지 않았다. 이런 1,000년의 역사적 전통 속에서 남도의 모습은 국외자 또는 이방인이다.[16]

왕건과 나주는 밀접한 관련이 있는 곳이다. 왕건은 각 지역 토호들의 도움을 받아 세력을 확대하고 그것에 힘입어 후백제 견훤을 제압해서 고려를 건국할 수 있었다. 나주 일대는 이런 왕건에게 특히 중요시 되던 곳이었는데, 최고 라이벌인 후백제 견훤의 근거지이자 배후 지역을 장악할 수 있는 요충지이기 때문이었다. 왕건과 오씨 처녀의 만남에 대한 설화는 이런 역사적 배경과 관련 있다.

'완사천 설화'는 왕건과 나주 호족 세력과의 관계를 잘 담고 있다. 왕건이 본격적으로 호남 정벌에 나섰을 때 그가 필요한 것은 지방 세력의 지지였다. 왕건은 당시 지방의 유력 호족세력이었던 오씨가와 혼인을 맺음으로써 지역 세력의 지지 기반을 다졌고, 오씨가 또한 중앙의 중심 세력과 손을 잡음으로써 지역의 중심 세력으로 성장하는 계기를 마련하게 되었다. 설화는 지극히 아름답게 포장되어 있지만 내면에는 피를 튀기는 치열한 전투의 소용돌이가 담겨 있는 셈이다.[17]

이처럼 영산강 유역에는 왕건과 관련된 설화가 여럿 전한다. 이는 이 지역이 후삼국 통일에 있어 왕건과 견훤의 중요한 격전지였음을 말해주는 것이기도 하다. 결국 왕건이 장화왕후를 얻은 완사천이야기나 무안의 몽탄강, 파군교 등의 이야기를 통해 왕건이 영산강 신의 도움을 받아 전쟁에서 이기고 후삼국을 통일할 수 있는 기반을 잡은 것으로 견훤보다는 왕건에게 우호적인 성향을 가지고 있음을 보여준다.

---

16 정근식 · 이종범 편, 『문화도시 만들기 · 이론과 구상』, 경인문화사, 2001, 259쪽.
17 허경회 · 나승만, 「영산강 유역 설화에 나타난 주민의식의 비교연구」, 『목포어문학』 1집, 목포대학교 국어국문학과, 1998, 260쪽.

4. 더 많은 기억들을 고대하며

나주는 왕건이 자신의 세력기반을 다진 곳이고, 이 지방 세력이 고려를 건국하는 과정에 기여한 점, 나주오씨 소생인 혜종을 자신의 후계자로 내세운 점 등을 볼 때 건국 후에도 중요시 여겼던 곳임을 알 수 있다.

원래 영산강 유역은 견훤세력의 근거지였는데, 왕건이 나주를 비롯하여 진도군, 고이도성, 덕진포, 염해현, 목포, 반남현포구, 압해현, 갈초도 등을 공략함으로써 지배권을 상실하게 된다.

> "궁예는 또 태조에게 명령하여 貞州(경기도 풍덕'豊德')에서 전함들을 수리한 후 알찬 宗希 金言 등을 副將으로 하여 군사 2천 5백을 거느리고 광주 珍島郡을 가서 치게 하여 이를 함락시켰다. 다시 진격하여 皐夷島에 머무르니 성 안 사람들이 이쪽 진용이 대단히 엄숙하고 씩씩한 것을 보고 싸우기도 전에 항복하였다. 다시 나주 포구에 이르렀을 때에는 견훤이 직접 군사를 거느리고 전함들을 늘어 놓아 목포에서 德眞浦에 이르기까지 머리와 꼬리를 서로 물고 수륙 종횡으로 군사 형세가 심히 성하였다. …중략… 처음에 나주 관내 여러 군들이 우리와 떨어져 있고 적병이 길을 막아 서로 응원할 수가 없었기 때문에 자못 동요하고 있었는데 이때에 와서 견훤의 정예 부대를 격파하니 군사들의 마음이 모두 안정되었다. 이리하여 삼한 전체 지역에서 궁예가 절반 이상을 차지하게 되었다"[18]

왕건은 해상세력으로서 나주지역의 해상세력과 연결하여 독자적인 세력을 형성하였으며, 이를 기반으로 고려를 건국하게 된다. 왕건은 선대로부터 중국무역에 종사하던 중부서해안 해상세력인데, 나주 역시 해상세력

---

18 "又使太祖修戰艦于貞州以閼粲宗希金言等副之領兵二千五百往擊光州珍島郡拔之進次皐夷島城中人望見軍容嚴整不戰而降 及至羅州浦口萱親率兵列戰艦自木浦至德眞浦首尾相銜水陸縱橫兵勢甚盛諸將患之 …〈中略〉… 初羅州管內諸郡與我阻隔賊兵遮絶莫相應援頗懷虞疑至是挫萱銳卒衆心悉定 於是三韓之地裔有大半", 『高麗史』 卷一 「太祖」 一.

들이 웅거한 지역이었다. 나주는 서남해에서 대중국 교역의 창구와 같은 역할을 수행한 곳이다. 따라서 왕건과 나주의 세력가들은 모두 해상세력 이었다는 공통점이 있다[19].

나주는 해안선에 면한 곳이 아니고 영산강 중류에 깊숙이 자리하고 있는 곳이다. 그러나 영산강을 따라 선박들이 자유로이 왕래할 수 있는 곳이기에 나주 점령의 성공 여부는 견훤과 왕건 모두에게 정치적, 군사적인 존립 근거를 마련하는 중요한 곳이다. 왕건은 나주지역을 확보하여 후백제의 배후지를 차단하고 자신의 세력기반 형성의 전진기지로 삼아 경제적, 군사적 기반과 정치적 지위 향상을 도모할 수 있었다. 따라서 이곳에서는 왕건과 견훤 간에 크고 작은 전투들이 지속적으로 발생하였다. 이러한 점 때문에 영산강유역에는 왕건과 관련된 다양한 이야기들이 전해오고 있는 것이다.

지금까지 살펴본 설화 외에도 나주시 공산면 상방리에도 왕건과 관련된 설화가 전하는 것이 있다. 그 내용을 살펴보면 '상방리 성주산 정상에 후백제의 정찰 초소가 설치되었고, 그 아래 후동골에 정예부대가 주둔했었으며, 인근 伏蛇草裡에서 왕건과 견훤의 대공방전이 전개되었다'는 것이다[20].

영산강은 전남의 평야지대를 흐르며 무수한 전설과 이야기들을 담아내고 있다. 특히 서남해와 내륙을 연결하는 물길로서의 중요성은 매우 크다. 따라서 이곳을 삶의 근거지로 삼고 살아가는 사람들에게는 생명의 젖줄과도 같은 곳인 만큼 역사적인 事實만큼이나 다양한 기억의 역사들이 전하는 곳이기도 하다.

---

19 채수환,「왕건의 고려건국과 나주에 관한 고찰」,『역사와 사회』10, 원광대학교채 문연구소, 1992, 102쪽,

20 이진영,『榮山江』7호, 재광나주향우회, 2009. 아쉽게도 필자는 복사초리에서 현지 조사를 실시하였지만, 왕건과 관련된 설화를 듣지 못했다. 추후 더 많은 자료의 발굴을 기대해 본다.

　주지하듯 역사는 승리자의 기록이고, 권력자의 취향에 따라 얼마든지 다르게 전해질 수 있다. 마찬가지로 역사의 한 축을 담당하고 있는 민중들은 '이야기'를 통해 지난날을 기억하였다. 앞에서도 말했듯이 '말해지는 기억된 역사'는 구비전승집단의 의취에 맞게끔 오랜 시간을 두고 정제되는 가운데 일련의 상징적 유형화가 이루어져왔다.

　영산강에 나타나는 왕건 관련 설화는 이런 점에서 왕건세력과 관련된 해상세력과의 관계, 혜종을 등극시킨 지역 토착세력, 그리고 중앙권력과 지방권력과의 다툼 등의 역사적 배경 속에서 견훤보다는 왕건에게 우호적인 성향을 가지고 있음을 보여준다. 따라서 더 많은 기억 속의 역사들을 만날 때 우리는 의도적으로 굴절시키지 않은 역사의 사실 조각들을 조금씩 맞춰 갈 수 있을 것이다.

김당택 전남대학교 역사교육과 교수
김대중 전쟁기념관 학예연구관
김도영 전남대학교 인문대 박사과정
노기욱 전남대학교 인문대대학원 강사
박성봉 경북대학교 석좌초빙교수
박종오 목포대학교 도서문화연구원 HK연구교수
배재훈 전남대학교 사학과 박사과정
신호철 충북대학교 역사교육과 교수
이진영 향토사학자
황병성 광주보건대학교 교수

고려의 후삼국통합과정과 나주

초판 인쇄 : 2013년 2월 15일
초판 발행 : 2013년 2월 25일

편 저 : 호남사학회
펴낸이 : 한정희
펴낸곳 : 경인문화사
주 소 : 서울특별시 마포구 마포동 324-3
전 화 : 02-718-4831~2
팩 스 : 02-703-9711
이메일 : kyunginp@chol.com
홈페이지 : 한국학서적.kr   http ://www.kyunginp.co.kr

값 21,000원
ISBN 978-89-499-0906-6   93910
ⓒ 2013, Kyung-in Publishing Co, Printed in Korea
* 파본 및 훼손된 책은 교환해 드립니다